顾 问： 许嘉璐　赵沁平　周有光

主 编： 许 琳　姚喜双

执行主编： 马箭飞　郭龙生

编 者： 戴红亮　郭龙生　孙文正　谢俊英　姚喜双　张书岩　张彤辉

审 订： 曹先擢

德语翻译： 何 晖

Berater: Xu Jialu　Zhao Qinping　Zhou Youguang

Chefredakteure: Xu Lin　Yao Xishuang

Exekutive Chefredakteure: Ma Jianfei　Guo Longsheng

Autoren: Dai Hongliang　Guo Longsheng　Sun Wenzheng　Xie Junying　Yao Xishuang　Zhang Shuyan　Zhang Tonghui

Redakteur: Cao Xianzhuo

Übersetzer: He Hui

Inhaltsverzeichnis
目　录

An unsere Leser

Liebe Leser!

Das Elementare Chinesische Wörterbuch ist ein speziell für ausländische Chinesischlerner zusammengestelltes praktisches Wörterbuch. Mit dieser Hilfe können Sie die am meisten gebrauchten chinesischen Schriftzeichen kennen lernen, wodurch Sie die chinesische Sprache in kurzer Zeit beherrschen und kommunizieren können.

Durch Dutzende Umfragen unter ausländischen Studenten in China und mithilfe zahlreicher Lehr- und Wörterbücher im In- und Ausland haben wir die 800 am häufigsten gebrauchten chinesischen Schriftzeichen ausgesucht und oft gebrauchte Wörter und Sätze als Beispiele aufgelistet.

Diese Wörter und Sätze sind einfach und klar, deutlich und leicht verständlich. Sie kommen aus dem Alltag und sind umgangssprachlich orientiert. Also: lernen, und gleichzeitig schon gebrauchen!

Sie können entweder durch das phonetische oder radikale System ein Schriftzeichen finden und es mithilfe der entsprechenden deutschen Übersetzungen schnell beherrschen lernen. Bei jedem Schriftzeichen, jedem Beispielwort und jedem Beispielsatz finden Sie „Pinyin", also die Lautumschrift.

Wir hoffen, dass das Wörterbuch für Sie eine neue Hilfe beim Chinesischlernen wird. Ihre wertvollen Vorschläge und Kritiken sind uns stets herzlich willkommen.

Die Redaktion

Sep. 2009

致读者

《汉语 800 字》是一本专门为海外汉语学习者编写的实用字典，旨在让您通过掌握汉语中最常用的汉字，快速地掌握汉语，运用汉语进行交流。

经过对来华学习汉语的留学生的十几次问卷调查，同时参考国内外数十本教材和词典，我们选定了日常生活中最常用的 800 个汉字，并列出常用词语和例句。

我们在选用例词、例句时力求简洁明了、通俗易懂。大多是生活中的常见词语和日常会话中的常见句子。因此，学习以后您就可以在生活中使用。

为方便您学习，我们给每个汉字、例词、例句都标注了汉语拼音，例词、例句都有相应的德语翻译。您可以利用拼音和部首的方法迅速检索到所需要的汉字。

我们期望这本字典能够以新的面貌呈现在您面前，能为您的汉语学习提供帮助。最后期待您在使用过程中给我们提出宝贵意见和建议。

编　者

2009 年 9 月

Gebrauchsanweisung

使用说明

I. Einträge

1. Das Wörterbuch beinhaltet 800 Schriftzeichen, 69 davon sind mit verschiedenen Aussprachen.
2. Die Einführung der Radikale hat die Funktion als Führer durch die Einträge, die mit der phonetischen Ordnung von „Pinyin“ zusammenwirken. Einträge mit der gleichen Aussprache sind nach dem ersten Strich aufgelistet: dem waagerecht gezeichneten Strich (一), dem senkrecht gezeichneten Strich (丨), dem nach links gezeichneten Schrägstrich (丿), dem Punkt (丶), und dem waagerecht gezeichneten Strich mit einem Winkelstrich (乛).
3. Die Langformen der chinesischen Schriftzeichen sind in der Parenthese unter jedem Eintrag aufgelistet. Nichtstandardisierte Varianten der Schriftzeichen sind nicht aufgelistet in diesem Wörterbuch.
4. Einige Langformen der chinesischen Schriftzeichen werden nicht aufgelistet, falls eine Definition der chinesischen Schriftzeichen keine Langform besitzt.

II. Phonetische Transkription

1. Jedes Schriftzeichen, jedes Beispielwort und jeder Beispielsatz sind phonetisch, d.h. mit „Pinyin“ gekennzeichnet. Die vier Töne, also „der hohe Ton“, „der steigende Ton“, „der tiefe Ton“ und „der fallende Ton“, sind auf dem hauptsächlichen Vokal platziert.
2. Die Aussprache mit einem nonsyllabischen „r“

bei Substantiven, Verben und Adjektiven, das den vorausgehenden Vokal retroflex macht, wird einfach am Ende der relevanten phonetischen Transkription ein Symbol „r“hinzugefügt.

3. Wenn ein Schriftzeichen eine andere Aussprache hat, wird es am Ende des Eintrags mit dem Satz „Siehe xx auf Seite “ angemerkt.

III. Definition

1. Verschiedene Definitionen eines Eintrags auf Deutsch werden durch das Symbol ❤ abgeteilt. Verschiedene Wortbedeutungen einer gleichen Definition werden durch das Symbol „ ; “ abgeteilt. Jede Definition wird mit einem Doppelpunkt beendet.
2. Zu Beginn einer Definition wird die Wortart eines Eintrags mit Kursivschrift angemerkt.
3. Neun Kategorien der Wortklassifizierung umfassen Substantive (Subst.), Verben (V.), Adjektive (Adj.), Zahlwörter (Num.), Zähleinheitswörter, Pronomen (Pron.), Adverbien (Adv.), Präpositionen (Präp.) und Konjunktionen (Konj.). Andere Kategorien der Wortklassifizierung werden nicht erwähnt.

IV. Referenz

1. In der phonetischen Einführung werden die Seitenzahlen der Schriftzeichen nach der Aussprache angegeben.
2. In der Einführung der Radikale werden die Seitenzahlen der Schriftzeichen nach den Radikalen im Inhaltsverzeichnis der Radikale angegeben.

3. In der Einführung der Radikale werden die Seitenzahlen der Schriftzeichen nach den Radikalen und Strichzahlen (ausschließlich der Radikale) angegeben.
4. Varianten der Radikale werden entweder nach dem letzten Eintrag unter den normalen Radikalen mit dem Zeichen △ aufgelistet, oder gleich nach den normalen Radikalen aufgelistet.
5. Einige Schriftzeichen werden in mehreren Radikalen aufgelistet, z.B. 男 kann man unter 田 und 力 finden.

V. Abbildungen

Fast 800 Abbildungen im Textteil des Wörterbuchs können Ihnen beim Verstehen der Wortbedeutungen helfen. Acht Seiten farbige Abbildungen der Wortklassifizierung kommen aus dem Alltagsleben und sind behilflich bei der Erweiterung des Wortschatzes.

Phonetische Einführung der Einträge

音序检字表

(Die Zahl auf der rechten Seite eines Schriftzeichens bedeutet die Seitenzahl des Schriftzeichens in diesem Wörterbuch.

字右边的数字指该字在本字典正文中的页码。)

R

S

Radikale Einführung der Einträge

部首检字表

I. Radikales Inhaltsverzeichnis

部首目录

（Die Zahl auf der rechten Seite eines Schriftzeichens bedeutet die Seitenzahl des Schriftzeichens in der radikalen Einführung.
字右边的数字指字典检字表的页码。）

Vier Striche
四画

Fünf Striche
五画

II. Radikale Einführung

检字表

(1. Die Zahl auf der rechten Seite bedeutet die Seitenzahl in diesem Wörterbuch.
字右边的数字指字典正文页码。

2. Schriftzeichen in der Parenthese sind unvereinfachte Formen der chinesischen Schriftzeichen.
带圆括弧的字是繁体字。)

阝(在左)部

阝(在右)部

力部

厶部

又部

Zwei bis drei Striche

2-3 画

Mehr als drei Striche

4 画以上

廴部

干部

工部

土部

Zwei bis drei Striche

2-3 画

Mehr als drei Striche

4 画以上

△士部

A

ā

阿

♥ **steht vor dem Vornamen oder Nachnamen, vor der altersmäßigen Reihenfolge oder Anrede, um jmdn. anzusprechen (meistens familiär):**

ā huáng | ā míng
阿黄 | 阿明
A Huang | A Ming

ā yí
阿姨
Tante

s. ē S. 70

à

啊

♥ **Interjektion:**

à xià xuě le
啊，下雪了！
Ah, es hat geschneit!

à cháng chéng shì jiè de qí guān
啊，长城，世界的奇观！
Ah, die Große Mauer, ein Weltwunder!

s. a S. 1

a

啊

♥ **benutzt am Ende eines Satzes, um zuzusagen, jmdn./etw. zu loben oder Fragen zu stellen:**

tā de zì xiě de duō hǎo a
他的字写得多好啊。
Wie gut er schreibt!

nǐ qù bu qù a
你去不去啊？
Gehst du hin oder nicht?

s. à S. 1

ài
爱
(愛)

♥ ***V.* gern haben:**

ài hù　xǐ ài
爱护 | 喜爱
hegen und pflegen | lieben

lǎo shī ài wǒ men
老师爱我们。
Die Lehrer lieben uns.

ān
安

♥ ***Adj.* bequem; sicher; glücklich:**

píng ān　wǎn ān
平安 | 晚安
Alles Gute! | Gute Nacht!

ān lè
安乐
Frieden und Glück

♥ ***Adj.* ruhig; unbesorgt:**

ān jìng　ān xīn
安静 | 安心
Ruhe | beruhigt

♥ ***V.* installieren; montieren:**

ān zhuāng
安装
installieren

ān diàn dēng
安电灯
eine Glühbirne einsetzen

sù shè lǐ ān le yī bù diàn huà
宿舍里安了一部电话。
Wir haben einen Telefonanschluss im Wohnheim installiert.

B

bā 八

♥ ***Num.* acht:**

bā bǎo fàn
八 宝 饭
süßer Reispudding mit Lotoskernen, kandierten Früchten, Bohnenpaste u.a.

bā zhī xiǎo niǎo
八 只 小 鸟
acht Vögelchen

sì miàn bā fāng
四 面 八 方
alle Himmelsrichtungen

bā 巴

♥ ***V.* hoffen; sich nach etw. sehnen:**

bā wàng | bā bù dé
巴 望 | 巴 不 得
herbeisehnen | nach etw. bestrebt sein

bā 吧

♥ ***Subst.* Einrichtungen mit bestimmten Funktionen und Ausrüstungen:**

jiǔ bā | wǎng bā
酒 吧 | 网 吧
Bar | Internetcafé

s. ba S. 4

bǎ 把

♥ ***V.* halten; greifen:**

bǎ wò | bǎ shǒu
把 握 | 把 守
halten | bewachen

tā shǒu bǎ shǒu jiāo wǒ
他 手 把 手 教 我。
Er führt mir die Hand und bringt mir die Fertigkeit bei.

♥ ***Zähleinheitswort*:**

liǎng bǎ shàn zi | bāng tā yī bǎ
两把扇子 | 帮他一把
zwei Fächer | ihm einmal helfen

♥ ***Präp.* behandeln:**

bǎ shū hé shàng
把书合上
Mach das Buch zu.

zhè xià kě bǎ tā lè huài le
这下可把他乐坏了。
Das macht ihn aufs höchste erfreut.

s. bà S. 3

bà
把

♥ ***Subst.* ein Teil eines Gegenstandes, an dem man ihn gut festhalten kann:**

dāo bàr | guǒ zi bàr
刀把儿 | 果子把儿
Griff eines Messers | Obststängel

s. bǎ S. 3

bà
爸

♥ ***Subst.* Vater:**

bà ba
爸爸
Papa

bà nǐ kàn wǒ huà de huà
爸，你看我画的画！
Papa,sieh mal,was ich gemalt habe!

ba
吧

♥ **benutzt am Ende eines Satzes, um verschiedene Tonfälle auszudrücken:**

kuài zǒu ba
快走吧！
Geh doch schnell weg!

hǎo jiù zhè me bàn ba
好，就这么办吧。
Gut, machen wir so.

tā bù huì bù zhī dào ba
他不会不知道吧？
Er weiß schon, oder?

s. bā S. 3

bái 白

♥ ***Adj.* die Farbe Weiß:**

xuě bái | bái zhǐ
雪白 | 白纸
schneeweiß | weißes Papier

dōng fāng fā bái le
东方发白了。
Es dämmert im Osten.

♥ ***Adj.* klar; deutlich:**

míng bai | biǎo bái
明白 | 表白
klar | sich rechtfertigen

zhēn xiàng dà bái le
真相大白了。
Die Wahrheit ist offenbar.

♥ ***Adv.* umsonst; vergebens:**

bái pǎo yī huí
白跑一回
einmal umsonst gereist sein

lì qi bái fèi le
力气白费了。
Wir haben uns vergebliche Mühe gemacht.

bǎi 百

♥ ***Num.* hundert; viel:**

sān bǎi rén | bǎi huò
三百人 | 百货
drei hundert Menschen | verschiedene Waren

bǎi huā qí fàng
百花齐放
Lasst hundert Blumen blühen!

---

bān
班

♥ ***Subst.* eine Gruppe von Menschen, die gemeinsam lernt oder arbeitet:**

sān nián jí yī bān
三年级一班
Klasse 1. des dritten Jahrgangs

bān lǐ lái le xīn tóng xué
班里来了新同学。
Wir haben einen neuen Mitschüler in der Klasse.

♥ ***Subst.* Abschnitt eines Arbeitstages; Schicht:**

bān chē
班车
fahrplanmäßig verkehrender Betriebsbus

wǒ jīn tiān shàng zǎo bān
我今天上早班。
Heute habe ich Frühschicht.

---

bǎn
板

♥ ***Subst.* hartes Brett:**

tiě bǎn | hēi bǎn
铁板 | 黑板
Eisenplatte | Tafel

dì shàng yǒu jǐ kuài mù bǎn
地上有几块木板。
Auf dem Boden liegen einige Holzbretter.

♥ ***Subst.* Chef:**

lǎo bǎn gěi gōng rén tí le gōng zī
老板给工人提了工资。
Der Chef hat die Löhne erhöht.

bàn

办

(辦)

♥ *V.* **handeln; erledigen; mit etw. fertig werden:**

bàn gōng | bàn shì
办公 | 办事
Amtsgeschäfte erledigen | eine Aufgabe erfüllen

kuài guò nián le qù bàn diǎnr nián huò
快过年了，去办点儿年货。
Bald kommt das Frühlingsfest, besorgen wir doch das Nötige dafür.

♥ *V.* **veranstalten; errichten; bewirtschaften:**

jǔ bàn | kāi bàn
举办 | 开办
veranstalten | gründen

tā bàn le yī suǒ xué xiào
他办了一所学校。
Er hat eine Schule gegründet.

♥ *V.* **bestrafen:**

fǎ bàn
法办
jmdn. nach dem Gesetz bestrafen

shǒu è bì bàn
首恶必办
Die Hauptverbrecher müssen bestraft werden.

bàn

半

♥ ***Num.*** **halb:**

bàn jià | bàn lǐ dì
半价 | 半里地
halber Preis | ein halbes *Li* (½ km)

xiǎo lǐ bàn yè hái zài kàn diàn shì
小李半夜还在看电视。
Xiao Li sieht bis Mitternacht fern.

♥ ***Adv.* teilweise:**

bàn chéng pǐn
半 成 品
Halbfabrikat

dà mén bàn kāi zhe
大 门 半 开 着。
Die Tür ist halb geöffnet.

bāng
帮
(幫)

♥ ***V.* helfen:**

bāng zhù | bāng bié rén gàn huór
帮 助 | 帮 别 人 干 活儿
helfen | jmdm. Hilfe leisten

♥ ***Zähleinheitswort* Schar:**

lái le yī bāng rén
来了一 帮 人。
Da kommt eine Schar Menschen.

bāo
包

♥ ***V.* etw. mit einem besonderen Papier oder Tuch umwickeln:**

bāo zhuāng | bāo jiǎo zi
包 装 | 包 饺 子
verpacken | *Jiaozi* zubereiten

xiǎo míng zì jǐ bāo shū pír
小 明 自己 包 书 皮儿。
Xiao Ming schlägt selber das Buch ein.

♥ ***Subst.* etw., das man mit einer Schnur zusammengebunden oder zusammen in eine Schachtel/einen Karton getan hat:**

jīn tiān xiǎo zhōu shōu dào yī gè yóu bāo
今天 小 周 收 到 一 个 邮 包。
Heute hat Xiao Zhou ein Postpaket bekommen.

♥ ***Subst.* Behälter für Gegenstände:**

shū bāo | gōng wén bāo
书 包 | 公 文 包
Schultasche | Aktentasche

nǐ de bāo zhēn piào liang
你的 包 真 漂 亮。
Deine Tasche ist wirklich schön.

bǎo
饱
(飽)

♥ ***Adj.*** **satt:**

wǒ chī bǎo le
我 吃 饱 了。
Ich bin satt.

♥ ***Adj.*** **voll; prall:**

bǎo mǎn
饱 满
voll und rund

bǎo
宝
(寶)

♥ ***Subst.*** **Schatz:**

guó bǎo | chuán jiā bǎo
国 宝 | 传 家 宝
Nationalschatz | altes Familienerbe

shān lǐ dào chù dōu shì bǎo
山 里 到 处 都 是 宝。
In den Gebirgen sind überall Schätze.

♥ ***Adj.*** **kostbar und selten:**

bǎo dāo | bǎo wù
宝 刀 | 宝 物
kostbares Messer | Schatz

zhè shì yī bǐ bǎo guì de cái fù
这 是 一 笔 宝 贵 的 财 富。
Das ist eine Summe kostbares Reichtum.

bǎo
保

♥ ***V.*** **schützen; etw. in Sicherheit bringen:**

bǎo jiàn | bǎo hù
保 健 | 保 护
Gesundheitspflege | schützen

bǎo hù huán jìng
保护环境
die Umwelt schützen

♥ *V.* **erhalten; bewahren:**

bǎo wēn
保温
warm halten

bǎo zhì bǎo liàng wán chéng rèn wù
保质保量完成任务。
Man soll sowohl Qualität als auch Quantität garantieren und die Aufgaben vollenden.

bào
报 (報)

♥ *V.* **mitteilen; benachrichtigen:**

bào gào | bào jǐng
报告 | 报警
berichten | einen Vorfall bei der Polizei melden

bào míng cān jiā bǐ sài
报名参加比赛
sich zur Teilnahme an einem Wettkampf melden

♥ *V.* **erwidern; vergelten:**

bào dá | bào chóu
报答 | 报仇
erwidern | sich rächen

huí bào xīn lǎo gù kè
回报新老顾客
die alten und neuen Kunden vergelten

♥ ***Subst.* Zeitung:**

rì bào | bào zhǐ
日报 | 报纸
Tageszeitung | Zeitung

dìng yī fèn bào
订 一 份 报
eine Zeitung abonnieren

bào 抱

♥ *V.* **in die Arme nehmen:**

yōng bào
拥 抱
umarmen

bào zhe hái zi
抱 着 孩 子
das Kind in den Armen halten oder auf dem Arm tragen

♥ *V.* **einen bestimmten Wunsch oder eine bestimmte Idee des Herzens:**

bào yǒu xī wàng
抱 有 希 望
Hoffnungen hegen

bào zhe yuǎn dà de lǐ xiǎng
抱 着 远 大 的 理 想
von großen Ideen durchdrungen sein

bēi 杯

♥ ***Subst.*** **Tasse:**

chá bēi | jiǔ bēi
茶 杯 | 酒 杯
Teetasse | Weinglas

mǎi jǐ gè bēi zi
买 几 个 杯 子
einige Tassen besorgen

♥ ***Subst.*** **eine Art Becher, den ein Sportler oder eine Mannschaft nach dem Sieg in einem Wettkampf bekommt:**

jiǎng bēi | jīn bēi
奖 杯 | 金 杯
Pokal | Goldpokal

kàn shì jiè bēi zú qiú sài
看 世 界 杯 足 球 赛
das Fußballweltmeisterschaftsspiel ansehen

běi 北

♥ ***Subst.* Norden:**

běi fāng
北方
Norden

běi fēng
北风
Nordwind

běi jīng shì zhōng guó de shǒu dū
北京是中国的首都。
Beijing ist die Hauptstadt Chinas.

bèi 备 (備)

♥ ***Adj.* komplett; vollständig:**

wán bèi | qí bèi
完备 | 齐备
komplett | vollständig

guān xīn bèi zhì
关心备至
sich um jmdn. bis ins Kleinste kümmern

♥ ***V.* zubereiten; vorbereiten:**

bèi yòng
备用
etw. in Reserve haben

zǎo cān bèi hǎo le
早餐备好了。
Das Frühstück ist schon fertig.

♥ ***Subst.* Ausrüstung:**

zhuāng bèi
装备
Ausrüstung

bàn gōng shì shè bèi qí quán
办公室设备齐全。
Das Büro ist komplett ausgerüstet.

bèi 被

♥ ***Subst.* Bettdecke:**

gài bèi zi
盖被子
jmdn./sich zudecken

♥ **passive Form:**

bèi hài
被害
ermordet werden

bèi shuō fú
被说服
überzeugt sein

mén bèi dǎ kāi le
门被打开了。
Die Tür wurde geöffnet.

běn 本

♥ ***Subst.* Ursprung der Gegenstände:**

gēn běn | wàng běn
根本 | 忘本
Basis | seine Klassenherkunft vergessen

běn mò dào zhì
本末倒置
das Pferd beim Schwanz aufzäumen

♥ ***Adj.* eigentlich; ursprünglich:**

běn zhì | běn lái
本质 | 本来
Wesen | ursprünglich

běn yǐ wéi tā bù huì lái
本以为她不会来。
Eigentlich dachten wir, dass sie nicht kommen würde.

♥ ***Pron.* eigen; jetzig; gegenwärtig:**

běn rén | běn shì jì
本人 | 本世纪
ich persönlich | dieses Jahrhundert

píng xuǎn běn nián dù xiān jìn rén wù
评选本年度先进人物
die fortschrittlichen Persönlichkeiten des Jahres wählen

♥ ***Subst.* Buch; Heft:**

shū běn | zhàng běnr
书本 | 账本儿
Buch | Rechnungsbuch

bí
鼻

♥ ***Subst.* Nase:**

bí zi | bí liáng
鼻子 | 鼻梁
Nase | Nasenrücken

yǒu gè diàn yǐng de míng zi jiào hóng bí zi
有个电影的名字叫《红鼻子》。
Es gibt einen Film, der *Rote Nase* heißt.

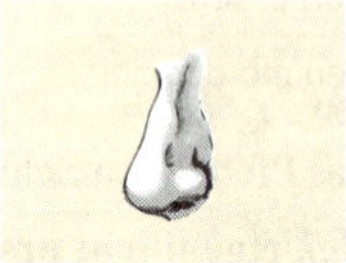

bí zi
鼻子
Nase

bǐ
比

♥ ***V.* gegenüberstellen; vergleichen:**

bǐ sài | bǐ jiào
比赛 | 比较
Wettkampf | vergleichen

tā de hàn yǔ bǐ wǒ hǎo
他的汉语比我好。
Sein Chinesisch ist besser als meins.

xiǎo wáng bǐ wǒ gāo
小王比我高。
Xiao Wang ist größer als ich.

♥ ***V.* zu (bei Punktspielen):**

bǐ fēn jiē jìn
比 分 接 近
Beide Seiten liegen fast gleichauf.

shuāng fāng dǎ chéng wǔ bǐ yī
双 方 打 成 五 比 一。
Das Spiel steht 5 zu 1.

bǐ
笔
(筆)

♥ ***Subst.* Schreibzeug:**

máo bǐ | yī zhī bǐ
毛 笔 | 一 支 笔
Schreibpinsel | ein Stift

yòng bǐ xiě zì
用 笔 写 字
mit dem Kuli schreiben

qiān bǐ
铅 笔
Bleistift

bì
币
(幣)

♥ ***Subst.* Währung:**

qián bì | rén mín bì
钱 币 | 人 民 币
Geld | Renminbi

zhuō shàng yǒu jǐ méi yìng bì
桌 上 有 几 枚 硬 币。
Auf dem Tisch liegen einige Münzen.

bì
必

♥ ***Adv.* sicher; unbedingt:**

bì rán | bì xū
必 然 | 必 须
unvermeidlich | müssen

sān rén xíng bì yǒu wǒ shī
三人行，必有我师。
Unter drei Menschen gibt es bestimmt einen, den ich als Lehrer nehmen kann.

biān
边
(邊)

♥ ***Subst.*** **an; nahe bei; neben:**

páng biān | huā biānr
旁边 | 花边儿
neben | Randverzierung

zài xiǎo hé biān wánr
在小河边玩儿
am Bach spielen

♥ ***Subst.*** **Schranke; Grenze:**

biān jì | shǒu biān
边际 | 守边
Grenze | die Grenze verteidigen

♥ ***Subst.*** **Seite:**

duō biān huì yì
多边会议
multilaterale Gespräche

shuāng biān huì tán
双边会谈
bilaterales Gespräch

biàn
变
(變)

♥ ***V.*** **verändern:**

biàn huà | gǎi biàn
变化 | 改变
ändern | sich verändern

xǔ duō dì fang de qì hòu dōu biàn nuǎn le
许多地方的气候都变暖了。
Es ist an vielen Orten wärmer geworden.

♥ ***Subst.* unerwartetes Ereignis; unvorhergesehene Änderung:**

biàn luàn 变乱 | shì biàn 事变
soziale Unruhe | Zwischenfall

fā dòng zhèng biàn
发动政变
Es gab einen Staatsstreich.

biàn 便

♥ ***Adj.* angenehm; günstig:**

biàn lì 便利 | qīng biàn 轻便
günstig | leicht und bequem

zhè běn zì diǎn yòng qǐ lái hěn fāng biàn
这本字典用起来很方便。
Das Wörterbuch ist leicht zu gebrauchen.

♥ ***V.* Notdurft:**

dà biàn 大便 | xiǎo biàn 小便
koten | urinieren

s. pián S. 245

biǎo 表

♥ ***Subst.* Außenseite; Äußere:**

biǎo miàn 表面 | biǎo pí 表皮
Oberfläche | Oberhaut

biǎo lǐ rú yī
表里如一
Denken und Handeln sind eins.

♥ *V.* **Gedanken oder Gefühle zeigen:**

biǎo shì | biǎo bái
表示 | 表白
ausdrücken | sich rechtfertigen

shēn biǎo xiè yì
深表谢意
Danke sehr!

♥ ***Subst.* Uhr; ein Gerät, mit dem man die Zeit misst:**

shǒu biǎo | zhōng biǎo
手表 | 钟表
Uhr | Uhren

shǒu biǎo
手表
Armbanduhr

bié
别

♥ *V.* **unterscheiden:**

qū bié
区别
unterscheiden

♥ ***Subst.* Unterschied; Unterscheidung:**

chā bié bù dà
差别不大。
Es gibt keinen großen Unterschied.

♥ ***Pron.* etwas anderes:**

bié rén
别人
andere (Leute)

zhè gè fàn diàn bié yǒu fēng wèi
这个饭店别有风味。
Die Küche in dem Restaurant besitzt einen speziellen Geschmack.

bìng
病

♥ ***Subst.*** **Zustand, in dem sich ein Mensch oder ein Tier geistig oder körperlich nicht wohl fühlt:**

shēng bìng
生 病
krank sein

xīn zàng bìng
心 脏 病
Herzkrankheit

tā de bìng hǎo le
他 的 病 好 了。
Er ist wieder gesund.

♥ ***Subst.*** **Fehler; Mangel:**

bìng jù | yǔ bìng
病 句 | 语 病
fehlerhafter Satz | fehlerhafter Ausdruck

yǒu máo bìng jiù gǎi
有 毛 病 就 改。
Fehler korrigieren, sobald man sie bemerkt.

bù
不

♥ ***Adv.*** **nicht:**

bù qù | bù xiǎo
不 去 | 不 小
nicht gehen | nicht klein

gōng zuò bù tài máng
工 作 不 太 忙。
Ich bin nicht beschäftigt mit der Arbeit.

♥ ***Adv.*** **nein:**

nǐ tóng yì ma bù bù tóng yì
—你 同 意 吗? —不, 不 同 意。
—Bist du einverstanden? —Nein, ich bin dagegen.

bù
布

♥ ***Subst.* Stoff, aus dem man Kleidung herstellen kann:**

bù xié　　huā bù
布 鞋 | 花 布
Stoffschuhe | bedruckter Kattun

zhè jiàn shàng yī shì bù zuò de
这 件 上 衣 是 布 做 的。
Das Kleid ist aus Baumwollstoff gemacht.

♥ ***V.* verbreiten:**

fēn bù　　sàn bù
分 布 | 散 布
verteilen | ausbreiten

biàn bù quán guó
遍 布 全 国
landesweit verbreitet

♥ ***V.* erklären; bekannt geben:**

bù gào　　xuān bù
布 告 | 宣 布
Bekanntmachung | sich bekannt geben

xiāo xi yǐ jing gōng bù
消 息 已 经 公 布。
Die Nachricht ist schon öffentlich bekannt gegeben.

bù
步

♥ ***Subst.* der Abstand zwischen zwei Füssen beim Gehen:**

jiǎo bù　　bù xíng
脚 步 | 步 行
Schritt | zu Fuß gehen

zǒu jǐ bù
走 几 步
einige Schritte gehen

tā xǐ huan zǎo shang pǎo bù
他 喜 欢 早 上 跑 步。
Er joggt morgens gern.

♥ ***Subst.* Abschnitt; Schritt; Etappe:**

chū bù
初 步
der erste Schritt

fēn sān bù jiě jué wèn tí
分 三 步 解 决 问 题
Das Problem soll in drei Schritten gelöst werden.

bù
部

♥ ***Subst.* Teil; Abschnitt:**

jú bù | nèi bù
局 部 | 内 部
Teil | intern

rén quán bù dào qí le
人 全 部 到 齐了。
Alle sind da.

♥ ***Subst.* Einheit; Ministerium:**

wài jiāo bù
外 交 部
Außenministerium

tā zài biān jí bù gōng zuò
她 在 编 辑 部 工 作。
Sie arbeitet in der Redaktion.

cā
擦

♥ *V.* **abwischen:**

cā yǐ zi
擦椅子
den Stuhl abwischen

bǎ zhuō zi cā yī cā
把桌子擦一擦
Wisch mal den Tisch ab.

♥ *V.* **auftragen:**

cā yào shuǐ
擦药水
Salbe auftragen

shǒu shàng cā diǎnr hù shǒu shuāng
手上擦点儿护手霜
Handcreme auftragen

cái
才

♥ ***Subst.* Fähigkeit:**

cái néng | cái gàn
才能 | 才干
Befähigung | Leistungsfähigkeit

nà gè rén hěn yǒu cái
那个人很有才。
Der Mann ist fähig.

♥ ***Subst.* großes Talent:**

rén cái | tiān cái
人才 | 天才
talentierte Person | Genie

tā zhēn shì gè qí cái
他真是个奇才。
Er besitzt ein außergewöhnliches Talent.

♥ ***Adv.*** **vor kurzer Zeit; soeben:**

gāng cái
刚 才
eben

tā cái huí lái hái méi yǒu chī fàn
他才回来，还没有吃饭。
Er ist gerade zurück und hat noch nichts gegessen.

cái
财
(財)

♥ ***Subst.*** **Vermögen; Reichtum:**

qián cái | cái fù
钱财 | 财富
Geldmittel | Reichtum

cái dà qì cū
财大气粗
sehr reich und deswegen waghalsig

cài
菜

♥ ***Subst.*** **Gemüse:**

qīng cài | bái cài
青菜 | 白菜
Gemüse | Kohl

wǒ men zài yuàn zi lǐ zhòng cài
我们在院子里种菜。
Wir pflanzen Gemüse im Hof an.

♥ ***Subst.*** **Gericht (Mahlzeit):**

ròu cài | sì cài yī tāng
肉菜 | 四菜一汤
Fleischgericht | vier Gänge und eine Suppe

cài
菜
Gericht

cān 参 (參)

♥ ***V.* teilnehmen; mitmachen:**

cān sài
参 赛
an den Spielen teilnehmen

tā míng tiān cān jiā hūn lǐ
他 明 天 参 加 婚 礼。
Er nimmt morgen an der Hochzeitsfeier teil.

♥ ***V.* nachschlagen; vergleichen:**

cān kǎo wài wén shū
参 考 外 文 书
fremdsprachige Werke heranziehen

s. shēn S. 289

cān 餐

♥ ***V.* essen:**

huì cān | yě cān
会 餐 | 野 餐
gemeinsam essen | Picknick machen

♥ ***Subst.* Speise; Gericht:**

zǎo cān | kuài cān
早 餐 | 快 餐
Frühstück | Schnellimbiss

wǒ men gòng jìn wǔ cān
我 们 共 进 午 餐。
Wir haben zusammen zu Mittag gegessen.

cǎo 草

♥ ***Subst.* Gras; Kräuter:**

cǎo dì | qīng cǎo
草 地 | 青 草
Wiese | grünes Gras

zài yuàn zi lǐ zhòng cǎo
在 院 子 里 种 草
Wir pflanzen Gras im Hof an.

♥ *Adj.* **nachlässig; leichtfertig:**

cǎo cǎo shōu bīng
草 草 收 兵
Truppen übereilt zurückziehen

zì xiě de tài cǎo
字写得太草。
Die Handschrift ist unsauber.

céng
层
(層)

♥ *Subst.* **ein Teil aus dem mehrstufigen oder -schichtigen Ganzen:**

céng cì | biǎo céng
层 次 | 表 层
Gliederung | Oberfläche

wǒ jiā zhù zài wǔ céng
我家住在五层。
Ich wohne im vierten Stock.

chā
差

♥ *Adj.* **verschieden; ungleich:**

chā bié | chā jù
差 别 | 差 距
Unterschied | Abstand

zhè lǐ zǎo wǎn wēn dù chā bié bù dà
这里早晚温度差别不大。
Der Temperaturunterschied zwischen tags und nachts ist hier nicht groß.

♥ *Subst.* **Fehler:**

chā cuò
差 错
Fehler

tā tǒng jì de shù zì méi yǒu chā cuò
他统计的数字没有差错。
Seine Statistik ist genau.

s. chà S. 27

chá
茶

♥ ***Subst.* Tee:**

lǜ chá | hē chá
绿茶 | 喝茶
grüner Tee | Tee trinken

tā měi tiān fàn hòu dōu yào hē chá
他每天饭后都要喝茶。
Er trinkt täglich nach dem Essen Tee.

chá
查

♥ ***V.* prüfen:**

jiǎn chá
检查
überprüfen

tā jīng cháng dào tú shū guǎn chá zī liào
他经常到图书馆查资料。
Er geht oft zur Bibliothek, um in der Fachliteratur nachzusehen.

♥ ***V.* untersuchen; erforschen:**

chá fǎng | diào chá
查访 | 调查
Untersuchungen anstellen | erforschen

kǎo chá xué sheng de biǎo dá néng lì
考查学生的表达能力
die Ausdrucksfähigkeit der Studenten untersuchen

chá
察

♥ ***V.* etw. genau prüfen; untersuchen:**

guān chá | chá kàn
观察 | 察看
etw. genau beobachten | beobachten

duō guān chá cái néng xiě chū hǎo
多观察才能写出好
wén zhāng
文章。
Nur bei genauen Beobachtungen kann man gute Aufsätze schreiben.

---

chà

差

♥ ***Adj.* nicht gleich:**

chà bù duō
差不多
fast gleich

chà de yuǎn
差得远
weit entfernt

♥ ***V.* geringer als; kurz vor:**

chà 5 fēn 10 diǎn
差 5 分 10 点
fünf vor zehn

hái chà yī gè rén
还差一个人。
Es fehlt noch eine Person.

kàn diàn yǐng hái chà jǐ zhāng piào
看电影还差几张票。
Es fehlen noch einige Eintrittskarten.

s. chā S. 25

---

chǎn

产

(產)

♥ ***V.* ein Baby oder ein Tier zur Welt bringen; gebären:**

chǎn fù | nán chǎn
产妇 | 难产
Gebärende | gestorter Geburtsverlauf (Dystokie)

zhè zhǒng jī chǎn dàn liàng hěn dà
这种鸡产蛋量很大。
Diese Art von Henne kann viele Eier legen.

♥ ***V.*** **produzieren; herstellen:**

zēng chǎn　zhōng guó chǎn
增产 | 中国产
Produktionssteigerung | hergestellt in China

♥ ***Subst.*** **Eigentum:**

jiā chǎn　cái chǎn
家产 | 财产
Familienbesitz | Eigentum

yīn guǎn lǐ bù shàn ér pò chǎn
因管理不善而破产
wegen schlechten Managements pleite gehen

cháng

长

(長)

♥ ***Adj.*** **lang; dauernd:**

cháng pǎo　cháng qī
长跑 | 长期
Dauerlauf | langfristig

zhè gè qiáo hěn cháng
这个桥很长。
Die Brücke ist ziemlich lang.

♥ ***Subst.*** **Länge:**

cháng dù　zhōu cháng
长度 | 周长
Länge | Umkreis

cháng jiāng quán cháng 6300 duō gōng lǐ
长江全长 6300 多公里。
Der Yangtze hat eine Länge von mehr als 6300 Kilometern.

♥ ***Subst.*** **Vorteil; Stärke:**

cháng chù　tè cháng
长处 | 特长
Vorteil | Stärke

tā de zhuān cháng shì huà huàr
他 的 专 长 是 画 画儿。
Die Malerei ist seine Stärke.

s. zhǎng S. 453

cháng
场
(場)

♥ ***Subst.* Dreschplatz unter freiem Himmel:**

dǎ cháng
打 场
Dreschplatz

shài cháng
晒 场
Trockenplatz

s. chǎng S. 30

cháng
常

♥ ***Adj.* oft; häufig:**

jīng cháng
经 常
oft

shí cháng
时 常
häufig

wǒ men cháng qù gōng yuán yóu wán
我 们 常 去 公 园 游 玩。
Wir gehen oft in den Park.

♥ ***Adj.* immer; ständig:**

cháng lǜ | dōng xià cháng qīng
常 绿 | 冬 夏 常 青
immer grün | das ganze Jahr über frisch und grün bleiben

♥ ***Adj.* allgemein:**

cháng rén | cháng shí
常 人 | 常 识
gewöhnlicher Mensch | allgemeine Kenntnisse

chǎng 厂 (廠)

♥ ***Subst.* Fabrik:**

huà gōng chǎng | diàn qì chǎng
化工厂 | 电器厂
Chemiefabrik | Fabrik für elektrische Apparate

mā ma zài gōng chǎng shàng bān
妈妈在工厂上班。
Meine Mutter arbeitet in einer Fabrik.

chǎng 场 (場)

♥ ***Subst.* eine große Fläche im Freien oder ein Gebäude, das einen bestimten Zweck hat:**

guǎng chǎng | jù chǎng
广场 | 剧场
Platz | Theater

nóng chǎng lǐ zhòng le xǔ duō cài
农场里种了许多菜。
Auf dem Feld wird viel Gemüse angebaut.

s. cháng S. 29

chàng 唱

♥ ***V.* eine Melodie oder ein Lied mit der Stimme produzieren:**

chàng gē | yǎn chàng
唱歌 | 演唱
ein Lied singen | singen

nǐ chàng de zhēn hǎo tīng
你唱得真好听。
Du singst sehr gut.

cháo 朝

♥ ***Subst.* Dynastie:**

wáng cháo | hàn cháo
王朝 | 汉朝
Kaiserhof | Han-Dynastie

gǎi cháo huàn dài
改朝换代
Dynastiewechsel

♥ *V.* **gegen:**

liǎn cháo tiān
脸 朝 天
das Gesicht gegen den Himmel

yǒu rén cháo zhè biān zǒu lái le
有 人 朝 这 边 走 来 了。
Jemand kommt auf uns zu.

s. zhāo S. 456

chǎo
吵

♥ *V.* **Krach machen; lärmen:**

hái zi zài shuì jiào qǐng bù yào chǎo
孩子在睡觉，请不要吵。
Die Kinder sind schon eingeschlafen. Mach bitte keinen Lärm.

♥ *V.* **sich mit jmdm. zanken; sich mit jmdm. streiten:**

chǎo zuǐ | zhēng chǎo
吵嘴 | 争吵
sich zanken | streiten

liǎng rén chǎo le qǐ lái
两人吵了起来。
Die beiden streiten miteinander.

♥ *Adj.* **Tumult; Stimmengewirr:**

wū lǐ tài chǎo le
屋里太吵了。
Im Zimmer sind Lärm und Geschrei zu hören.

chē
车 (車)

♥ *Subst.* **Verkehrsmittel auf dem Festland:**

huǒ chē | qì chē
火车 | 汽车
Zug | Auto

wǒ zuò gōng gòng qì chē shàng bān
我坐公共汽车上班。
Ich fahre täglich mit dem Bus zur Arbeit.

chén 晨

♥ ***Subst.* Morgen:**

chén fēng　chén guāng
晨风 | 晨光
Morgenwind | Morgendämmerung

qīng chén
清晨
frühmorgens

chéng 成

♥ ***V.* gelingen:**

chéng gōng　wán chéng
成功 | 完成
gelingen | vollenden

dà gōng gào chéng
大功告成
Die große Aufgabe ist erfüllt worden.

♥ ***Subst.* Ergebnis:**

chéng guǒ
成果
Leistung

jīn nián de shōu cheng hěn hǎo
今年的收成很好。
Dies Jahr haben wir eine gute Ernte.

♥ ***Adj.* fertig; bestehend; vollendet:**

chéng pǐn　chéng chóng
成品 | 成虫
Endprodukt | Vollinsekt

zhè jiā gōng chǎng shēng chǎn chéng yào
这家工厂生产成药。
Die Fabrik produziert Arzneien.

chéng 城

♥ ***Subst.* Stadtmauer:**

chéng lóu | chéng wài
城楼 | 城外
Turm über einem Stadttor | außerhalb der Stadt

wǒ qù guo wàn lǐ cháng chéng
我去过万里长城。
Ich habe die Große Mauer besucht.

♥ ***Subst.* Metropole; Stadt:**

chéng qū
城区
Stadtviertel

chéng shì jiāo tōng hěn fā dá
城市交通很发达。
Der Stadtverkehr hat sich gut entwickelt.

chī 吃

♥ ***V.* essen:**

chī fàn | chī nǎi
吃饭 | 吃奶
essen | an der Brust saugen

yáng ài chī qīng cǎo
羊爱吃青草。
Ziegen fressen gerne grünes Gras.

♥ ***V.* erhalten; erleiden:**

chī kǔ | chī lì
吃苦 | 吃力
Schaden erleiden | sehr anstrengend sein

tā chī jīng de kàn zhe wǒ
她吃惊地看着我。
Sie blickt mich erstaunt an.

chí 持

♥ *V.* **halten; nehmen:**

shǒu chí yī bǎ huā
手 持 一 把 花
einen Blumenstrauß in der Hand halten

♥ *V.* **aufrechterhalten; behalten:**

jiān chí | chí jiǔ
坚 持 | 持 久
an etw. festhalten | lange aushalten

bǎo chí liáng hǎo de zhuàng tài
保 持 良 好 的 状 态
einen guten Zustand behalten

chóng 重

♥ *Adv.* **etw. wiederholen oder von neuem anfangen:**

chóng xiě | chóng xiàn
重 写 | 重 现
erneut schreiben|wieder erscheinen

s. zhòng S. 480

chǒu 丑 (醜)

♥ *Adj.* **hässlich:**

tā zhǎng de yī diǎnr yě bù chǒu
她 长 得 一 点儿 也 不 丑。
Sie sieht gar nicht hässlich aus.

♥ *Subst.* **anstoßerregendes Vorkommnis; Skandal:**

chǒu wén | jiā chǒu
丑 闻 | 家 丑
Skandal | Familienschande

chū chǒu
出 丑
sich richtig blamieren

chū 出

♥ *V.* **von Innen nach Außen gehen:**

chū mén | chū guó
出 门 | 出 国
ausgehen | ins Ausland reisen

tā wài chū bàn shì qù le
他 外 出 办 事 去 了。
Er ist ausgegangen, um Dienste zu erledigen.

♥ ***V.* überschreiten; übertreffen:**

chū jiè
出 界
die Grenze überschreiten

bù chū wǔ nián
不 出 五 年
nicht länger als fünf Jahre

♥ ***V.* erscheinen; vorkommen:**

chū xiàn
出 现
erscheinen

wǎn huì yǒu míng xīng chū chǎng
晚 会 有 明 星 出 场。
Auf der Abendveranstaltung werden Stars erscheinen.

chū
初

♥ ***Adj.* zu Beginn; am Anfang:**

chū xué | dāng chū
初 学 | 当 初
zu lernen anfangen | damals

tā men chū cì jiàn miàn
他 们 初 次 见 面。
Sie sehen einander zum ersten Mal.

♥ ***Adj.* primär:**

chū jí zhōng xué
初 级 中 学
Mittelschule

chū děng jiào yù
初 等 教 育
Grundschulbildung

tā jīn nián shàng chū zhōng
他今年上初中。
Er besucht in diesem Jahr die Mittelschule.

chú 除

♥ ***V.* loswerden; entfernen:**

chú cǎo | gēn chú
除草 | 根除
Urkraut entfernen | entwurzeln

yòng nóng yào chú hài chóng
用农药除害虫
schädliche Insekten mit Pestizid ausrotten

♥ ***Präp.* ausschließen; ausgenommen:**

chú le lǎo wáng bié de rén dōu dào le
除了老王，别的人都到了。
Außer Lao Wang sind alle schon da.

chǔ 处 (處)

♥ ***V.* sich befinden; in einem bestimmten Zustand sein:**

dì chǔ shān qū
地处山区
sich im Gebirge befinden

ér tóng zhèng chǔ zài zhǎng shēn tǐ de shí qī
儿童正处在长身体的时期。
Die Kinder befinden sich in einer Periode des körperlichen Wachstums.

♥ ***V.* behandeln; regeln:**

chǔ lǐ | shòu dào chǔ fèn
处理 | 受到处分
behandeln | bestraft werden

s. chù S. 37

chù

处

(處)

♥ ***Subst.* Ort:**

chù suǒ zhù chù
处 所 | 住 处
Platz | Unterkunft

yuǎn chù yǒu yī zuò shān
远 处 有 一 座 山。
Es gibt ein Gebirge weit entfernt.

♥ ***Subst.* Bezeichnung für Regierungsinstitutionen oder Einheiten:**

bàn shì chù zǒng wù chù
办 事 处 | 总 务 处
Dienststelle | Verwaltungsbüro

zhè shì gōng yuán de guǎn lǐ chù
这 是 公 园 的 管 理 处。
Hier ist das Verwaltungsbüro des Parks.

s. chǔ S. 36

chuān

穿

♥ ***V.* jmdn./sich ein Kleidungsstück anziehen:**

chuān xié
穿 鞋
sich die Schuhe anziehen

kuài chuān hǎo yī fu
快 穿 好 衣 服。
Zieh dich schnell an!

♥ ***V.* durch etw. gehen:**

chuān kǒng chuān xíng
穿 孔 | 穿 行
ein Loch bohren | durchgehen

chuān guò guǎng chǎng
穿 过 广 场
über den Platz gehen

chuán

传

(傳)

♥ *V.* **weitergeben; von einer Seite zur anderen geben:**

chuán dì
传 递
weitergeben

chuán qiú
传 球
den Ball abgeben

zhè jiàn yín qì shì zǔ chuán de
这 件 银 器 是 祖 传 的。
Das Silberstück ist in der Familie seit alters überliefert.

♥ *V.* **verbreiten; sich verbreiten:**

chuán rǎn
传 染
infizieren

zuò hǎo chǎn pǐn de xuān chuán
做 好 产 品 的 宣 传
für das Produkt gut agitieren

♥ *V.* **leiten:**

chuán diàn | chuán rè
传 电 | 传 热
Elektrizität leiten | Wärme leiten

nuǎn liú chuán biàn quán shēn
暖 流 传 遍 全 身。
Die Wärme leitet über den ganzen Körper.

♥ *V.* **ausdrücken:**

chuán shén | méi mù chuán qíng
传 神 | 眉 目 传 情
ausdrucksvoll | jmdm. zärtliche Blicke zuwerfen

s. zhuàn S. 488

chuán 船

♥ *Subst.* Schiff:

mù chuán | yóu chuán
木船 | 游船
Holzboot | Vergnügungsschiff

hé biān tíng zhe yī zhī xiǎo chuán
河边停着一只小船。
Am Flussufer liegt ein kleines Boot.

chuāng 窗

♥ *Subst.* Fenster:

chuāng qián | chuāng tái
窗前 | 窗台
vor dem Fenster | Fensterbank

tā zǒu dào chuāng qián
他走到窗前。
Er geht zum Fenster.

chuāng hu
窗户
Fenster

chuáng 床

♥ *Subst.* Bett:

chuáng wèi
床位
Bett

tā mǎi le yī zhāng xīn chuáng
他买了一张新床。
Er hat ein neues Bett gekauft.

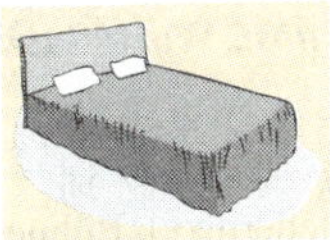

chuáng
床
Bett

chuī 吹

♥ ***V.* pusten; blasen:**

chuī hào 吹号 | Trompete spielen
chuī chū yī kǒu qì 吹出一口气 | Atemluft ausstoßen

♥ ***V.* der Wind oder der Sturm bläst:**

chuī fēng jī 吹风机
Föhn

fēng chuī yǔ dǎ 风吹雨打
Ein Wind weht und es hat geregnet.

fēng chuī le yī tiān 风吹了一天。
Der Wind weht den ganzen Tag.

chūn 春

♥ ***Subst.* Frühling:**

chūn jì 春季 | Frühling
chūn fēng 春风 | Frühlingswind

zhè lǐ sì jì rú chūn 这里四季如春。
Hier ist es das ganze Jahr hindurch immer so warm wie im Frühling.

cí 词 (詞)

♥ ***Subst.* Wort**

míng cí 名词 | Substantiv
cí xìng 词性 | Wortart

tā men biān le yī běn cí diǎn 他们编了一本词典。
Sie haben ein Wörterbuch zusammengestellt.

♥ ***Subst.* Wort; Satz:**

gē cí 歌词 | Liedertext
tái cí 台词 | Bühnentext

tā de tái cí shuō de hěn hǎo
他的台词说得很好。
Er spricht seinen Text gut.

cì
次

♥ ***Subst.* Reihenfolge:**

cì xù | míng cì
次序 | 名次
Reihenfolge | Rangfolge

♥ ***Adj.* zweite; von minderer Qualität:**

cì rì | cì yào
次日 | 次要
am nächsten Tag | sekundär

bù yào chū cì pǐn
不要出次品。
Produziere keine mangelhaften Waren.

cóng
从
(從)

♥ ***V.* folgen; gehorchen:**

shùn cóng
顺从
gehorchen

suí cóng
随从
befolgen

tīng cóng nǐ de ān pái
听从你的安排。
Wir werden deiner Planung folgen.

♥ ***V.* eintreten:**

cóng zhèng | cóng jūn
从政 | 从军
sich mit Politik befassen | in die Armee eintreten

cóng shì wài jiāo gōng zuò
从事外交工作
sich mit der Diplomatie beschäftigen

♥ ***Präp.* aus; von; durch:**

cóng gǔ dào jīn
从 古 到 今
seit alter Zeit

cóng shān xià zǒu guò
从 山 下 走 过
über das Bergtal wandern

xiǎo hé cóng mén qián liú guò
小 河 从 门 前 流 过。
Der Bach fließt vor der Tür.

cūn
村

♥ ***Subst.* Dorf:**

cūn mín
村 民
Dorfbewohner

zhāng jiā cūn miàn mào yī xīn
张 家 村 面 貌 一 新。
Das Dorf Zhangjia bekommt ein völlig neues Aussehen.

♥ ***Subst.* Siedlung:**

yà yùn cūn | dù jià cūn
亚 运 村 | 度 假 村
Athletendorf der asiatischen Spiele | Urlaubsort

cún
存

♥ ***V.* existieren; leben:**

gòng cún
共 存
Koexistenz

xīn pǐn zhǒng de yáng róng yì cún huó
新 品 种 的 羊 容 易 存 活。
Die neue Schafrasse ist leicht zu züchten.

♥ *V.* **deponieren; aufbewahren; speichern:**

cún qián　cún chē chù
存 钱 | 存 车 处
Geld deponieren | Fahrrad-Parkplatz

gān guǒ róng yì bǎo cún
干 果 容 易 保 存。
Trockenfrüchte können sich leicht halten.

cuò

错

(錯)

♥ *Adj.* **falsch:**

cuò wù　guò cuò
错 误 | 过 错
Fehler | Irrtum

zhè dào tí wǒ zuò cuò le
这 道 题 我 做 错 了。
Ich habe die Frage falsch beantwortet.

♥ *V.* **ineinander; verzahnt:**

jiāo cuò
交 错
verzahnt

pán gēn cuò jié
盘 根 错 节
wirre Wurzeln und verälstelte Zweige

dá 答	♥ ***V.* antworten; entgegnen; erwidern:** huí dá 回 答 antworten dá xiè 答 谢 sich revanchieren zhǔ chí rén hé lái bīn yī wèn yī dá 主 持 人 和 来 宾 一 问 一 答。 Die Moderatoren fragen und die Gäste antworten.
dǎ 打	♥ ***V.* jmdn./etw. mit einem Werkzeug bearbeiten:** dǎ gǔ dǎ tiě 打 鼓 | 打 铁 die Trommeln rühren | Eisen schmieden bù yào dǎ cǎo jīng shé 不 要 打 草 惊 蛇。 Man darf nicht durch unvorsichtiges Handeln den Gegner warnen. ♥ ***V.* kämpfen; angreifen:** dǎ rén 打 人 jmdn. schlagen liǎng rén dǎ qǐ lái le 两 人 打起来了。 Die beiden haben miteinander gekämpft. ♥ ***V.* bewegen:** dǎ shuǐ dǎ qiú 打 水 | 打 球 Wasser holen | den Ball spielen

	qǐng dǎ kāi chuāng hu 请 打开 窗 户。 Bitte öffne die Fenster.
dà 大	♥ ***Adj.* groß:**
	dà guǎng chǎng | lì qi dà 大 广 场 | 力气大 riesiger Platz | kräftig
	wài miàn fēng hěn dà 外 面 风 很 大。 Draußen weht ein heftiger Wind.
	♥ ***Adj.* der älteste der altersgemäßen Reihenfolge:**
	lǎo dà 老 大 der älteste
	tā shì wǒ dà gē 他是 我 大哥。 Er ist mein ältester Bruder.
dài 代	♥ ***V.* vertreten; ersetzen:**
	dài tì | qǔ dài 代 替 | 取 代 vertreten | ersetzen
	dài wǒ xiàng tā wèn hǎo 代 我 向 他 问 好。 Bestell ihm einen Gruß von mir!
	♥ ***Subst.* Dynastie; geschichtliche Periode:**
	cháo dài | gǔ dài 朝 代 | 古 代 Dynastie | alte Zeiten
	xué xí xiàn dài wén xué 学习现 代 文 学 Gegenwartsliteratur studieren

♥ *Subst.* **Generation:**

lǎo yī dài
老 一代
die alte Generation

dài
带
(帶)

♥ *Subst.* **Band; dünner und weicher Stoff:**

dài zi | jì xié dàir
带子 | 系鞋带儿
Band | die Schnürsenkel zubinden

♥ *V.* **mitnehmen; mitbringen:**

chū mén dài zhe zhèng jiàn
出门带着证件。
Bitte nehmen Sie den Ausweis mit, wenn Sie ausgehen.

♥ *Subst.* **Zone; Gebiet:**

rè dài
热带
Tropen

cháng chéng yī dài
长城一带
das Gebiet um die Große Mauer

♥ *V.* **führen; leiten:**

dài lǐng | dài lù
带领 | 带路
führen | den Weg weisen

dài xué sheng cān guān bó wù guǎn
带学生参观博物馆
die Studenten zur Besichtigung des Museums begleiten

dài
待

♥ *V.* **warten:**

děng dài | zhěng zhuāng dài fā
等待 | 整装待发
warten | reisefertig sein

♥ ***V.*** **behandeln; bewirten:**

dài kè
待 客
Gäste bewirten

yōu dài
优 待
eine Vorzugsbehandlung gewähren

yǐ lǐ xiāng dài
以 礼 相 待
jmdn. mit gebührendem Respekt behandeln

dān
单
(單)

♥ ***Adj.*** **einzig; ein:**

dān shēn | dān yī
单 身 | 单 衣
ledig | ungefüttertes Kleidungsstück

dān rén jiān
单 人 间
Einzelzimmer

♥ ***Adj.*** **eintönig; einfach; simpel:**

dān diào
单 调
eintönig

zhè jiàn shì hěn jiǎn dān
这 件 事 很 简 单。
Das ist einfach.

♥ ***Adj.*** **ungerade:**

dān hào | dān shù
单 号 | 单 数
ungerade Nummer | ungerade Zahl

dān rì fā chē
单 日 发 车
Der Bus fährt nur an den ungeraden Tagen.

dàn 但

♥ ***Konj.* aber; dennoch:**

dàn shì
但是
aber

zhè shuāng xié bù piào liang dàn chuān zhe hěn shū fu
这双鞋不漂亮，但穿着很舒服。
Die Schuhe sind zwar nicht schön, aber sehr bequem.

♥ ***Adv.* nur; bloß:**

dàn yuàn
但愿
wenn nur

shì qíng bù dàn zuò wán le hái zuò de hěn hǎo
事情不但做完了，还做得很好。
Die Aufgabe ist erledigt und zwar sehr gut.

dàn 蛋

♥ ***Subst.* Ei von Tieren:**

jī dàn | yā dàn
鸡蛋 | 鸭蛋
Ei | Entenei

mǔ jī yī gòng xià le 20 zhī dàn
母鸡一共下了20只蛋。
Die Henne hat 20 Eier gelegt.

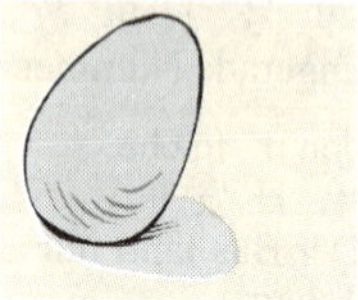

dàn
蛋
Ei

♥ ***Subst.*** **kugelförmiger Gegenstand:**

liǎn dàn | líng dàn
脸蛋 | 零蛋
Wange | Null

dāng
当
(當)

♥ ***Adj.*** **ebenbürtig; entsprechend:**

mén dāng hù duì | shí lì xiāng dāng
门当户对 | 实力相当
aus ebenbürtiger Familie | gleich stark sein

♥ ***V.*** **fungieren; tätig sein:**

dāng zhèng | dāng jiā
当政 | 当家
an der Macht sein | den Haushalt führen

tā zài dà xué dāng lǎo shī
他在大学当老师。
Er ist als Lehrer an der Hochschule tätig.

♥ ***V.*** **sollen:**

yīng dāng
应当
sollen

dāng bàn jiù bàn
当办就办
Was man machen soll, soll gemacht werden.

♥ ***Präp.*** **gerade dabei; während:**

dāng nián | dāng miàn dào xiè
当年 | 当面道谢
seinerzeit | jmdm. gegenüber Dank sagen

dāng wǒ gǎn dào chē zhàn chē yǐ jing kāi le
当我赶到车站，车已经开了。

Als ich an der Bushaltestelle ankam, war der Bus schon abgefahren.

s. dàng S. 50

dàng

当

(當)

♥ ***Adj.* passend; angemessen:**

chǔ lǐ dé dàng
处理得 当
Das Problem wurde in geeigneter Weise gelöst.

yòng cí bù dàng
用 词不 当
Dieser Ausdruck ist fehl am Platz.

♥ ***V.* jmdn./etw. für...halten; jmdn./etw. als...betrachten:**

dàng zhēn
当 真
etw. für wahr halten

wǒ dàng nǐ zǒu le ne yuán lái nǐ hái
我 当 你走 了呢，原 来你还
zài zhèr
在 这儿。
Ich dachte, dass du schon weggegangen bist. Aber du bist noch da.

s. dāng S. 49

dāo

刀

♥ ***Subst.* Messer:**

cài dāo | cì dāo
菜 刀 | 刺刀
Küchenmesser | Bajonett

dāo zi
刀 子
Messer

dāo
刀
Messer

dǎo 导 (導)

♥ ***V.* führen; leiten:**

dǎo yóu | lǐng dǎo
导游 | 领导
Reiseleiter | Leitung

jì zhù lǎo shī de jiào dǎo
记住老师的教导。
Man sollte alles im Kopf behalten, was der Lehrer gelehrt hat.

♥ ***V.* weiterführen:**

dǎo guǎn | dǎo diàn
导管 | 导电
Führungsrohr | Stromleitung

bàn dǎo tǐ
半导体
Halbleiter

dǎo 倒

♥ ***V.* sich nach unten bewegen:**

dǎ dǎo
打倒
stürzen

shuāi dǎo
摔倒
hinfallen

fēng guā dǎo le xiǎo shù
风刮倒了小树。
Der Sturm hat das Bäumchen umgeweht.

♥ ***V.* wechseln; tauschen:**

dǎo bān | dǎo huàn
倒班 | 倒换
die Arbeitsschicht wechseln | umtauschen

wǒ shàng bān yào dǎo liǎng cì chē
我上班要倒两次车。
Ich muss zweimal umsteigen, bevor ich das Büro erreicht habe.

s. dào S. 52

dào 到

♥ *V.* **ankommen; gelangen:**

dào zhàn le | kàn bù dào
到站了 | 看不到
angekommen sein | nicht sehen können

xiǎng ràng wǒ shàng dàng bàn bù dào
想让我上当，办不到！
Willst du mich betrügen? Das wirst du nicht schaffen!

rén dōu dào qí le
人都到齐了。
Alle sind gekommen.

♥ *V.* **nach; bis:**

dào xué xiào shàng kè
到学校上课
zur Schule zum Unterricht gehen

duō dào hù wài huó dòng
多到户外活动
Gehen Sie draußen, um mehr Sport zu treiben

♥ *Adj.* **rücksichtsvoll; umsichtig:**

zhōu dào
周到
rücksichtsvoll

nǐ xiǎng de hěn zhōu dào
你想得很周到。
Du hast alles rücksichtsvoll bedacht.

dào 倒

♥ *V.* **umkehren; etw. ins Gegenteil verkehren:**

dào lì | dào tuì
倒立 | 倒退
auf dem Kopf stehen | zurückfallen

cì xù fàng dào le
次序放倒了。
Die Reihenfolge ist umgekehrt.

♥ ***V.* gießen:**

dào shuǐ
倒 水
Wasser einschenken

gěi kè rén dào chá
给客人 倒 茶。
dem Gast eine Tasse Tee einschenken

s. dǎo S. 51

dào

道

♥ ***Subst.* Straße:**

dào lù | tiě dào
道 路 | 铁 道
Straße | Eisenbahn

xià shuǐ dào xiū hǎo le
下 水 道 修 好 了。
Das Abwassersystem ist wieder in Ordnung.

♥ ***Subst.* Grund; Argument; Weg; Methode:**

tiān dào | gōng dào
天 道 | 公 道
himmlische Prinzipien | Gerechtigkeit

♥ ***Subst.* Technik im geistigen oder kulturellen Bereich:**

chá dào | qí dào
茶 道 | 棋 道
Teekunst | Schachkunst

tā hěn dǒng yī dào
她 很 懂 医 道。
Sie weiß viel von der Heilkunst.

♥ ***Zähleinheitswort* für Aufgaben:**

shí dào tí
十 道 题
zehn Aufgaben

dé 得

♥ ***V.* bekommen:**

dé dào 得到 | qǔ dé 取得
bekommen | erhalten

dé le mǎn fēn
得了满分
volle Punktezahl bekommen

♥ ***V.* passend:**

dé dàng
得当
angemessen

dé fǎ
得法
methodisch richtig

shuō huà dé tǐ
说话得体
etw. in geziemender Weise sagen

♥ ***V.* dürfen; können:**

zhè lǐ de shū bù dé ná zǒu
这里的书不得拿走。
Die Bücher hier darf man nicht nach Belieben wegnehmen.

s. de S. 55

de 地

♥ **verwendet vor einem Verb oder einem Adjektiv, um eine Bewegung oder einen Zustand auszudrücken:**

fēi kuài de pǎo
飞快地跑
schnell laufen

tiān màn màn de hēi le
天慢慢地黑了。
Es wird allmählich dunkel.

s. dì S. 57

de
的

am Ende eines Nomens, einer Präposition oder eines Adjektivs verwendet, um den Umfang oder die Eigenschaft einzuschränken:

sòng xìn de
送 信 的
Briefträger

tiān rán de
天 然 的
aus der Natur

huā yǒu bái de yǒu qiǎn huáng de
花 有 白 的，有 浅 黄 的。
Einige Blumen sind weiß, einige hellgelb.

am Ende eines Satzes verwendet, um Zustimmung zu betonen:

jì huà shì què dìng le de
计 划 是 确 定 了的。
Die Planung ist schon festgestellt.

zhè gè xiāo xi wǒ zhī dào de
这 个 消 息我 知 道 的。
Die Nachricht kenne ich ja.

s. dí S. 57; dì S. 58

de
得

verwendet nach einem Verb oder Adverb, um das Ergebnis oder den Grad auszudrücken:

ná de qǐ lái
拿 得起来
tragen können werden können

cā de gān jìng
擦得 干 净
sauber gemacht

zuò de fēi cháng hǎo
做 得 非 常 好。
Sehr gut gemacht!

s. dé S. 54

dēng 灯 (燈)

♥ ***Subst.* Leuchte:**

diàn dēng 电灯 | rì guāng dēng 日光灯
elektrische Lampe | Neonlampe

lǜ dēng liàng le
绿灯亮了。
Das grüne Licht leuchtet.

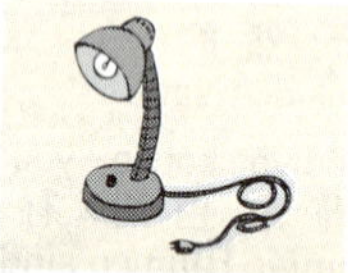

dēng
灯
Lampe

děng 等

♥ ***Adj.* gleich wie; gleichermaßen:**

xiāng děng 相等 | děng tóng 等同
gleich | gleich wie

yī jiā yī děng yú èr
一加一等于二。
Eins plus eins ist gleich zwei.

♥ ***Subst.* Klasse:**

tè děng 特等 | yōu děng shēng 优等生
Spitzenklasse | Musterschüler

jiǎng pǐn fēn sān děng
奖品分三等。
Die Preise sind in drei Klassen (Kategorien) geordnet.

♥ ***V.* warten:**

děng chē 等车 | děng rén 等人
auf den Bus warten | auf jmdn. warten

děng tā lái le zài zǒu ba
等他来了再走吧。
Warten wir, bis er gekommen ist.

dī
低

♥ ***Adj.* niedrig; tief:**

dī ǎi
低矮
niedrig

dī kōng fēi xíng
低空飞行
niedrig fliegen

shuǐ wèi biàn dī le
水位变低了。
Der Wasserstand ist niedriger geworden.

♥ ***Adj.* niedrig:**

dī wēn
低温
Tieftemperatur

dī gōng zī
低工资
niedriger Lohn

shēng yīn tài dī tīng bù qīng
声音太低，听不清。
Zu leise, man kann nicht klar hören.

♥ ***V.* etw. sinken lassen; senken:**

dī xià tóu lái
低下头来
den Kopf senken

dí
的

♥ ***Adj.* wirklich; tatsächlich:**

dí què hěn hǎo
的确很好。
wirklich sehr gut

s. de S. 55; dì S. 58

dì
地

♥ ***Subst.* Erde; Land:**

gāo dì
高地
Hochland

cǎo dì
草地
Grasland

chūn huí dà dì
春回大地
Der Frühling kommt wieder auf die Erde.

♥ ***Subst.* Gebiet; Ort:**

nèi dì | dì wèi
内地 | 地位
Binnenland | Stellung

quán qiú gè dì
全球各地
überall auf der Erde

♥ ***Subst.* Erde:**

dì céng
地层
Erdschicht

dì xīn wēn dù hěn gāo
地心温度很高。
Die Temperatur des Erdmittelpunktes ist sehr hoch.

s. de S. 54

dì
弟

♥ ***Subst.* Bruder, Neffer oder Cousin, der jünger als der Sprecher ist:**

dì di
弟弟
jüngerer Bruder

sān dì
三弟
der dritte jüngere Bruder

biǎo dì dào wǒ jiā lái wánr
表弟到我家来玩儿。
Mein Cousin kommt zu uns zu Besuch.

dì
的

♥ ***Subst.* Ziel:**

mù dì dá dào le
目的达到了。
Das Ziel ist schon erreicht.

s. de S. 55; dí S. 57

dì 第	♥ **vor einer ganzen Zahl verwendet, um die Reihenfolge zu zeigen:**
	dì yī míng 第一名 der erste Platz
	dì wǔ cì lái dào zhè gè dì fang 第五次来到这个地方。 Das ist das fünfte Mal, dass ich hier gewesen bin.
diǎn 典	♥ ***Subst.* als Richtschnur dienendes Buch:**
	diǎn zhāng 典章 | Satzungen jīng diǎn 经典 | klassische Werke
	xué huì chá zì diǎn 学会查字典 in einem Wörterbuch nachschlagen können
	♥ ***Subst.* feierliche Zeremonie:**
	diǎn lǐ 典礼 | Zeremonie kāi guó dà diǎn 开国大典 | Gründungszeremoniell eines Staates
diǎn 点 (點)	♥ ***Subst.* Tropfen:**
	hēi diǎnr 黑点儿 | schwarzes Fleckchen yǔ diǎnr 雨点儿 | Regentropfen
	yī diǎn diǎn 一点点 ein bisschen
	♥ ***Subst.* Stelle; Punkt:**
	qǐ diǎn 起点 | Ausgangspunkt yōu diǎn 优点 | Vorteil

lì jiǎo diǎn | zhuā zhù zhòng diǎn
立脚点 | 抓住重点
Standpunkt | den Schwerpunkt hervorheben

♥ *V.* **einen nach dem anderen überprüfen; zählen:**

diǎn míng | diǎn shù
点名 | 点数
die Namensliste verlesen | zählen

qīng diǎn rén shù
清点人数
die Anwesenden zählen

♥ *V.* **nicken:**

diǎn tóu biǎo shì tóng yì
点头表示同意
zustimmend nicken

♥ ***Subst.*** **festgesetzter Zeitpunkt:**

zhèng diǎn dào dá
正点到达
pünktlich ankommen

huǒ chē wǎn diǎn
火车晚点
Der Zug hat Verspätung.

diàn
电
(電)

♥ ***Subst.*** **Elektrizität; Energie:**

diàn dēng
电灯
elektrische Lampe

fā diàn
发电
elektrischen Strom erzeugen

yī tái diàn dòng jī
一台电动机
ein elektrischer Motor

♥ ***Subst.* Blitz:**

shǎn diàn
闪电
Blitz

diàn shǎn léi míng
电闪雷鸣
Es blitzt und donnert.

diàn
店

♥ ***Subst.* Laden:**

yào diàn
药店
Apotheke

qù shū diàn
去书店
zum Buchladen gehen

dào zá huò diàn mǎi yī píng yóu
到杂货店买一瓶油。
Geh zur Gemischtwarenhandlung und kauf eine Flasche Öl!

♥ ***Subst.* Wirthaus:**

kè diàn | lǚ diàn
客店 | 旅店
Wirthaus | Gasthaus

kè rén zhù zài diàn li
客人住在店里。
Die Gäste wohnen im Gasthaus.

diào
调
(調)

♥ ***V.* versetzen; verlegen:**

diào dù
调度
abfertigen

diào gōng zuò
调工作
jmdn. an einen anderen Arbeitsplatz versetzen

zhè wèi xiào zhǎng shì xīn diào lái de
这位校长是新调来的。
Der Rektor ist neu versetzt.

♥ ***V.* untersuchen; nachforschen:**

diào chá
调查
untersuchen

rèn zhēn zuò hǎo diào chá gōng zuò
认真做好调查工作。
Man sollte Untersuchungen sorgfältig anstellen.

♥ ***Subst.* Melodie:**

mín jiān xiǎo diào
民间小调
Volksweisen

zhè shǒu gē de diàor hěn hǎo tīng
这首歌的调儿很好听。
Die Melodie des Gesangs klingt schön.

s. tiáo S. 333

dìng

订

(訂)

♥ ***V.* vereinbaren, festlegen:**

dìng bào
订报
eine Zeitung abonnieren

dìng gōng yuē
订公约
eine Konvention abschließen

qǐng bāng wǒ dìng yī zhāng piào
请帮我订一张票。
Buch mir bitte eine Karte.

♥ ***V.* korrigieren:**

dìng zhèng
订正
Korrekturen vornehmen

jiào dìng wén zhāng
校订文章
den Text überarbeiten und verbessern

dìng
定

♥ ***Adj.* ruhig; still:**

ān dìng
安定
ruhig

xīn shén bù dìng
心神不定
innerlich unruhig

♥ ***Adj.* bestimmen; festsetzen:**

dìng jià
定价
den Preis feststellen

dìng qī
定期
einen Termin festlegen

♥ ***Adv.* sicher; gewiss:**

yī dìng
一定
gewiss

zhè jiàn shì yī dìng néng chéng gōng
这件事一定能成功。
Der Sieg wird sicher sein.

dōng
东
(東)

♥ ***Subst.* Osten;**

dōng fāng | dōng fēng
东方 | 东风
Osten | Ostwind

wǒ jiā zhù dōng chéng
我家住东城。
Ich wohne im Osten der Stadt.

dōng 冬

♥ ***Subst.* Winter:**

dōng jì　dōng tiān
冬 季 | 冬 天
Winter | Winter

xiǎo mài shì yuè dōng zuò wù
小 麦 是 越 冬 作 物。
Weizen wird im Winter gesät.

dǒng 懂

♥ ***V.* verstehen; begreifen:**

dǒng shì
懂 事
einsichtig

yī kàn jiù dǒng
一看 就 懂
auf den ersten Blick verstanden haben

tā dǒng hǎo jǐ mén wài yǔ
他 懂 好 几门 外 语。
Er versteht mehrere Fremdsprachen.

dòng 动 (動)

♥ ***V.* bewegen:**

zǒu dòng　dòng shēn
走 动 | 动 身
auf und ab gehen | eine Reise antreten

fēng chuī cǎo dòng
风 吹 草 动
Die Gräser rascheln im Wind.

♥ ***V.* gebrauchen; verwenden:**

dòng shǒu　dòng bǐ
动 手 | 动 笔
sich an die Arbeit machen | zu schreiben beginnen

yù shì duō dòng nǎo zi
遇 事 多 动 脑 子。
Mach dir doch Gedanken darüber.

♥ *V.* **anregen; Veränderung der Gefühle:**

dòng xīn | dòng rén
动 心 | 动 人
gerührt sein | bewegend

tā de huà zhēn ràng rén gǎn dòng
他 的 话 真 让 人 感 动。
Seine Worte sind berührend.

dōu
都

♥ ***Adv.* all; ganz:**

kè rén dōu dào le
客 人 都 到 了。
Alle Gäste sind da.

quán jiā dōu qù le
全 家 都 去 了。
Die ganze Familie ist dort hingegangen.

♥ ***Adv.* um den Tonfall zu betonen:**

tiān yī diǎnr dōu bù lěng
天 一 点儿 都 不 冷。
Es ist gar nicht kalt.

zhè dào lǐ lián hái zi dōu zhī dào
这 道 理 连 孩 子 都 知 道。
Sogar die Kinder kennen das Gesetz.

s. dū S. 65

dū
都

♥ ***Subst.* Hauptstadt:**

jiàn dū
建 都
eine Hauptstadt errichten

xīn zhōng guó shǒu dū jiàn zài běi jīng
新 中 国 首 都 建 在 北 京。
Das Neue China hat Beijing zur Hauptstadt gemacht.

♥ ***Subst.* Metropole:**

dū huì
都 会
Metropole

shàng hǎi shì gè dà dū shì
上 海 是 个 大都市。
Shanghai ist eine große Metropole.

s. dōu S. 65

dú
毒

♥ ***Subst.* Gift:**

xiāo dú
消 毒
desinfizieren

zhè zhǒng qì tǐ yǒu dú
这 种 气体有 毒。
Das Gas ist giftig.

♥ ***Adj.* brutal; grausam:**

hěn dú
狠 毒
grausam

tā bèi dú dǎ le yī dùn
他 被 毒 打了一 顿。
Er ist brutal verprügelt worden.

dú
读
(讀)

♥ ***V.* lesen; vorlesen:**

dú bào
读 报
eine Zeitung lesen

dú zhě duì zhè běn shū hěn mǎn yì
读 者 对 这 本 书 很 满 意。
Die Leser sind sehr zufrieden mit dem Buch.

tā xǐ huan dú shū
他喜 欢 读 书。
Er liest gern.

dù 度

♥ ***Subst.* Maßeinheit:**

cháng dù | wēn dù
长 度 | 温 度
Länge | Temperatur

líng xià wǔ dù
零 下 5 度
minus fünf Grad

♥ ***Subst.* Intensitätsgrad:**

gāo dù | zhī míng dù
高 度 | 知 名 度
Höhe | Bekanntheitsgrad

guò dù láo lèi
过 度 劳 累
überanstrengt

♥ ***Subst.* Regel; Norm:**

fǎ dù | zūn shǒu zhì dù
法度 | 遵 守 制 度
Norm | die Regeln befolgen

duǎn 短

♥ ***Adj.* kurz; kurze Entfernung:**

duǎn pǎo
短 跑
Sprint

duǎn qī
短 期
kurzfristig

zhè jiàn yī fu yī diǎnr yě bù duǎn
这 件 衣服一 点儿 也不 短。
Das Kleid ist gar nicht kurz.

♥ ***V.* fehlen; mangeln:**

duǎn shǎo | duǎn chù
短 少 | 短 处
mangeln | Schwäche

	jí shí jiě jué zī jīn duǎn quē wèn tí 及时解决资金短缺问题 das Problem des Geldmittelmangels rechtzeitig lösen
duì 对 (對)	♥ ***Adj.* richtig; normal:**
	nǐ shuō de duì 你说得对。 Du hast recht.
	tā de shén sè bù duì 他的神色不对。 Er sieht merkwürdig aus.
	zhè dào tí zuò duì le 这道题做对了。 Die Aufgabe ist richtig gelöst.
	♥ ***V.* vergleichen; identifizieren:**
	chá duì duì zhào 查对 | 对照 etw. durch Gegenüberstellung bestätigen | vergleichen
	duì jié guǒ 对结果 die Ergebnisse vergleichen
	♥ ***V.* gegenüber; zu:**
	duì dài miàn duì miàn 对待 | 面对面 behandeln | Gesicht zu Gesicht
	dà mén duì zhe shān 大门对着山。 Die Tür zeigt zum Gebirge gegenüber.
	♥ ***Zähleinheitswort* Paar:**
	yī duì ěr huán 一对耳环 ein Paar Ohrringe

dùn
顿 (頓)

♥ *V.* **Pause machen; unterbrechen:**

tā tíng dùn le yī xiàr
他停顿了一下儿。
Er macht eine kleine Zäsur.

♥ *V.* **arrangieren; unterbringen:**

zhěng dùn
整顿
etw. in Ordnung bringen

jiā shǔ ān dùn xià lái le
家属安顿下来了。
Die Familienangehörigen sind untergebracht worden.

♥ *Adv.* **sofort; plötzlich:**

tīng le tā de huà dà jiā dùn shí ān jìng xià lái
听了他的话，大家顿时安静下来。
Nachdem er etwas gesagt hatte, waren alle sofort ruhig.

duō
多

♥ *Adj.* **viel:**

duō shù | duō nián
多数 | 多年
Mehrheit | viele Jahre

♥ *Adv.* **wie:**

yuè sè duō měi a
月色多美啊！
Wie schön der Mond ist!

mén yǒu duō gāo
门有多高？
Wie hoch ist die Tür?

E

ē

阿

♥ *V.* **jmdm. auf jede Weise entgegenkommen; jmdm. schmeicheln:**

gāng zhèng bù ē
刚 正 不 阿
rechtschaffen und nicht schmeichlerisch

s. ā S. 1

è

饿

(餓)

♥ *Adj.* **hungrig; Mangel an Nahrungsmittel:**

yòu lèi yòu è
又 累 又 饿
müde und hungrig

wǒ è le kuài kāi fàn ba
我 饿了，快 开 饭 吧。
Ich habe Hunger, essen wir doch.

ér

儿

(兒)

♥ *Subst.* **Kind:**

ér tóng | ér kē
儿 童 | 儿 科
Kind | Abteilung für Kinderkrankheiten

tā de liǎng gè nǚ ér zài yī qǐ wánr
她 的 两 个 女 儿 在 一 起 玩儿。
Ihre beiden Töchter spielen zusammen.

♥ *Subst.* **Jugendliche:**

nán ér | yùn dòng jiàn ér
男 儿 | 运 动 健 儿
junger Mann | Sportler

♥ *Subst.* **Sohn; Junge:**

shēng ér yù nǚ
生 儿 育 女
Kinder gebären

tā yǒu liǎng ér yī nǚ
他 有 两 儿 一 女。
Er hat zwei Söhne und eine Tochter.

ěr

耳

♥ ***Subst.* Ohr:**

ěr yǔ
耳 语
jmdm. etw. ins Ohr sagen

zhè gè shēng yīn hěn ěr shú
这 个 声 音 很 耳 熟。
Die Stimme kommt mir bekannt vor.

èr

二

♥ ***Num.* zwei:**

dì èr cì
第二次
das zweite Mal

méi kāi èr dù
梅 开 二 度
etw. zum zweiten Mal machen

F

fā
发
(發)

♥ *V.* **geschehen;**

fā shēng
发 生
geschehen

jiàn fā diàn chǎng
建 发 电 厂
ein Kraftwerk errichten

♥ *V.* **entwickeln:**

fā yù | fā zhǎn
发育 | 发展
sich entwickeln | entwickeln

miàn fā qǐ lái le
面 发起来了。
Der Teig ist aufgegangen.

♥ *V.* **aufdecken; erfinden:**

fā xiàn
发 现
entdecken

zào zhǐ shù shì zhōng guó gǔ dài
造 纸 术 是 中 国 古 代
de sì dà fā míng zhī yī
的 四 大 发 明 之 一。
Das Papier war eine der vier Erfindungen des alten China.

♥ *V.* **starten; anregen:**

chū fā | fā qǐ
出 发 | 发 起
starten | initiieren

fā rén shēn sī
发人深思
zum Nachdenken anregend

s. fà S. 73

fǎ
法

♥ ***Subst.* Gesetz:**

fǎ lǜ
法律
Gesetz

hé fǎ | shāng biāo fǎ
合法 | 商标法
legal | Warenzeichengesetz

♥ ***Subst.* Methode; Mittel:**

yòng fǎ | fǎ shù
用法 | 法术
Gebrauch | Magie

zuò fǎ
做法
Handlungsweise

jiě jué wèn tí de bàn fǎ
解决问题的办法
Mittel und Wege zur lösung des Problems

tā de bàn fǎ zhēn duō
他的办法真多。
Er hat viele Ideen.

fà
发
(髮)

♥ ***Subst.* Haar:**

máo fà | bái fà
毛发 | 白发
Haar | weißes Haar

bà ba qù lǐ fà le
爸爸去理发了。
Mein Vater ist zum Friseur gegangen.

s. fā S. 72

fán
烦
(煩)

♥ ***Adj.* missgestimmt; verdrossen:**

xīn fán yì luàn
心 烦 意 乱
verwirrt sein

♥ ***Adj.* irritiert, chaotisch:**

fán luàn
烦 乱
nervös

bàn shì yù dào le má fan
办 事 遇 到 了 麻 烦。
Wir haben Schwierigkeiten begegnet.

fǎn
反

♥ ***Adj.* gegenteilig:**

shì dé qí fǎn
适 得 其 反
gerade das Gegenteil erreichen

xiǎo háir wà zi chuān fǎn le
小 孩儿 袜 子 穿 反 了。
Das Kind hat die Strümpfe umgekehrt angezogen.

♥ ***V.* umdrehen; umwenden:**

fǎn wèn | fǎn xǐng
反 问 | 反 省
eine Gegenfrage stellen | sich prüfen

tā tí chū xiāng fǎn de yì jiàn
她 提 出 相 反 的 意 见。
Sie hat Gegenmeinungen geäußert.

♥ ***V.* gegen; anti-:**

tā de yì jiàn shòu dào fǎn duì
他 的 意 见 受 到 反 对。
Alle sind gegen seine Meinung.

fàn 饭 (飯)

♥ ***Subst.* tischfertig zubereitete Speisen, insbesondere Reis:**

mǐ fàn 米饭 gekochter Reis | gān fàn 干饭 gekochter Reis

♥ ***Subst.* Mahlzeit am Tage:**

wǔ fàn 午饭 Mittagessen | wǎn fàn 晚饭 Abendessen

kāi fàn le
开饭了。
Das Essen ist schon fertig.

fāng 方

♥ ***Adj.* quadratisch:**

zhèng fāng tǐ 正方体 Quadrat | fāng kuài zì 方块字 chinesische Schriftzeichen

zhè zhāng zhuō zi shì fāng de
这张桌子是方的。
Der Tisch ist viereckig.

♥ ***Subst.* Richtung:**

dōng fāng 东方 Osten | duì fāng 对方 Gegenseite

yuǎn fāng 远方 Ferne | sì miàn bā fāng 四面八方 alle Himmelsrichtungen

♥ ***Subst.* Methode:**

fāng fǎ 方法 Methode | qiān fāng bǎi jì 千方百计 mit allen Mitteln

♥ ***Adv.*** **eben; erst:**

fāng cái
方 才
eben

lái rì fāng cháng
来日方长
Das hat noch Zeit

fáng
房

♥ ***Subst.*** **Haus; Zimmer:**

lóu fáng | píng fáng
楼房 | 平房
mehrstöckiges Haus | ebenerdiges Haus

tā zài shū fáng kàn shū
她在书房看书。
Sie liest im Arbeitszimmer.

fáng zi
房子
Haus

fǎng
访
(訪)

♥ ***V.*** **besuchen; aufsuchen:**

fǎng wèn | fǎng yǒu
访问 | 访友
einen Besuch abstatten | einen Freund besuchen

kè rén lái fǎng
客人来访
Besuch haben

♥ ***V.*** **nach etw. trachten:**

chá fǎng
察访
sich nach etw. erkundigen

jì zhě cǎi fǎng le yī wèi guān zhòng
记者采访了一位观众。
Der Journalist hat einen Zuschauer interviewt.

fàng 放

♥ *V.* **loslassen, freilassen:**

fàng xué 放学 | fàng yáng 放羊
die Schule ist aus | Schafe hüten

bǎ guān zhe de niǎor fàng le
把关着的鸟儿放了。
Lass die Vögel aus dem Käfig frei.

♥ *V.* **auslassen; vergrößern; erweitern:**

fàng dà 放大 | kāi fàng 开放
vergrößern | blühen

bǎi huā qí fàng
百花齐放
hundert Blumen blühen

♥ *V.* **legen; jmdm. etw. zur Aufbewahrung geben:**

cún fàng 存放 | fàng xīn 放心
jmdm. etw. zur Aufbewahrung geben | sich beruhigen

bǎ shū fàng zài zhuō zi shàng
把书放在桌子上。
Leg das Buch auf den Tisch.

fēi 飞 (飛)

♥ *V.* **fliegen; Bewegungen in der Luft:**

fēi chóng
飞虫
fliegendes Insekt

niǎo fēi zǒu le
鸟飞走了。
Die Vögel sind weg geflogen.

fēi jī fēi wǎng fǎ guó
飞机飞往法国。
Die Maschine wird nach Frankreich fliegen.

♥ *V.* **blitzschnell:**

fēi kuài
飞 快
blitzschnell

mǎ zài cǎo yuán shàng fēi pǎo
马 在 草 原 上 飞 跑。
Das Pferd galoppiert auf dem Grasland.

fēi
非

♥ ***Adj.* sein Unwesen treiben; mutwillig Böses tun:**

fēi fǎ | fēi lǐ | fēi fèn
非 法 | 非 礼 | 非 分
ungesetzlich | unhöflich | anmaßend

♥ *V.* **tadeln; vorwerfen:**

fēi nàn
非 难
beanstanden

tā de zuò fǎ shòu dào fēi yì
他 的 做 法 受 到 非 议。
Seine Tat wurde getadelt.

féi
肥

♥ ***Adj.* fett:**

féi ròu | féi yóu
肥 肉 | 肥 油
fettes Fleisch | Fett

zhè zhī yáng zhēn féi
这 只 羊 真 肥。
Das Schaf ist wirklich fett.

♥ ***Adj.* weit (Kleidung):**

zhè jiàn yī fu yǒu diǎnr féi
这 件 衣 服 有 点儿 肥。
Das Kleid ist ein bisschen weit.

fèi 费 (費)

♥ ***Subst.* Kosten:**

huā fèi　fèi yòng
花费 | 费用
Kosten | Gebühr

dào yín háng jiāo shuǐ diàn fèi
到银行交水电费。
Wasser- und Stromgebühren bei der Bank bezahlen

♥ ***Adj.* zu viel verbrauchen:**

zhè zhǒng qì chē tài fèi yóu
这种汽车太费油。
Das Auto verbraucht zu viel Benzin.

fēn 分

♥ ***V.* teilen; trennen:**

fēn lí　fēn qīng shì fēi
分离 | 分清是非
trennen | Recht und Unrecht genau unterscheiden

bǎ yī gè píng guǒ fēn chéng
把一个苹果分成
liǎng bàn
两半
einen Apfel in zwei Teile teilen

♥ ***Zähleinheitswort* Teil:**

1 xiǎo shí děng yú 60 fēn
1小时等于60分。
Eine Stunde sind 60 Minuten.

1 jiǎo qián děng yú 10 fēn
1角钱等于10分。
Ein Jiao sind 10 Fen.

s. fèn S. 80

fèn
分

♥ ***Subst.* Bestandteil:**

shuǐ fèn | táng fèn
水分 | 糖分
Wassergehalt | Zuckergehalt

niú nǎi hán yǒu duō zhǒng yǎng fèn
牛奶含有多种养分。
Die Milch enthält verschiedene Nährgehalte.

♥ ***Subst.* gesellschaftliche Stellung; Verantwortung; Recht:**

běn fèn
本分
jmds. persönliche Rechte und Pflichten

nǐ zuò de yǒu diǎn guò fèn
你做得有点过分。
Du hast deine Grenze überschritten.

s. fēn S. 79

fēng
丰 (豐)

♥ ***Adj.* reichlich; üppig:**

fēng fù | fēng shōu
丰富 | 丰收
reichlich | gute Ernte

fēng yī zú shí
丰衣足食
sich gut kleiden und ernähren

fēng
风 (風)

♥ ***Subst.* Wind:**

guā fēng | tái fēng
刮风 | 台风
wehen | Taifun

fēng lì bù dà
风力不大。
Der Wind ist nicht stark.

♥ ***Subst.* schnell wie der Wind:**

fēng xíng quán guó
风 行 全 国
populär auf dem ganzen Land sein

♥ ***Subst.* Ausblick; Landschaft:**

fēng guāng
风 光
Landschaft

zhè lǐ fēng jǐng yōu měi
这里风景优美。
Die Landschaft hier ist wunderschön.

♥ ***Subst.* Auftreten; Charme:**

fēng dù
风 度
Charme

zuò fēng
作 风
Art und Weise des Verhaltens

fū 夫

♥ ***Subst.* Ehemann:**

fū fù
夫妇
Ehepaar

wǒ de zhàng fu shì gè qǐ yè jiā
我的丈夫是个企业家。
Mein Mann ist Unternehmer.

♥ ***Subst.* körperlich arbeitender Mensch:**

yú fū
渔 夫
Fischer

nóng fū zài zhòng dì
农夫在种地。
Die Bauern betreiben Ackerbau.

fú
服

♥ *Subst.* **Kleidung; Kleid:**

fú zhuāng | zhì fú
服装 | 制服
Kleidung | Uniform

tā shēn chuān biàn fú
他身穿便服。
Er hat Alltagskleidung angezogen.

♥ *V.* **(Medizin) einnehmen:**

fú yào
服药
Medizin einnehmen

zhè zhǒng yào shì nèi fú de
这种药是内服的。
Die Arznei ist innerlich anzuwenden.

♥ *V.* **gehorchen; sich beugen:**

fú cóng
服从
gehorchen

xīn fú kǒu fú
心服口服
felsenfest überzeugt sein

yǐ lǐ fú rén
以理服人
jmdn. mit Argumenten überzeugen

fú
福

♥ *Subst.* **Glück; Glückseligkeit:**

fú qi
福气
Glück

tí gāo zhí gōng de fú lì
提高职工的福利
die Wohlfahrt der Angestellten erhöhen

fǔ 府

♥ ***Subst.* Wohnhaus eines Adligen; Residenz; Regierungssitz:**

wáng fǔ | zhèng fǔ
王府 | 政府
Wohnhaus des Prinzen | Regierung

zǒng tǒng fǔ
总统府
Präsidentenresidenz oder Sitz des Prasidenten

fù 父

♥ ***Subst.* Vater:**

fù qin | fù mǔ
父亲 | 父母
Vater | Eltern

♥ ***Subst.* Anrede für einen Mann, der älter ist als der Sprecher:**

zǔ fù
祖父
Großvater

shū fù jiāo wǒ xué diàn nǎo
叔父教我学电脑。
Mein Onkel hat mir die Anwendung des Computers beigebracht.

fù 负 (負)

♥ ***V.* etw. auf dem Rücken tragen; etw. auf sich nehmen:**

fù zhòng | dān fù
负重 | 担负
Gewicht tragen | etw. auf sich nehmen

shēn fù zhòng rèn
身负重任
mit einer wichtigen Aufgabe betraut sein

♥ ***V.* verlieren:**

bù fēn shèng fù | fù yú duì fāng
不分胜负 | 负于对方
unentschieden enden | dem Gegner unterliegen

♥ ***Adj.* negativ, minus:**

fù shù
负 数
negative Zahl

fù hào
负 号
minus

fù diàn
负 电
negativer Pol

fù
复
(復)
(複)

♥ ***V.* nachahmen; wiederholen:**

fù xiě
复 写
einen Durchschlag machen

zhè gè wén jiàn fù zhì 5 fèn
这 个 文 件 复 制 5 份。
Mach fünf Kopien von der Akte.

♥ ***V.* sich umwälzen; sich hin und her bewegen:**

fǎn fù wǎng fù
反 复 | 往 复
wiederholt | sich hin und her bewegen

tā yòu chóng fù le yī biàn
他 又 重 复 了 一 遍。
Er wiederholt nochmal.

♥ ***V.* antworten; erwidern:**

huí fù fù chóu
回 复 | 复 仇
antworten | sich an jmdm. rächen

zhè gè wèn tí qǐng jǐn kuài dá fù
这 个 问 题 请 尽 快 答 复。
Bitte beantworten Sie sogleich die Frage.

fù

富

♥ ***Adj.* reich; sehr vermögend:**

fù rén | fēng fù
富人 | 丰富
reiche Person | reich

nóng mín fù qǐ lái le
农民富起来了。
Die Bauern sind reich geworden.

♥ ***Subst.* Ressourcen; Eigentum:**

jī lěi cái fù
积累财富
Kapital akkumulieren

G

gāi 该 (該)

♥ ***V.* sollen; müssen; verdienen:**

yīng gāi
应 该
sollen

tiān wǎn le gāi xiū xi le
天 晚 了，该 休 息 了。
Es ist zu spät, wir sollen ins Bett gehen.

gǎi 改

♥ ***V.* verwandeln; verändern:**

gǎi biàn | gēng gǎi
改 变 | 更 改
verändern | ändern

♥ ***V.* einen Fehler bemerken und ihn beseitigen:**

gǎi zhèng | gǎi zuò wén
改 正 | 改 作 文
korrigieren | den Aufsatz korrigieren

gǎi jìn jì shù
改 进 技 术
die Technik verbessern

gān 干 (乾)

♥ ***Adj.* trocken:**

gān xǐ
干 洗
Trockenreinigung

yī fu gān le
衣 服 干 了。
Die Wäsche ist schon trocken.

♥ ***Subst.* zubereitete und getrocknete Nahrungsmittel:**

niú ròu gānr
牛 肉 干儿
Rinderdörrfleisch

	mǎi yī hé bǐng gān 买 一 盒 饼 干。 Kauf eine Packung Kekse.
	s. gàn S. 88
gǎn 赶 (趕)	♥ ***V.* jmdn. einholen; aufholen:**
	zhuī gǎn	gǎn lù 追 赶	赶 路 einholen	sich eilend auf den Weg machen
	tā qí chē wǎng diàn yǐng yuàn gǎn 他 骑 车 往 电 影 院 赶。 Er fährt mit dem Fahrrad schnell zum Kino.
	♥ ***V.* treiben; fahren; verjagen:**
	gǎn yáng 赶 羊 Schafe treiben
	gǎn mǎ chē 赶 马 车 eine Pferdekutsche fahren
	bǎ fēi chóng gǎn zǒu 把 飞 虫 赶 走 Verscheuche die Fliegen.
gǎn 敢	♥ ***Adj.* mutig; kühn; tapfer:**
	yǒng gǎn	guǒ gǎn 勇 敢	果 敢 mutig	entschieden und mutig
	tā gǎn zài dōng tiān yóu yǒng 她 敢 在 冬 天 游 泳。 Sie wagt es, im Winter zu schwimmen.

gǎn
感

♥ ***V.* sich fühlen:**

gǎn dào gǎn jué
感到 | 感觉
sich fühlen | spüren

hěn gǎn yì wài
很感意外
überrascht sein

♥ ***V.* berühren; wirken:**

gǎn dòng gǎn xiǎng
感动 | 感想
berühren | Eindruck

zhè gè gù shi hěn gǎn rén
这个故事很感人。
Die Geschichte ist tief berührend.

♥ ***Subst.* Gefühl:**

hǎo gǎn yǐn qǐ fǎn gǎn
好感 | 引起反感
guter Eindruck | Antipathie erregen

gàn
干 (幹)

♥ ***Subst.* Stamm; Hauptteil:**

shù gàn tiě lù gàn xiàn
树干 | 铁路干线
Baumstamm | Hauptbahnlinie

♥ ***V.* tun; machen:**

gàn huór kǔ gàn
干活儿 | 苦干
arbeiten | hart arbeiten

tā gàn guo kuài jì
她干过会计。
Sie war als Buchhalterin tätig.

♥ ***Adj.* fähig; tüchtig:**

gàn liàn
干 练
fähig und erfahren

jīng míng qiáng gàn
精 明 强 干
hellwach und tüchtig

s. gān S. 86

gāng
刚
(剛)

♥ ***Adv.* eben; vor kurzem:**

gāng cái
刚 才
eben

tā gāng huí jiā
他 刚 回 家。
Er ist eben nach Hause gegangen.

♥ ***Adj.* hart; stark:**

gāng qiáng | gāng zhí
刚 强 | 刚 直
willensstark | standhaft und freimütig

xìng qíng gāng zhèng
性 情 刚 正
rechtschaffende Eigenschaft

gāo
高

♥ ***Adj.* hoch:**

gāo lóu | gāo shān
高 楼 | 高 山
Hochhaus | hohes Gebirge

zhàn de gāo
站 得 高
von höherer Warte

♥ ***Subst.*** **Höhe; Größe:**

shēn gāo | yīn gāo
身 高 | 音 高
Größe | Tonhöhe

xiǎo lǐ yǒu liǎng mǐ gāo
小李有两米高。
Xiao Li ist zwei Meter groß.

♥ ***Adj.*** **überdurchschnittlich:**

gāo shuǐ píng | gāo jí
高水平 | 高级
hohes Niveau | auf höherer Stufe

tǐ wēn yǒu diǎnr gāo
体温有点儿高。
Die Körpertemperatur ist etwas hoch.

gǎo 搞

♥ ***V.*** **tun; machen; verrichten:**

gǎo shēng chǎn
搞生产
die Produktion anpacken

gǎo jiàn shè
搞建设
aufbauen

gōng zuò gǎo chū chéng jì
工作搞出成绩
Leistungen bei der Arbeit erzielen

♥ ***V.*** **verschaffen:**

gǎo qíng bào
搞情报
Nachrichten beschaffen

gǎo dào yī xiē cái liào
搞到一些材料
einige Materialien beschaffen

gào

告

♥ *V.* **sagen, berichten:**

gōng gào zhōng gào
公告 | 忠告
Proklamation | jmdn. mit wohlmeinenden Worten ermahnen

tā gào su wǒ yī jiàn zhòng yào de shì qing
她告诉我一件重要的事情。
Sie hat mir eine wichtige Nachricht mitgeteilt.

♥ *V.* **jmdn. vor Gericht beschuldigen, ein Verbrechen begangen zu haben:**

dào fǎ yuàn qù gào tā
到法院去告他
ihn vor Gericht anklagen

♥ *V.* **erklären; ankündigen:**

gào bié
告别
sich verabschieden

gào tuì
告退
darum bitten, sich zurückziehen zu dürfen

dà gōng gào chéng
大功告成
Das große Werk ist endlich vollendet.

gē

哥

♥ ***Subst.* Bruder, Neffe oder Cousin, der älter als der Sprecher ist:**

gē ge dà gē
哥哥 | 大哥
älterer Bruder | der älteste Bruder

biǎo gē
表哥
älterer Cousin

♥ *Subst.* **Männer im gleichen Alter:**

zhāng èr gē | lǎo dà gē
张二哥 | 老大哥
älterer Bruder Zhang | ältester Bruder

gē 歌

♥ *Subst.* **Lied:**

mín gē
民歌
Volkslied

chàng yī zhī gē
唱一支歌
ein Lied singen

♥ *V.* **singen:**

gāo gē yī qǔ
高歌一曲
ein Lied laut singen

gé 格

♥ *Subst.* **Karomuster:**

fāng gér | dài gér de běn zi
方格儿 | 带格儿的本子
Karo | kariertes Heft

♥ *Subst.* **Norm; Muster:**

jí gé
及格
bestanden

chǎn pǐn quán bù hé gé
产品全部合格。
Alle Produkte haben die Norm erfüllt.

♥ *Subst.* **Geschmack; Eigenschaft:**

rén gé | pǐn gé gāo shàng
人格 | 品格高尚
Charakter | edle Eigenschaften

gè
个
(個)

♥ *Zähleinheitswort* **für einzelne Person oder Sache:**

yī gè rén | liǎng gè xiǎo shí
一 个 人 | 两 个 小 时
eine Person | zwei Stunden

♥ ***Adj.* individuell:**

gè bié | gè rén
个 别 | 个 人
individuell | persönlich

gè tǐ
个 体
einzeln

♥ ***Subst.* Größe; Volumen:**

gè zi | gāo gèr
个 子 | 高 个儿
Größe | von großer Gestalt

dà gèr de píng guǒ
大 个儿 的 苹 果
ein großer Apfel

gè
各

♥ ***Pron.* jeder einzelne:**

gè zhǒng shāng pǐn
各 种 商 品
verschiedenartige Waren

gè guó péng you
各 国 朋 友
Freunde aus der Welt

liǎng gè rén gè yǒu tè diǎn
两 个 人 各 有 特 点。
Die beiden haben verschiedene Eigenschaften.

gěi

给

(給)

♥ *V.* **geben; abgeben:**

gěi tā liǎng běn shū
给 他 两 本 书。
Gib ihm zwei Bücher.

bǎ bǐ huán gěi xiǎo míng
把 笔 还 给 小 明。
Gib Xiao Ming den Stift zurück.

♥ ***Präp.* für; um jmds. Willen:**

tā gěi wǒ men bāng máng
他 给 我 们 帮 忙。
Er hat uns geholfen.

lǎo shī gěi wǒ men shàng kè
老 师 给 我 们 上 课。
Der Lehrer gibt uns Unterricht.

s. jǐ S. 139

gēn

根

♥ ***Subst.* Wurzel:**

shù gēn | xū gēn
树 根 | 须 根
Baumwurzel | Wurzelfaser

zhè kē shù de gēn hěn fā dá
这 棵 树 的 根 很 发 达。
Der Baum hat viele Wurzeln.

gēn
根
Wurzel

♥ ***Subst.* Ursprung:**

gēn jù
根 据
Beweis

zhī gēn zhī dǐ
知 根 知 底
etwas von A bis Z wissen

♥ ***Adv.* gründlich; völlig:**

gēn chú
根 除
etw. mit der Wurzel ausrotten

yǒu bìng yào gēn zhì
有 病 要 根 治。
Die Krankheit muss ein für allemal geheilt werden.

gēn
跟

♥ ***Subst.* hinterster Teil des Fußes oder des Strumpfes:**

gāo gēnr xié
高 跟儿 鞋
Damenschuhe mit hohem Absatz

jiǎo hòu gēn
脚 后 跟
Ferse

♥ ***V.* folgen:**

gēn suí
跟 随
folgen

gēn zhe bà ba qù gōng yuán
跟 着 爸 爸 去 公 园
Ich gehe mit meinem Vater zum Park.

♥ ***Präp.* mit:**

tā yǒu shì yào gēn nǐ shāng liang
她 有 事 要 跟 你 商 量。
Sie hat etwas mit dir zu besprechen.

♥ ***Konj.* und:**

mén qián zhòng le huā gēn cǎo
门前种了花跟草。
Vor der Tür sind Blumen und Gras angepflanzt.

gēng
更

♥ ***V.* ändern; verändern:**

gēng gǎi | gēng xīn
更改 | 更新
ändern | erneuern

rì chéng hái xū yào biàn gèng yī xiàr
日程还需要变更一下儿。
Das Programm soll noch ein bisschen geändert werden.

s. gèng S. 96

gèng
更

♥ ***Adv.* weiter; weiterhin; noch mehr:**

gèng jiā | gèng hǎo
更加 | 更好
noch mehr | besser

xiǎo shù zhǎng de gèng gāo le
小树长得更高了。
Das Bäumchen ist größer geworden.

s. gēng S. 96

gōng
工

♥ ***Subst.* Arbeiter;**

jì gōng | hé tong gōng
技工 | 合同工
Facharbeiter | Vertragsarbeiter

♥ ***Subst.* Industrie:**

huà gōng | qīng gōng
化工 | 轻工
chemische Industrie | Leichtindustrie

♥ ***Subst.* Produktion; Arbeit:**

gōng jù | dòng gōng
工具 | 动工
Werkzeug | einen Bau beginnen

zài gōng chǎng zuò gōng
在工厂做工
in der Fabrik arbeiten

gōng

公

♥ ***Adj.* staatlich; öffentlich; gemeinschaftlich:**

gōng wù | bàn gōng
公物 | 办公
Volkseigentum | Amtsgeschäfte erledigen

dà gōng wú sī
大公无私
gerecht und ohne jeden Eigennutz

♥ ***Adj.* allgemein; gemeinsam:**

gōng shì
公式
Formel

gōng lǐ | gōng yuē
公理 | 公约
Axiom | Pakt

♥ ***Adj.* rechtschaffen; unparteiisch:**

gōng dào
公道
gerecht

tā bàn shì hěn gōng zhèng
她办事很公正。
Sie handhabt die Angelegenheiten gerecht.

♥ *V.* **bekannt machen:**

gōng bù | gōng gào
公布 | 公告
veröffentlichen | Proklamation

gōng bù yú shì
公布于世
etw. der ganzen Welt bekannt machen

♥ ***Adj.* männlich (für Tiere):**

gōng jī | gōng niú
公鸡 | 公牛
Hahn | Bulle

zhè zhī māo shì gōng de
这只猫是公的。
Das ist ein Kater.

gōng
宫

♥ ***Subst.* Wohnsitz der früheren Kaiser:**

gù gōng
故宫
Kaiserpalast

gōng
宫
Palast

♥ ***Subst.* Wohnsitz der Götter in den Legenden:**

tiān gōng | yuè gōng
天宫 | 月宫
Himmelspalast | Mondpalast

♥ ***Subst.* Stätte für Kulturveranstaltungen und Erholung:**

shǎo nián gōng | mín zú gōng
少年宫 | 民族宫
Pionierhaus | Nationalitätenpalast

gē jù zài wén huà gōng yǎn chū
歌剧在文化宫演出。
Die Oper wird im Kulturpalast aufgeführt.

gòng
共

♥ ***Adv.* gemeinsam:**

gòng tóng
共同
gemeinsam

hé píng gòng chǔ
和平共处
friedliche Koexistenz

♥ ***Adv.* alles in allem; insgesamt:**

zhè zuò dà lóu gòng yǒu shí èr céng
这座大楼共有十二层。
Das Hochhaus hat insgesamt elf Stöcke.

mǎi jiā jù gòng huā le 2000 yuán
买家具共花了2000元。
Die Möbel haben insgesamt 2 000 Yuan gekostet.

gǒu
狗

♥ ***Subst.* Hund:**

xiǎo gǒu | kān mén gǒu
小狗 | 看门狗
Hündchen | Hofhund

jiā lǐ yǎng le liǎng zhī gǒu
家里养了两只狗。
Zu Hause haben wir uns zwei Hunde gehalten.

gǒu
狗
Hund

gòu 够

♥ ***V.*** **genug; ausreichend:**

cái liào bù gòu yòng
材料不够用。
Die Materialien sind nicht genug.

bié zháo jí shí jiān hái gòu
别着急，时间还够。
Keine Sorge, wir haben noch Zeit.

gū 姑

♥ ***Subst.*** **Tante, Cousine des Vaters:**

gū mā | dà gū
姑妈 | 大姑
Tante | Tante

biǎo gū
表姑
Cousine des Vaters

♥ ***Subst.*** **Mädchen:**

gū niang | cūn gū
姑娘 | 村姑
Mädchen | Dorfmädchen

gǔ 古

♥ ***Adj.*** **alt; altertümlich:**

gǔ lǎo | yuǎn gǔ
古老 | 远古
uralt | graue Vorzeit

zhè shì yī zuò yǒu míng de gǔ chéng
这是一座有名的古城。
Das ist eine bekannte Altstadt.

gǔ 股

♥ ***Zähleinheitswort*** **Faden:**

sān gǔ xiàn
三股线
dreifädiges Wollgarn

yī gēn xiàn kě fēn chéng liǎng gǔr
一根线可分成两股儿。
Eine Schnur kann aus zwei Fäden bestehen.

♥ ***Subst.* Anteil am Aktienkapital oder Erbe:**

gǔ fèn | gǔ piào
股份 | 股票
Aktie | Anteilschein

gù
故

♥ ***Subst.* unerwartetes oder unglückliches Ereignis:**

biàn gù | shì gù
变故 | 事故
Zwischenfall | Unfall

♥ ***Subst.* Grund:**

wú gù chí dào
无故迟到
ohne jeglichen Grund Verspätung haben

huì yì yīn gù gǎi qī
会议因故改期。
Die Sitzung wurde aus bestimmten Gründen verschoben.

♥ ***Adj.* früher; ehemalig:**

gù jū
故居
ehemaliger Wohnsitz

gù rén | gù xiāng
故人 | 故乡
alter Bekannter | Heimatstadt

♥ ***V.* sterben:**

bìng gù | shēn gù
病故 | 身故
an einer Krankheit sterben | sterben

lǎo rén yǐ jing gù qù le
老人已经故去了。
Der Alte ist gestorben.

gù
顾
(顧)

♥ ***V.* sich herumdrehen und schauen; sich umsehen:**

huí gù
回顾
zurückblicken

huán gù sì zhōu
环顾四周
sich ringsherum umschauen

♥ ***V.* auf etw. Rücksicht nehmen; berücksichtigen:**

zhào gù
照顾
auf etw. Rücksicht nehmen

bù gù yī qiè
不顾一切
ohne Rücksicht

gù quán dà jú
顾全大局
Rücksicht auf die Interessen der Allgemeinheit nehmen

♥ ***Subst.* Kunde:**

gù kè | guāng gù
顾客 | 光顾
Kunde | jmdn. mit seinem Besuch beehren

guā
刮

♥ ***V.* rasieren; schälen:**

guā liǎn | guā hú zi
刮脸 | 刮胡子
sich rasieren | sich rasieren

♥ *V.* **wehen:**

guā fēng
刮 风
wehen

xiǎo shù bèi guā dǎo le
小 树 被 刮 倒 了。
Der Sturm hat das Bäumchen umgeweht.

guà
挂

♥ *V.* **hängen:**

guà zhōng
挂 钟
Wanduhr

bǎ mào zi guà zài yī jià shàng
把 帽 子 挂 在 衣 架 上
Hänge die Mütze an den Kleiderständer.

qiáng shàng guà zhe yī zhāng dì tú
墙 上 挂 着 一 张 地 图。
An der Wand hängt eine Landkarte.

guān
关
(關)

♥ *V.* **zumachen:**

guān mén | guān dēng
关 门 | 关 灯
die Tür schließen | das Licht ausmachen

bǎ diàn shì guān le
把 电 视 关 了。
Mach den Fernseher aus.

♥ *V.* **verhindern, dass jmd./etw. einen Raum verlässt:**

bǎ xiǎo gǒu guān zài jiā lǐ
把 小 狗 关 在 家 里
Behalte das Hündchen im Hause.

bǎ guān zhe de niǎor fàng le
把 关 着 的 鸟儿 放 了。
Lass die Vögel aus dem Käfig frei.

♥ *Subst.* **Bewachungsort der Hauptverkehrsstraßen; Kontrollstelle des Warenim- und exportes:**

guān kǒu | biān guān
关 口 | 边 关
Pass | Grenzpass

hǎi guān
海 关
Zoll

♥ *Subst.* **Beziehung:**

guān xi | xiāng guān
关 系 | 相 关
Beziehung | Zusammenhang

zhè jiàn shì hé tā wú guān
这 件 事 和 他 无 关。
Er hat damit nichts zu tun.

guān 观 (觀)

♥ *V.* **sehen; beobachten:**

guān chá | páng guān
观 察 | 旁 观
beobachten | zuschauen

cān guān dòng wù yuán
参 观 动 物 园
den Zoo besuchen

♥ *Subst.* **Anblick:**

jǐng guān | tiān xià qí guān
景 观 | 天 下 奇 观
Landschaft | herrlicher Anblick auf der Erde

♥ *Subst.* **Ansicht; Haltung:**

guān niàn | shì jiè guān
观 念 | 世 界 观
Idee | Weltanschauung

lè guān de tài dù
乐 观 的 态 度
eine optimistische Ansicht

s. guàn S. 106

guǎn 馆 (館)

♥ ***Subst.* Unterkunft für Gäste:**

bīn guǎn
宾 馆
Hotel

fù jìn yǒu yī jiā lǚ guǎn
附 近 有 一 家 旅 馆。
In der Nähe gibt es ein Hotel.

♥ ***Subst.* diplomatische Vertretung;**

dà shǐ guǎn | lǐng shì guǎn
大 使 馆 | 领 事 馆
Botschaft | Konsulat

♥ ***Subst.* bestimmte Dienstleistungsbetriebe:**

chá guǎn | zhào xiàng guǎn
茶 馆 | 照 相 馆
Teehaus | Fotoatelier

tǐ yù guǎn jīn wǎn yǒu lán qiú sài
体 育 馆 今 晚 有 篮 球 赛。
Heute abend findet in der Sporthalle ein Fußballspiel statt.

guǎn 管

♥ ***Subst.* Rohr:**

guǎn dào | diàn zǐ guǎnr
管 道 | 电 子 管儿
Rohrleitung | Röhre

guǎn yuè
管 乐
Orchestermusik

♥ *V.* **verwalten; eingreifen:**

guǎn zhàng　guǎn lǐ
管　账 | 管 理
die Rechnungen verwalten | verwalten

zhè jiàn shì nǐ yī dìng yào guǎn
这 件 事 你 一 定 要 管。
Darum musst du dich unbedingt kümmern.

guàn
观
(觀)

♥ ***Subst.*** **taoistischer Tempel:**

dào guàn
道 观
taoistischer Tempel

bái yún guàn
白 云 观
der Baiyun-Tempel

s. guān S. 104

guǎng
广
(廣)

♥ ***Adj.*** **weit; breit:**

guǎng chǎng　kuān guǎng
广　场 | 宽　广
öffentlicher Platz | ausgedehnt

zhè zhǒng yī fu liú xíng miàn hěn guǎng
这 种 衣 服 流 行 面 很 广。
Die Kleidung wird weit und breit populär sein.

♥ ***Adj.*** **zahlreich; viel:**

bīng duō jiàng guǎng　tuī guǎng
兵 多 将 广 | 推 广
zahlreiche Soldaten und Kommandeure | verbreiten

guì

贵

(貴)

♥ ***Adj.* teuer; kostspielig:**

bǎo guì
宝 贵
wertvoll

zhè lǐ de shāng pǐn tài guì
这 里 的 商 品 太 贵。
Die Waren hier sind zu teuer.

♥ ***Adj.* in der Gesellschaft hoch gestellt:**

guì zú | guì rén
贵 族 | 贵 人
Adliger | vornehme Persönlichkeit

rè qíng jiē dài guì bīn
热 情 接 待 贵 宾
Ehrengäste herzlich empfangen

guó

国

(國)

♥ ***Subst.* Staat:**

zǔ guó | guó gē
祖 国 | 国 歌
Vaterland | Nationalhymne

dà xióng māo shì zhōng guó de guó bǎo
大 熊 猫 是 中 国 的 国 宝。
Pandas sind Nationalschätze Chinas.

♥ ***Adj.* China betreffend; aus China stammend:**

guó chǎn | guó huà
国 产 | 国 画
in China hergestellt | traditionelle chinesische Malerei

wǒ xǐ huan yòng guó huò
我 喜 欢 用 国 货。
Ich mag einheimische Produkte.

guǒ

果

♥ ***Subst.* Frucht:**

guǒ shù | shuǐ guǒ
果树 | 水果
Obstbaum | Obst

kāi huā jié guǒ
开花结果
blühen und Früchte tragen

♥ ***Subst.* Ergebnis:**

chéng guǒ | jié guǒ
成果 | 结果
Erfolg | Ergebnis

♥ ***Adv.* wie zu erwarten; tatsächlich:**

guǒ rán
果然
wie zu erwarten

guǒ zhēn shì zhè yàng
果真是这样。
Das ist ganz wie zu erwarten.

guò

过

(過)

♥ ***V.* hinübergehen; überqueren:**

guò hé | guò qiáo
过河 | 过桥
zum anderen Ufer übersetzen | über die Brücke fahren

guò rì zi
过日子
haushalten

♥ ***V.* über etw. hinausgehen; überschreiten:**

guò qī | chāo guò
过期 | 超过
überfällig sein | überschreiten

zhè hái zi yǐ jing guò 15 suì le
这孩子已经过15岁了。
Das Kind ist über 15 Jahre alt.

♥ ***Subst.*** **Fehler; Vergehen:**

guò cuò
过错
Fehler

jì guò
记过
jmds. Fehler vermerken

zhī guò bì gǎi
知过必改
Fehler verbessern, sobald man sie bemerkt

hái 还 (還)	♥ ***Adv.*** **immer noch; noch:** tā hái méi yǒu lái 他 还 没 有 来。 Er ist immer noch nicht gekommen. shí jiān hái zǎo 时 间 还 早。 Wir haben noch Zeit. s. huán S. 128
hái 孩	♥ ***Subst.*** **Kind:** nán háir　nǚ háir 男 孩儿 | 女 孩儿 Junge | Mädchen lǎo zhāng yǒu liǎng gè hái zi 老 张 有 两 个 孩 子。 Lao Zhang hat zwei Kinder.
hǎi 海	♥ ***Subst.*** **Meer:** wǒ jiā zhù zài hǎi biān 我 家 住 在 海 边。 Ich wohne am Meer. ♥ ***Adj.*** **sehr groß:** hǎi wǎn　hǎi liàng 海 碗 | 海 量 große Schüssel | großzügig
hǎn 喊	♥ ***V.*** **rufen:** hǎn jiào　hǎn kǒu hào 喊 叫 | 喊 口 号 laut rufen | Losungen rufen

♥ *V.* **jmdn. rufen; grüßen:**

nǐ qù hǎn tā yī shēng
你去喊他一声。
Ruf ihn mal.

hàn
汉 (漢)

♥ ***Subst.* Han-Nationalität:**

hàn zì | hàn yǔ
汉字 | 汉语
chinesische Schriftzeichen | Chinesisch

tā huì shuō hàn yǔ
他会说汉语。
Er kann Chinesisch.

♥ ***Subst.* Mann:**

dà hàn | lǎo hàn
大汉 | 老汉
großer Mann | alter Mann

bù dào cháng chéng fēi hǎo hàn
不到长城非好汉。
Wer die Große Mauer nicht besiegt hat, der ist kein richtiger Mann.

háng
行

♥ ***Subst.* Linie; Reihe:**

háng liè | zì lǐ háng jiān
行列 | 字里行间
Reihe | was zwischen den Zeilen steht

♥ ***Zähleinheitswort* für Dinge, die in Reihen stehen:**

liǎng háng shù | shí sì háng shī
两行树 | 十四行诗
zwei Reihen Bäume | vierzehn Verszeilen

♥ *V.* **Geschwisterfolge:**

pái háng
排行
Geschwisterfolge

wǒ pái háng lǎo dà
我 排 行 老 大。
Ich bin das älteste Kind in meiner Familie.

♥ ***Subst.* Beruf; Geschäftsbereich:**

tóng háng
同 行
vom gleichen Beruf oder Fach

gè háng gè yè
各 行 各 业
alle Berufe und Gewerbe

háng háng chū zhuàng yuan
行 行 出 状 元。
Jeder Beruf bringt seine großen Meister hervor.

♥ ***Subst.* bestimmtes Geschäft oder Firma:**

shāng háng | yín háng
商 行 | 银 行
Firma | Bank

pāi mài háng
拍 卖 行
Auktionshaus

s. xíng S. 387

háng
航

♥ ***V.* schiffen; fliegen:**

háng xiàng | háng bān
航 向 | 航 班
Fahrtrichtung *f* | planmäßige Fahrt

wǒ men de chuán zài dà hǎi shàng háng xíng le sān tiān
我 们 的 船 在 大 海 上 航 行 了 三 天。
Unser Schiff ist auf dem Meer drei Tage gefahren.

hǎo

好

♥ ***Adj.* gut; zufrieden:**

hǎo rén | hǎo dōng xi
好人 | 好东西
guter Mensch | gutes Ding

zhè jiàn yī fu mǎi de hǎo
这件衣服买得好。
Das Kleid hast du gut gekauft.

♥ ***Adj.* freundlich; harmonisch:**

wǒ gēn tā shì hǎo péng you
我跟他是好朋友。
Er und ich sind gut befreundet.

liǎng guó guān xi hěn hǎo
两国关系很好。
Die beiden Staaten haben freundschaftliche Beziehungen.

♥ ***Adj.* leicht:**

zhī yào huā shí jiān hàn yǔ yě hěn hǎo xué
只要花时间,汉语也很好学。
Wenn man sich Zeit dafür nimmt, ist Chinesisch auch leicht zu lernen.

zhè jiàn shì hǎo bàn
这件事好办。
Das ist leicht zu schaffen.

♥ ***Adv.* um den Tonfall für Zustimmung, Versprechen oder Schlussfolgerung zu betonen:**

hǎo jiù zhào nǐ shuō de bàn
好,就照你说的办。
Schön, machen wir es so, wie du gesagt hast.

hǎo nǐ jiù zhè yàng gàn ba
好,你就这样干吧。
Gut, mach es doch so.

hǎo jīn tiān jiù jiǎng dào zhè lǐ
好，今 天 就 讲 到 这里，
xià kè
下 课。
Schluss für heute!

s. hào S. 144

hào
号
(號)

♥ ***Subst.* Zeichen; Merkmal:**

wèn hào | xìn hào | guà hào
问 号 | 信 号 | 挂 号
Fragezeichen | Signal | sich anmelden

♥ ***Subst.* Konfektionsgröße, verschiedene Größe nach der Stufe oder Norm:**

xié hào
鞋 号
Schuhgröße

dà hào pí xié
大 号 皮 鞋
Lederschuhe in größerer Nummer

zhè zhǒng chèn yī yǒu xiǎo hào zhōng
这 种 衬 衣 有 小 号、中
hào hé dà hào
号 和 大 号。
Wir haben das Hemd in drei Größen: klein, mittel und groß.

hào
好

♥ ***V.* etw. lieb/gern haben:**

xǐ hào | ài hào
喜好 | 爱好
Neigung | Hobby

tā hào dǎ qiú
他 好 打 球。
Er spielt gern Basketball.

s. hǎo S. 113

hē 喝	♥ *V.* **trinken:**
	hē chá 喝茶 | hē niú nǎi 喝牛奶 Tee trinken | Milch trinken
	nǐ xiǎng hē diǎnr shén me 你想喝点儿什么? Was möchtest du trinken?
	tā hē le liǎng bēi shuǐ 他喝了两杯水。 Er hat zwei Glas Wasser getrunken.
hé 合	♥ *V.* **zumachen; schließen:**
	hé yǎn 合眼 die Augen schließen
	tā bǎ shū hé shàng le 他把书合上了。 Er hat das Buch zugemacht.
	♥ *V.* **zusammen; gemeinsam:**
	hé bàn 合办 | hé chàng 合唱 gemeinsam betreiben | im Chor singen
	tā men hé chàng le yī shǒu gē 他们合唱了一首歌。 Sie haben ein Lied im Chor gesungen.
	♥ *V.* **entsprechen; passen:**
	hé yì 合意 | hé shēn 合身 gefallen | gut passen
	zhè shuāng xié hěn hé jiǎo 这双鞋很合脚。 Dieses Paar Schuhe passt mir ausgezeichnet.

♥ *V.* **entsprechen:**

jīn tiān 1 měi yuán hé 7.5 yuán rén
今 天 1 美 元 合7.5 元 人
mín bì
民 币。
Heute ist ein Dollar gleich 7,5 Renminbi.

hé
何

♥ ***Pron.* Fragewörter:**

hé nián hé yuè | hé rén
何 年 何 月 | 何 人
wann | wer

♥ ***Pron.* warum; wieso:**

lù nà me yuǎn wèi hé bù zuò chē qù
路 那 么 远，为 何 不 坐 车 去？
Es ist so weit, warum nimmst du kein Taxi?

hé
和

♥ ***Adj.* mild; mäßig; gemäßigt:**

hé qì
和气
sympathisch

hé shàn
和 善
freundlich und gütig

xīn píng qì hé
心 平 气 和
ruhig und gelassen

tā xìng qíng wēn hé
她 性 情 温 和。
Sie hat ein freundliches Wesen.

♥ ***Präp.* wie; mit:**

wǒ hé tā yī qǐ qù
我和他一起去。
Ich fahre mit ihm zusammen.

wǒ yǐ jing hé tā shuō guo le
我已经和他说过了。
Ich habe ihm schon Bescheid gesagt.

wǒ hé zhè jiàn shì méi yǒu rèn hé guān xi
我和这件事没有任何关系。
Ich habe nichts damit zu tun.

♥ ***Konj.* und:**

lǎo shī hé tóng xué dōu xǐ huan tā
老师和同学都喜欢他。
Sowohl die Lehrer als auch die Schulkollegen mögen ihn sehr.

wǒ xué de zuì hǎo de shì shù xué hé yǔ wén
我学得最好的是数学和语文。
Ich lerne am besten Mathematik und Chinesisch.

♥ ***Subst.* Summe:**

yī jiā yī de hé shì èr
一加一的和是二。
Eins plus eins ist zwei.

hé
河

♥ ***Subst.* Fluss:**

xiǎo hé
小河
Bach

hé lǐ yǒu hěn duō yú
河里有 很 多 鱼。
Es gibt viele Fische im Fluss.

huáng hé shì zhōng guó de dì èr dà hé
黄 河是 中 国的第二大河。
Der Gelbe Fluss ist der zweitgrößte Fluss in China.

hēi
黑

♥ ***Adj.* schwarz:**

hēi bǎn | hēi yī fu
黑板 | 黑衣服
Tafel | schwarze Kleidung

tā shì hēi tóu fa
他是黑头发。
Er ist schwarzhaarig.

♥ ***Subst.* nachts:**

hēi yè
黑夜
nachts

tiān hēi le
天黑了。
Es ist dunkel geworden.

bǎ dēng dǎ kāi tiān yǒu diǎnr hēi le
把 灯 打开,天 有 点儿 黑 了。
Mach das Licht an, es wird dunkel.

♥ ***Adj.* geheim; illegal:**

hēi huò | hēi shì
黑货 | 黑市
Schmuggelware | Schwarzmarkt

tā cóng bù zuò hēi chē
他从不坐黑车。
Er nimmt nie ein Schwarztaxi.

hěn 很

♥ ***Adv.* drückt aus, dass etw. in hohem Grad zutrifft; sehr:**

hěn hǎo
很 好
sehr gut

jiē shàng rén hěn duō
街 上 人 很 多。
Es gibt viele Leute auf der Straße.

tā zhǎng de hěn piào liang
她 长 得 很 漂 亮。
Sie sieht sehr hübsch aus.

hóng 红 (紅)

♥ ***Adj.* rot:**

hóng huā
红 花
rote Blumen

hóng mào zi
红 帽 子
rote Mütze

tā chuān zhe yī jiàn hóng máo yī
她 穿 着 一 件 红 毛 衣。
Sie hat einen roten Pullover angezogen.

♥ ***Adj.* erfolgreich; respektiert:**

zǒu hóng
走 红
berühmt werden

kāi mén hóng
开 门 红
schon zum Anfang einen Erfolg erzielen

tā xiàn zài chàng gē chàng hóng le
他 现 在 唱 歌 唱 红 了。
Er ist zur Zeit ein bekannter Sänger geworden.

hòu
后 (後)

♥ ***Subst.* hinten; hinter:**

fáng hòu
房 后
hinter dem Haus

hòu mén
后 门
hintere Tür

tā xiàng hòu kàn le yī yǎn
他向后看了一眼。
Er blickt einmal nach hinten.

♥ ***Adj.* später; künftig:**

hòu tiān | hòu lái
后天 | 后来
übermorgen | später

wǎn fàn hòu tā qù sàn bù le
晚饭后，他去散步了。
Nach dem Abendessen geht er spazieren.

♥ ***Adj.* letzt:**

hòu sān míng
后三名
die letzten drei Stellen

tā zuò zài hòu pái
他坐在后排。
Er sitzt in einer der hinteren Reihen.

hòu
候

♥ ***V.* warten; erwarten:**

hòu chē | hòu jī
候车 | 候机
auf den Bus warten | auf den Flug warten

tā zhèng zài hòu tái hòu chǎng
他正在后台候场。
Er sitzt hinter der Bühne und wartet auf sein Programm.

♥ ***Subst.* Zeitraum; Jahreszeit:**

qì hòu 气候 Klima | hòu niǎo 候鸟 Zugvogel

shí hou 时候 Zeit

hú 胡

♥ ***Adv.* rücksichtslos; willkürlich:**

hú shuō 胡说 dummes Zeug reden

hú xiě 胡写 Unsinn schreiben

gōng zuò kě bù néng hú lái
工作可不能胡来。
Bei der Arbeit kann man nicht herummurksen.

♥ ***Subst.* Bart:**

hú xū 胡须 Bart

tā liú zhe bā zì hú
他留着八字胡。
Er hat einen Schnurrbart.

hú 湖

♥ ***Subst.* See:**

hú shuǐ 湖水 Seewasser | xī hú 西湖 Westsee

tā jiā hòu miàn yǒu yī gè xiǎo hú
他家后面有一个小湖。
Hinter seinem Haus befindet sich ein See.

hù
互

♥ ***Adv.* einander; gegenseitig:**

hù lì　　hù tōng
互利 | 互 通
gegenseitiger Nutzen | austauschen

liǎng jiā jīng cháng hù xiāng bāng zhù
两 家 经 常 互 相 帮 助。
Die beiden Familien helfen sich oft gegenseitig.

hù
户

♥ ***Subst.* Familie; Haushalt; Familie oder Person, die einer bestimmten Beschäftigung nachgeht:**

nóng hù　　shāng hù
农 户 | 商 户
Bauernfamilie | Handelshaus

zhè gè lóu lǐ zhù le liǎng hù rén jiā
这 个 楼 里 住 了 两 户 人 家。
In dem Gebäude wohnen zwei Familien.

hù
护
(護)

♥ ***V.* schützen; hüten; bewachen:**

ài hù
爱护
schützen

hù lù
护路
die Straße abpatrouillieren und schützen

tā shì yī gè hù lín yuán
他 是 一 个 护 林 员。
Er ist ein Forstschützer.

♥ ***V.* decken; in Schutz nehmen:**

hù duǎn
护 短
Fehler von sich oder Nahestehenden vertuschen

tā zǒng shì hù zhe zì jǐ de hái zi
他总是护着自己的孩子。
Er nimmt sein eigenes Kind immer in Schutz.

huā

花

♥ ***Subst.* Blume:**

huā cǎo
花草
Blumen und Gras

kāi huā
开花
blühen

yī duǒ huā
一朵花
eine Blume

nà biān yǒu yī gè huā diàn
那边有一个花店。
Daneben ist ein Blumengeschäft.

huā
花
Blume

♥ ***Subst.* etw. einer Blume Ähnliches:**

xuě huā
雪花
Schneeflocke

wǎn shang guǎng chǎng shàng fàng lǐ huā
晚上广场上放礼花。
Am Abend gibt es auf dem Platz Feuerwerk.

♥ ***Adj.* bunt oder geblümt:**

huā māo
花 猫
bunte Katze

huā yī fu
花 衣服
bunte Kleidung

tā de tóu fa dōu huā bái le
他的 头发 都 花 白 了。
Er ist schon grauhaarig.

♥ ***V.* ausgeben; aufwenden; kosten:**

huā fèi | huā qián
花 费 | 花 钱
Aufwand | Geldausgabe

tā huā le sān gè yuè de shí jiān zhǔn bèi qù zhōng guó lǚ yóu
他 花 了 三 个 月 的 时 间 准 备 去 中 国 旅 游。
Es hat ihn drei Monate gekostet, sich auf die Reise nach China vorzubereiten.

huá
华
(華)

♥ ***Subst.* China:**

huá yǔ | huá rén
华 语 | 华 人
Chinesisch | Chinese

tā shàng de shì huá yǔ bān
他 上 的是 华 语 班。
Er besucht einen Chinesisch-Kurs.

huà
化

♥ ***V.* verändern; verwandeln:**

biàn huà | gǎn huà
变 化 | 感 化
verändern *vt.* | beeinflussen *vt.*

♥ **am Ende einiger Wörter verwendet, um eine Veränderung auszudrücken:**

xiàn dài huà | lǜ huà
现代化 | 绿化
Modernisierung | Aufforstung

jìng huà kōng qì
净化空气
die Luft reinigen

♥ ***Subst.* Chemie:**

huà féi | huà gōng
化肥 | 化工
chemisches Düngemittel | chemische Industrie

huà 划 (劃)

♥ ***V.* teilen:**

huà qīng jiè xiàn
划清界限
die Grenze unmissverständlich festlegen

huà shí dài
划时代
epochenmachend

tā bǎ wén zhāng huà wéi wǔ bù fen
他把文章划为五部分。
Er gliedert den Text in fünf Teile auf.

huà 画 (畫)

♥ ***V.* malen; zeichnen:**

huà yī gè jì hao
画一个记号
eine Markierung zeichnen

huà yī tiáo zhí xiàn
画一条直线
eine gerade Linie zeichnen

tā huà shān shuǐ huà de hěn hǎo。
他画山水画得很好。
Seine Stärke ist Landschaftsmalerei.

♥ ***Subst.* Bild; Zeichnung:**

guó huà
国 画
traditionelle chinesische Malerei

tā xǐn huan yóu huà
她喜欢油画。
Sie mag Ölmalerei.

zhè zhāng huà guà zài zhè lǐ hěn
这张画挂在这里很
hé shì
合适。
Das Bild hängt sehr passend hier.

huà
话
(話)

♥ ***Subst.* Wort; Dialekt:**

zhōng guó huà | wài guó huà
中国话 | 外国话
Chinesisch | Fremdsprache

tā huì shuō guǎng dōng huà
他会说广东话。
Er kann Kantonesisch.

♥ ***Subst.* Rede:**

huà yǔ
话语
Rede

tā de huà hěn duì
她的话很对。
Was sie gesagt hat, ist völlig richtig.

tā yòu xiǎng qǐ mā ma duì zì jǐ shuō guo
他又想起妈妈对自己说过
de huà
的话。
Er erinnert sich wieder daran,was seine Mutter ihm gesagt hat.

huài
坏 (壞)

♥ ***Adj.* schlecht; schlimm:**

huài shì　huài chù
坏事 | 坏处
Übeltat | Nachteil

huài xí guàn
坏习惯
schlechte Gewohnheit

♥ ***V.* kaputtgehen; schlecht werden:**

miàn bāo huài le　bù yào chī le
面包坏了，不要吃了。
Das Brot ist verdorben, iss es nicht.

jī qì huài le　bù néng yòng le
机器坏了，不能用了。
Die Maschine ist kaputtgegangen und nicht zu gebrauchen.

huān
欢 (歡)

♥ ***Adj.* froh; erfreut:**

huān kuài
欢快
heiter und unbeschwert

huān jiào
欢叫
froher Schrei

hái zi men huān kuài de chàng zhe gē
孩子们欢快地唱着歌。
Die Kinder singen fröhlich.

♥ ***Adj.* lebhaft; begeistert:**

tā men zhèng wán de huān zhe ne
他们正玩得欢着呢。
Sie spielen eben sehr lebhaft.

huán

还

(還)

♥ *V.* **zurückgeben:**

wǒ bǎ shū huán gěi tā le
我把书还给他了。
Ich habe ihm das Buch zurückgegeben.

jiè de qián dōu huán qīng le
借的钱都还清了。
Die Schulden sind alle beglichen.

♥ *V.* **erwidern; antworten:**

huán lǐ | huán shǒu
还礼 | 还手
einen Gruß erwidern | zurückschlagen

bié rén sòng le tā lǐ wù dàn tā mǎ shàng huán le lǐ
别人送了他礼物，但他马上还了礼。
Jemand hat ihm Geschenke gegeben, und er hat gleich etwas zurückgeschenkt.

s. **hái** S. 110

huán

环

(環)

♥ ***Subst.*** **Ring:**

ěr huán | huán lù
耳环 | 环路
Ohrring | Ringstraße

huán
环
Ring

♥ *V.* **umgeben:**

huán qiú lǚ xíng
环球旅行
eine Reise um die Welt

huán chéng tiě lù
环 城 铁路
Stadtbahn

huán zhe cāo chǎng pǎo bù
环 着 操 场 跑 步
um den Sportplatz herumlaufen

huàn 换

♥ ***V.* tauschen:**

huàn líng qián
换 零 钱
Kleingeld wechseln

jiāo huàn míng piàn
交 换 名 片
Visitenkarten tauschen

♥ ***V.* wechseln; ersetzen:**

tā huàn le yī gè xīn shǒu jī
他 换 了一个新 手 机。
Er hat ein neues Handy gekauft.

tā měi tiān huàn bù tóng yán sè de yī fu
她每 天 换 不 同 颜 色的衣服。
Sie zieht sich täglich Kleider an, die in unterschiedlichen Farben sind.

zhè gè bù mén huàn lǐng dǎo le
这 个部 门 换 领 导 了。
Die Abteilung wird von einem neuen Leiter geführt.

huáng 皇

♥ ***Subst.* Kaiser; Monarch:**

huáng dì | huáng gōng
皇 帝 | 皇 宫
Kaiser | Kaiserpalast

huáng hòu
皇 后
Kaiserin

huáng 黄

♥ ***Adj.* gelb:**

huáng huā 黄花 | huáng yè zi 黄叶子
gelbe Blumen | gelbes Blatt

zhè jiàn shàng yī shì huáng sè de
这件上衣是黄色的。
Die Jacke ist gelb.

♥ ***V.* scheitern; zunichte werden:**

mǎi mai huáng le
买卖黄了。
Das Geschäft ist gescheitert.

huí 回

♥ ***V.* zurückkehren:**

huí jiā 回家 | huí guó 回国
nach Hause gehen | in das Heimatland zurückkehren

tā gāng cóng guó wài lǚ yóu huí lái
他刚从国外旅游回来。
Er hat vor kurzem eine Reise ins Ausland gemacht und ist gerade zurückgekehrt.

huì 会 (會)

♥ ***V.* verstehen; begreifen:**

huì kāi chē
会开车
fahren können

huì yīng yǔ
会英语
Englisch können

tā de xiǎo háir gāng gāng xué huì zǒu lù
她的小孩儿刚刚学会走路。
Ihr Baby ist gerade beim Gehenlernen.

♥ *V.* **möglich, kann sein:**

wǒ xiǎng míng tiān huì xià yǔ
我 想 明 天 会 下雨。
Ich vermute, dass es morgen regnen wird.

jīn tiān tā bù huì lái le
今 天 他不 会 来了。
Heute wird er wahrscheinlich nicht kommen.

nǐ huì dé dào hǎo jié guǒ de
你会 得 到 好 结 果 的。
Du sollst ein gutes Ergebnis erreichen.

♥ ***Subst.* Sitzung; Zusammenkunft; Versammlung:**

kāi huì | wǎn huì
开 会 | 晚 会
eine Sitzung abhalten | Abendveranstaltung

jīn tiān xià wǔ wǒ yǒu gè huì
今 天 下 午 我 有 个 会。
Heute nachmittag habe ich eine Sitzung.

hūn 婚

♥ *V.* **heiraten:**

yǐ hūn nǚ rén
已 婚 女 人
eine verheiratete Frau

tā liǎ hūn hòu de gǎn qíng gèng hǎo le
他俩 婚 后 的 感 情 更 好 了。
Nach der Heirat lieben sie einander noch mehr.

huó 活

♥ *V.* **leben; lebendig sein:**

méi yǒu shuǐ huā cǎo bù néng huó
没 有 水，花 草 不 能 活。
Ohne Wasser können Blumen und Gras nicht wachsen.

♥ ***Subst.* Arbeit (körperliche Arbeit):**

nóng huór
农 活儿
bäuerliche Arbeit

zhè gè huór bù róng yì gàn
这个活儿不容易干。
Die Arbeit ist nicht leicht.

♥ ***Adj.* beweglich; flexibel:**

huó shuǐ
活水
fließendes Wasser

huó yè
活页
lose Blätter

zhè shì yī zuò huó huǒ shān
这是一座活火山。
Das ist ein aktiver Vulkan.

huǒ
火

♥ ***Subst.* Feuer:**

dà huǒ xiǎo huǒ
大火 | 小火
starkes Feuer | kleines Feuer

bǎ huǒ diǎn shàng
把火点上。
Mach Feuer.

huǒ
火
Feuer

♥ ***Subst.* Ärger; Zorn:**

huǒ qì
火 气
innere Hitze

tīng le zhè huà tā mǎ shàng jiù fā
听 了 这 话，他 马 上 就 发
huǒ le
火 了。
Nach diesen Worten ist er gleich in Zorn geraten.

jī
机
(機)

♥ ***Subst.* Maschine:**

xǐ yī jī | jì suàn jī
洗衣机 | 计算机
Waschmaschine | Computer

tā xǐ huan zuò fēi jī
他喜欢坐飞机。
Er fliegt gern mit dem Flugzeug.

♥ ***Subst.* Gelegenheit; Chance:**

jī huì
机会
Chance

zhuā zhù yǒu lì shí jī
抓住有利时机
günstige Gelegenheit ergreifen

jī bù kě shī shí bù zài lái
机不可失，时不再来。
Diese Chance darf man sich nicht entgehen lassen.

jī
鸡
(鷄)

♥ ***Subst.* Huhn:**

jī ròu | jī dàn
鸡肉 | 鸡蛋
Hühnerfleisch | Ei

yǎng jī chǎng
养鸡场
Hühnerfarm

gōng jī
公鸡
Hahn

jī 基

♥ *Subst.* **Grundlage; Basis:**

dì jī | lù jī
地基 | 路基
Fundament | Gleisbett

♥ *Adj.* **grundlegend; elementar; grundsätzlich:**

jī shù | jī céng
基数 | 基层
Grundzahl | Basis

jī běn
基本
grundlegend

jí 及

♥ *V.* **erreichen; erfüllen:**

jí gé
及格
eine Prüfung bestehen

lái de jí
来得及
noch Zeit haben

♥ *Konj.* **und; sowie:**

yǐ jí
以及
sowie

guó jiā jí tǐ jí gè rén
国家、集体及个人
der Staat, das Kollektiv und das Individuum

jí 吉

♥ *Adj.* **glücklich; zügig:**

dà jí dà lì
大吉大利
Alles ist in bester Ordnung.

kāi mén dà jí
开门大吉
einen guten Start haben

jiè nǐ jí yán dàn yuàn zhè shì néng chéng
借你吉言，但愿这事能成。
Vielen Dank für deinen Glückwunsch. Wir hoffen auch auf den Erfolg.

jí
级
(級)

♥ *Subst.* **Rang:**

gāo jí
高级
Oberstufe

shàng jí | xià jí
上级 | 下级
höhere Instanz | nachgeordnete Instanz

♥ *Subst.* **Klasse; Kurs:**

liú jí
留级
sitzenbleiben

tā men liǎng gè tóng jí bù tóng bān
他们两个同级不同班。
Die beiden sind in Parallelklassen desselben Jahrgangs.

jí
极
(極)

♥ *Adj.* **höchst; äußerst:**

jí diǎn | jí dù
极点 | 极度
äußerste Grenze | äußerst

jí duān
极端
Extrem

♥ *Adv.* **um den höchsten Grad auszudrücken:**

jí zhòng yào
极重要
äußerst wichtig

tā gǎn dào lèi jí le
他感到累极了。
Er fühlt sich total erschöpft.

♥ ***Subst.* geographischer Pol:**

nán jí　　běi jí
南极 | 北极
Südpol | Nordpol

jí
急

♥ ***Adj.* geschwind; hastig:**

jí xíng jūn
急行军
eilmarsch

shuǐ hěn jí
水很急。
Das Wasser strömt ungestüm dahin.

♥ ***Adj.* dringend; eilig:**

jí shì　　jí huór
急事 | 急活儿
Dringlichkeit | eilige Arbeit

jí jiù
急救
erste Hilfe leisten

♥ ***V.* es eilig haben:**

tā jí zhe gǎn huǒ chē
他急着赶火车。
Er machte sich voller Hast auf den Weg zum Bahnhof.

bié jí　yǒu shì màn màn shuō
别急，有事慢慢说。
Nur keine Eile, erzähl es doch langsam.

jí
集

♥ ***V.* versammeln; sammeln:**

jí hé
集合
sich versammeln

wǒ shì yī gè jí yóu ài hào zhě
我是一个集邮爱好者。
Ich bin ein Briefmarkensammler.

♥ ***Subst.* Sammlung gleichartiger Dinge:**

lùn wén jí
论 文 集
Arbeitssammlung

shì jiè dì tú jí
世 界 地 图 集
Atlantensammlung

jǐ
几
(幾)

♥ ***Num.* wieviel:**

nǐ qù guo zhōng guó jǐ cì
你 去 过 中 国 几 次?
Wie oft hast du China besucht?

xiàn zài jǐ diǎn le
现 在 几 点 了?
Wieviel Uhr ist es?

♥ ***Num.* unbestimmte Zahl zwischen zwei und neun:**

shí jǐ suì de hái zi
十 几 岁 的 孩 子
Das Kind ist mehr als zehn Jahre alt.

tā guò jǐ tiān jiù huí lai le
他 过 几 天 就 回 来 了。
Er wird in einigen Tagen zurückkommen.

wǒ jīn tiān mǎi le jǐ běn shū
我 今 天 买 了 几 本 书。
Heute habe ich einige Bücher gekauft.

jǐ
己

♥ ***Pron.* sich; selbst:**

zì jǐ | jǐ fāng
自 己 | 己 方
selbst | die eigene Seite

shě jǐ wèi rén
舍 己 为 人
sich für die anderen aufopfern

jǐ 挤 (擠)

♥ *V.* **sich drängen; sich zwängen:**

rén tài duō jǐ bù guò qù
人太多，挤不过去。
Es gibt zu viele Leute. Man kann sich nicht durchrängeln.

fáng jiān lǐ jǐ mǎn le rén
房间里挤满了人。
Das Zimmer ist schon überfüllt.

jǐ jiàn shì qing dōu jǐ dào yī qǐ le
几件事情都挤到一起了。
Mehrere Dinge fallen zusammen.

♥ *V.* **etw. durch Pressen herausdrücken:**

jǐ niú nǎi | jǐ yào shuǐ
挤牛奶 | 挤药水
melken | die flüssige Arznei auspressen

jǐ 给 (給)

♥ *V.* **versorgen:**

gōng jǐ | jǐ yǎng
供给 | 给养
versorgen | Versorgung

zì jǐ zì zú
自给自足
den Eigenbedarf mit Eigenmittel decken

s. gěi S. 94

jì 计 (計)

♥ *Subst.* **Plan; Idee:**

sān shí liù jì
三十六计
sechsunddreißig Taktiken

yī jì bù chéng yòu shēng yī jì
一计不成，又生一计。
Wenn eine Taktik gescheitert hat, kommt wieder eine neue.

♥ *V.* rechnen:

zǒng jì
总 计
Endsumme

tǒng jì jié guǒ chū lai le
统计结果出来了。
Durch die Statistik kommt man zur Schlussfolgerung.

♥ *Subst.* Thermometer:

wēn dù jì | tǐ wēn jì
温度计 | 体温计
Thermometer | Fieberthermometer

jì
记
(記)

♥ *V.* Gedächtnis behalten:

tā hái jì de tā
他还记得她。
Er kann sich noch an sie gut erinnern.

tā bǎ dān cí dōu jì zhù le
他把单词都记住了。
Er hat die Wörter auswendig gelernt.

♥ *V.* notieren:

jì lù
记录
notieren

jì shì běn
记事本
Notizbuch

wǒ bǎ yào zuò de shì qing jì zài
我把要做的事情记在
zhǐ shàng
纸上。
Ich mache auf einem Papier Notiz über das, was ich machen soll.

jì
技

♥ *Subst.* **Fähigkeit auf einem bestimmten Gebiet; Fähigkeit:**

kǒu jì | jì shī
口技 | 技师
Stimmenimitation | Techniker

yī jì zhī cháng
一技之长
Fähigkeit auf einem bestimmten Gebiet

jì
系
(繫)

♥ *V.* **zubinden; zuknöpfen:**

jì lǐng dài
系领带
eine Krawatte binden

s. xì S. 368

jì
际
(際)

♥ *Subst.* **Grenze:**

biān jì
边际
Grenze

tiān jì
天际
Horizont

♥ *Subst.* **zwischen; inter:**

guó jì jiāo wǎng
国际交往
internationaler Verkehr

xiào jì zú qiú bǐ sài
校际足球比赛
das Fußballspiel zwischen Schulen

jì

济

(濟)

♥ *V.* **jmdn. unterstützen; hilfreich sein:**

jiù jì | wú jì yú shì
救济 | 无济于事
helfen | es hilft nichts

fú wēi jì kùn
扶危济困
Menschen aus Not und Gefahren herausheIfen

jì

寄

♥ *V.* **per Post schicken:**

jì xìn | jì qián
寄信 | 寄钱
einen Brief aufgeben | jmdm. Geld anweisen

tā gěi wǒ jì lái yī běn shū
他给我寄来一本书。
Er hat mir ein Buch geschickt.

jiā

加

♥ *V.* **hinzufügen:**

nǐ yīng gāi gěi zhè jù huà jiā zhù jiě
你应该给这句话加注解。
Du sollst den Satz noch mit einer Fußnote versehen.

gěi dān cí jiā yīn biāo
给单词加音标
dem Wort ein Lautschriftsymbol hinzufügen

♥ *V.* **vermehren:**

jiā hòu | jiā gōng qián
加厚 | 加工钱
dicken | den Lohn erhöhen

tài lěng le zài jiā yī jiàn yī fu ba
太冷了，再加一件衣服吧。
Es ist zu kalt, zieh dich doch wärmer an.

♥ *V.* **zählen:**

èr jiā sān děng yú wǔ
二 加 三 等 于 五。
Zwei plus drei ist fünf.

jiā qǐ lái yī gòng huā le yī bǎi
加 起 来 一 共 花 了 一 百
duō yuán
多 元。
Insgesamt kostet es mehr als hundert Yuan.

jiā
家

♥ ***Subst.*** **Familie:**

wǒ de jiā zài běi jīng
我 的 家 在 北 京。
Meine Familie wohnt in Beijing.`

tā yī huí jiā jiù kāi shǐ zuò wǎn fàn
她 一 回 家 就 开 始 做 晚 饭。
Nachdem sie zu Hause angekommen ist, bereitet sie das Essen zu.

♥ ***Subst.*** **jemand, der eine besondere Fähigkeit besitzt oder sehr berühmt ist:**

kē xué jiā | gē chàng jiā
科 学 家 | 歌 唱 家
Wissenschaftler | Sänger

tā shì gè huà jiā
她 是 个 画 家。
Sie ist eine Malerin.

♥ ***Subst.*** **Familie oder Person, die einer bestimmten Beschäftigung nachgeht oder eine bestimmte Stellung besitzt:**

nóng jiā | shāng jiā
农 家 | 商 家
Bauernfamilie | Geschäft

jiǎ 假	♥ ***Adj.* falsch; künstlich:**
	jiǎ yá　jiǎ fà 假 牙 | 假 发 Zahnprothese | Perücke
	jiǎ huā kàn qǐ lái xiàng zhēn huā yī yàng 假 花 看 起来 像 真 花一 样。 Die künstlichen Blumen sehen wie echte aus.
	s. jià S. 145
jià 驾 (駕)	♥ ***V.* steuern (Auto, Schiff, Flugzeug):**
	jià chē 驾 车 ein Auto fahren
	jià fēi jī 驾 飞 机 ein Flugzeug steuern
jià 架	♥ ***V.* stützen; aufstellen:**
	jià qiáo　jià tī zi 架 桥 | 架 梯 子 eine Brücke bauen | eine Leiter anlegen
	♥ ***Subst.* eine Konstruktion, die verhindert, dass etw. schief steht, oder auf die man etw. stellt oder legt:**
	huā jià 花 架 Blumenstütze
	yī jià 衣 架 Kleiderständer
	shū jià shàng yǒu hěn duō gōng jù shū 书 架 上 有 很 多 工 具 书。 Im Bücherregal findet man viele Nachschlagewerke.

jià

假

♥ ***Subst.* Urlaub; verlassen:**

shì jià
事 假
Sonderurlaub

xué sheng fàng jià le
学 生 放 假了。
Die Schüler haben Ferien.

tā xiàng lǐng dǎo qǐng le jià
他 向 领 导 请 了 假。
Er hat sich bei dem Leiter für einige Tage entschuldigt.

s. jiǎ S. 144

jiān

间

(間)

♥ ***Subst.* zwischen zwei Dingen oder in einem bestimmten Zeitraum:**

kè jiān
课 间
Unterrichtspause

liǎng xiào zhī jiān yǒu yī tiáo mǎ lù
两 校 之 间 有 一 条 马 路。
Zwischen den zwei Schulen gibt es eine Straße.

tóng xué jiān yào duō jiāo liú
同 学 间 要 多 交 流。
Die Schulkollegen sollen unter sich Lernerfahrungen austauschen.

♥ ***Subst.* Zimmer:**

wèi shēng jiān | dān jiān
卫 生 间 | 单 间
Toilette | Einzelzimmer

xǐ yī jiān
洗 衣 间
Wäscherei

s. jiàn S. 147

jiǎn
检
(檢)

♥ *V.* **prüfen; untersuchen:**

ān jiǎn　jiǎn zì biǎo
安 检 | 检 字 表
Sicherheitskontrolle | radikale Einführung

tā yǐ jing jiǎn guo piào le
他 已 经 检 过 票 了。
Seine Fahrkarte ist schon kontrolliert.

jiǎn
简
(簡)

♥ *Adj.* **einfach; unkompliziert:**

jiǎn lì　jiǎn biàn
简 历 | 简 便
Lebenslauf | einfach

yī qiè cóng jiǎn
一 切 从 简
auf alle unnötigen Formalitäten verzichten

♥ *V.* **einfach machen; vereinfachen:**

jiǎn huà
简 化
vereinfachen

jiàn
见
(見)

♥ *V.* **sehen:**

yǎn jiàn wéi shí
眼 见 为 实
Die Realität ist, was man mit eigenen Augen gesehen hat.

zhè shì shì wǒ qīn yǎn jiàn dào de
这 事 是 我 亲 眼 见 到 的。
Ich habe es mit meinen eigenen Augen gesehen.

♥ *V.* **treffen; jmdn. besuchen:**

huì jiàn
会 见
treffen

jīn tiān tā qù jiàn le yī gè péng you
今 天 他 去 见 了 一 个 朋 友。
Heute hat er einen Freund besucht.

jiàn

件

♥ ***Subst.* Dokument; Brief:**

wén jiàn | xìn jiàn
文 件 | 信 件
Dokument | Brief

diàn zǐ yóu jiàn
电 子 邮 件
E-Mail

♥ ***Zähleinheitswort* für Gegenstände:**

yī jiàn shàng yī
一 件 上 衣
eine Jacke

yī jiàn shì
一 件 事
eine Sache

jiàn

间

(間)

♥ ***Adj.* indirekt; getrennt; geteilt:**

duō yún jiàn yīn
多 云 间 阴
wechselnd bewölkt und trüb

hēi bái xiāng jiàn
黑 白 相 间
abwechselnd weiß und schwarz

s. jiān S. 145

jiàn

建

♥ ***V.* errichten; aufbauen:**

jiàn guó | gǎi jiàn
建 国 | 改 建
einen Staat gründen | umbauen

gōng rén men zhèng zài jiàn lóu fáng
工 人 们 正 在 建 楼 房。
Die Arbeiter bauen gerade ein Gebäude.

jiàn 健

♥ ***Adj.* gesund; stark; lebendig:**

jiàn kāng 健康 | gesund
jiàn quán 健全 | gesund und perfekt

♥ ***V.* stärken:**

jiàn shēn 健身 | Fitness
jiàn nǎo 健脑 | das Gehirn trainieren

jiāng 江

♥ ***Subst.* großer Fluss:**

jiāng hé
江河
Flüsse

wǒ jiā zhù zài jiāng biān
我家住在江边。
Ich wohne am Fluss.

♥ ***Subst.* Yangtze:**

jiāng nán
江南
Gebiete südlich des Yangtze

dà jiāng nán běi
大江南北
Gebiete südlich und nördlich des Yangtze

jiāng 将 (將)

♥ ***Adv.* werden; wollen:**

xīn nián jiāng dào
新年将到。
Das Neujahr wird bald kommen.

huǒ chē jiāng dào dá běi jīng
火车将到达北京。
Der Zug wird gleich in Beijing ankommen.

♥ ***Präp.* mit; durch:**

jiāng cuò jiù cuò
将 错 就 错
einen Fehler Fehler sein lassen

jiāng xīn bǐ xīn
将 心 比 心
sich für die andere fühlen

jiāng shǒu fàng zài tóu shàng
将 手 放 在 头 上
Hände auf den Kopf stellen

s. jiàng S. 149

jiǎng
讲
(講)

♥ ***V.* sprechen; erklären:**

jiǎng xiào hua | jiǎng kè
讲 笑 话 | 讲 课
einen Witz erzählen | Unterricht geben

tā zài jiǎng huà
他 在 讲 话。
Er spricht gerade.

♥ ***V.* achten; auf etw. Gewicht legen:**

jiǎng lǐ jié
讲 礼 节
sich höflich benehmen

jiǎng wèi shēng
讲 卫 生
auf Hygiene achten

jiàng
将
(將)

♥ ***Subst.* höherer Offizier; General:**

dà jiàng | míng jiàng
大 将 | 名 将
Armeegeneral | bekannter General

jiàng shì
将 士
Offiziere und Mannschaften

s. jiāng S. 148

jiāo 交

♥ ***V.* kontaktieren; berühren:**

jiāo péng you | jiāo huǒ
交 朋 友 | 交 火
mit jmdm. Freundschaft schließen | im Krieg miteinander stehen

liǎng tiáo lù zài zhè lǐ xiāng jiāo
两 条 路 在 这 里 相 交。
Die beiden Straßen kreuzen sich hier.

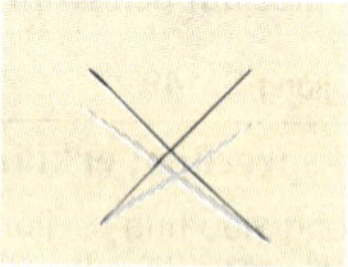

jiāo
交
sich kreuzen

♥ ***V.* geben; erteilen:**

jiāo qián | jiāo huò
交 钱 | 交 货
Geld bezahlen | Waren ausliefern

zhè shì jiāo gěi tā bàn
这 事 交 给 他 办。
Wir überlassen ihm die Aufgabe.

♥ ***Adv.* gegenseitig:**

jiāo liú | jiāo huàn
交 流 | 交 换
Austausch | austauschen

jiāo tán
交 谈
mit jmdm. ein Gespräch führen

jiāo 教

♥ ***V.* lehren:**

jiāo huà huàr | jiāo xué
教 画 画儿 | 教 学
malen lehren | lehren

lǎo shī jiāo xué sheng rèn zì
老 师 教 学 生 认 字。
Die Lehrerin lehrt den Schülern die Schriftzeichen.

s. jiào S. 154

jiǎo
角

♥ ***Subst.* Ecke, Winkel:**

yǎn jiǎo | zuǐ jiǎo
眼角 | 嘴角
Augenwinkel | Mundwinkel

zhí jiǎo
直角
rechter Winkel

♥ ***Subst.* Horn:**

niú jiǎo
牛角
Ochsenhorn

yáng de tóu shàng zhǎng zhe liǎng zhī jiǎo
羊的头上长着两只角。
Ziegen haben zwei Hörner auf dem Kopf.

jiǎo
角
Horn

♥ ***Zähleinheitswort*, ein Zehntel von einem *Yuan*:**

sān yuán bā jiǎo èr fēn
三元八角二分
drei *Yuan* acht *Jiao* zwei *Fen*

wǔ jiǎo qián
五角钱
fünf *Jiao*

jiǎo
饺
(餃)

♥ ***Subst.* Jiaozi:**

shuǐ jiǎo
水 饺
Jiaozi

tā xué huì le bāo jiǎo zi
他学会了包饺子。
Er kann *Jiaozi* machen.

jiǎo zi
饺子
Jiaozi

jiǎo
脚

♥ ***Subst.* Fuß:**

tā zài hǎi biān guāng zhe jiǎo zǒu
她在海边光着脚走。
Sie geht zu Fuß zum Meer.

tā de jiǎo bǐ wǒ de dà
他的脚比我的大。
Seine Füße sind größer als meine.

jiào
叫

♥ ***V.* rufen; schreien:**

tiān yī liàng jī jiù jiào le
天一亮鸡就叫了。
Sobald der Tag anbricht, kräht der Hahn.

♥ ***V.* heißen; nennen:**

zhè gè cūn zi jiào xiè jiā cūn
这个村子叫谢家村。
Das Dorf heißt Xiejia.

nǐ jiào shén me míng zi
你叫什么名字?
Wie heißt du?

jiào
觉
(覺)

♥ ***Subst.* Schlaf:**

shuì wǔ jiào
睡 午 觉
Mittagspause machen

yī jiào shuì dào tiān liàng
一 觉 睡 到 天 亮。
Er hat bis dem Anbruch des Tages geschlafen.

s. jué S. 170

jiào
校

♥ ***V.* vergleichen; korrigieren:**

jiào běn | jiào duì
校 本 | 校 对
Korrekturabzug | Korrektur lesen

jiào yàng | jiào gǎi
校 样 | 校 改
Korrekturfahne | nach dem Original korrigieren

s. xiào S. 380

jiào
较
(較)

♥ ***Präp.* vergleichen:**

bǐ jiào
比 较
vergleichen

tā gōng zuò jiào yǐ qián gèng wéi nǔ lì
他 工 作 较 以 前 更 为 努 力。
Er arbeitet fleißiger als früher.

jīn nián jiào qù nián yǒu jìn bù
今 年 较 去 年 有 进 步。
Im Vergleich zum letzten Jahr haben wir Fortschritte gemacht.

♥ *Adv.* relativ:

shuǐ píng jiào gāo
水 平 较 高
relativ hohes Niveau

jīn tiān tiān qì jiào hǎo
今 天 天 气 较 好。
Heute haben wir relativ schönes Wetter.

jiào 教

♥ *V.* lehren; erziehen; unterrichten:

jiào shī | jiào yù
教 师 | 教 育
Lehrer | Erziehung

yán chuán shēn jiào
言 传 身 教
jmdn. mit Worten belehren und mit Taten erziehen

♥ *Subst.* Religion:

rù jiào | xìn jiào
入 教 | 信 教
einer Religion beitreten | eine Religion ausüben

tā shì gè chuán jiào shì
他 是 个 传 教 士。
Er ist ein Missionar.

s. jiāo S. 150

jiē 接

♥ *V.* abholen; verbinden; fortsetzen:

yíng jiē | jiē tóu
迎 接 | 接 头
abholen | verbinden

tā pǎo de shàng qì bù jiē xià qì
他 跑 得 上 气 不 接 下 气。
Er war außer Atem vom Laufen.

♥ *V.* **bekommen; auffangen:**

bǎ xíng li jiē guò lái
把行李接过来。
das Gepäck übernehmen

jīn tiān tā jiē le yī fēng xìn
今天他接了一封信。
Heute hat er einen Brief bekommen.

jiē 街

♥ ***Subst.* Straße:**

dào jiē shàng zǒu zou
到街上走走
auf der Straße herumschlendern

shàng jiē mǎi dōng xi
上街买东西
einkaufen gehen

běi jīng yǒu tiáo jiē jiào cháng ān jiē
北京有条街叫长安街。
Beijing hat eine Straße mit dem Namen „Changan-Straße".

jié 节 (節)

♥ ***Subst.* Feiertag:**

guó qìng jié | fù huó jié
国庆节 | 复活节
Nationalfeiertag | Ostern

xiǎo háir dōu xǐ huan guò jié
小孩儿都喜欢过节。
Kinder mögen Feiertage.

♥ ***Subst.* Abschnitt; Takt:**

zhāng jié | yīn jié
章节 | 音节
Abschnitt | Silbe

♥ *V.* **sparen:**

jié shí | jié yuē shí jiān
节食 | 节约时间
Diät machen | Zeit sparen

jié
结
(結)

♥ *V.* **einen Knoten machen:**

jié wǎng
结网
ein Netz knüpfen

tā yòng bù tiáo dǎ le yī gè jié
他用布条打了一个结。
Er hat mit dem Stoffrest einen Knoten gemacht.

♥ *V.* **sich binden; eine Beziehung eingehen:**

jié chéng xiōng dì
结成兄弟
sich verbrüdern

shuǐ jié chéng bīng le
水结成冰了。
Das Wasser ist zu Eis geworden.

♥ *V.* **beenden; erledigen:**

liǎo jié | jié jú
了结 | 结局
beenden | Finale

tā bǎ fáng fèi jié le
他把房费结了。
Er hat die Rechnung für die Unterkunft bezahlt.

jiě
姐

♥ ***Subst.*** **Schwester, Nichte oder Cousine, die älter als der Sprecher ist:**

táng jiě | biǎo jiě
堂姐 | 表姐
Cousine | Cousine

tā hé èr jiě yī qǐ zhào gù mā ma
她和二姐一起照顾妈妈。
Sie und ihre zweitälteste Schwester kümmern sich gemeinsam um ihre Mutter.

♥ ***Subst.* Anrede für Frauen im gleichen Alter:**

lǐ jiě shì wǒ de hǎo péng you
李姐是我的好朋友。
Schwester Li ist meine gute Freundin.

jiě 解

♥ ***V.* trennen; lösen:**

jiě yī
解衣
sich ausziehen

nán jiě nán fēn
难解难分
schwer trennbar

tuō xié zhī qián xiān jiě xié dài
脱鞋之前先解鞋带
Mach die Schnürsenkel auf, bevor du die Schuhe ausziehst.

♥ ***V.* löschen:**

chá shuǐ zhēn jiě kě
茶水真解渴。
Der Tee löscht wirklich Durst.

tā bāng wǒ jiě le wéi
他帮我解了围。
Er hat mir aus der Verlegenheit geholfen.

jiè 介

♥ ***Subst.* Person oder Sache, die zwei Dinge zusammenbindet:**

zhōng jiè
中介
Vermittler

♥ *V.* **vorstellen:**

jiǎn jiè
简 介
Kurzinformation

jīng guò jiè shào tā men liǎng gè
经 过 介 绍，他 们 两 个
rèn shi le
认 识 了。
Durch die Vorstellung haben sie sich kennen gelernt.

jiè
界

♥ ***Subst.*** **Grenze; Bereich; Beschränkung:**

guó jiè | zì rán jiè
国 界 | 自 然 界
Staatsgrenze | Natur

shè huì gè jiè
社 会 各 界
alle Schichten der Gesellschaft

jiè
借

♥ *V.* **leihen, borgen:**

tā jiè qián mǎi fáng
他 借 钱 买 房。
Er hat Geld geliehen, um eine Wohnung zu kaufen.

zhè běn shū shì wǒ xiàng tā jiè de
这 本 书 是 我 向 他 借 的。
Das Buch habe ich von ihm geliehen.

♥ *V.* **ausliehen, ausborgen:**

wǒ jiè gěi tā 50 yuán qián
我 借 给 他 50 元 钱。
Ich habe ihm 50 Yuan ausgeliehen.

wǒ jiè fáng zi gěi péng you zhù
我 借 房 子 给 朋 友 住。
Ich habe einem Freund meine Wohnung ausgeliehen.

jīn

斤

♥ ***Zähleinheitswort*, chinesische Gewichtseinheit (1 *Jin* = 500 *g*):**

jīn liǎng
斤 两
Gewicht

sān jīn píng guǒ
三 斤 苹 果
drei *Jin* Äpfel

dà bái cài yī jīn mài wǔ jiǎo qián
大 白 菜 一 斤 卖 五 角 钱。
Ein *Jin* Chinakohl kostet fünf *Jiao*.

jīn

今

♥ ***Subst.* Gegenwart; heute:**

gǔ wǎng jīn lái
古 往 今 来
von der Vergangenheit bis zur Gegenwart

jīn wǎn yǒu xiǎo yǔ
今 晚 有 小 雨。
Heute abend gibt es leichten Regen.

jīn tiān de shè huì fā zhǎn de hěn kuài
今 天 的 社 会 发 展 得 很 快。
Die heutige Gesellschaft entwickelt sich sehr schnell.

jīn

金

♥ ***Subst.* Gold:**

jīn ěr huán | jīn zhǐ huán
金 耳 环 | 金 指 环
goldener Ohrring | goldener Ring

♥ ***Subst.* Währung; Geld:**

xiàn jīn | lǐ jīn
现 金 | 礼 金
Bargeld | Geschenksgeld

jǐn

紧

(緊)

♥ ***Adj.* fest; straff:**

zhuā jǐn
抓 紧
etw. fest anpacken

guān jǐn mén
关 紧 门
die Tür fest schließen

♥ ***Adj.* dringend; dicht:**

shí jiān jǐn
时 间 紧
Die Zeit ist knapp.

tā jǐn gēn zhe wǒ
他 紧 跟 着 我。
Er folgt dicht auf mich.

jìn

进

(進)

♥ ***V.* vorwärtsgehen; hineingehen:**

jìn yī bù
进 一 步
einen Schritt weiter

jìn fáng jiān
进 房 间
das Zimmer betreten

tā zài tiān hēi yǐ qián zhù jìn le
他 在 天 黑 以 前 住 进 了
lǚ guǎn
旅 馆。
Er hatte das Hotel erreicht, bevor es dunkel wurde.

jìn

近

♥ ***Adj.* nah:**

yuǎn jìn
远 近
fern und nah

zhè lǐ lí shāng diàn hěn jìn
这里离商店很近。
Der Laden ist sehr nah.

tā jìn jǐ nián cháng lái zhōng guó
他近几年常来中国。
In den letzten Jahren besucht er China sehr oft.

♥ ***V.* sich nähern; annähernd:**

xiāng jìn
相近
annähernd

zhè liǎng gè cí de yì si hěn xiāng jìn
这两个词的意思很相近。
Die beiden Wortbedeutungen sind annähernd gleich.

jīng 京

♥ ***Subst.* Hauptstadt:**

jīng chéng | jīng dū
京城 | 京都
Hauptstadt | Hauptstadt

♥ ***Subst.* Beijing; Peking:**

jīng jù
京剧
Peking-Oper

jīng guǎng xiàn
京广线
die Eisenbahnstrecke Beijing-Guangzhou

jīng 经 (經)

♥ ***V.* durchmachen; erleben:**

jīng sī kǎo cái jué dìng
经思考才决定
durch Nachdenken zur Entscheidung kommen

lǎo rén yī shēng jīng de shì qíng hěn duō
老人一生经的事情很多。
Der alte Mann hat in seinem Leben vieles erlebt.

♥ ***Subst.* geographische Länge; Längengrad:**

jīng dù
经 度
Längengrad

dōng jīng 180°
东 经 180°
180 Grad östlicher Länge

xī jīng 45°
西 经 45°
45 Grad westlicher Länge

♥ ***Subst.* klassische Werke:**

niàn jīng
念 经
buddhistische Schriften vorlesen

sì shū wǔ jīng
四 书 五 经
die kanonisierten klassischen „Vier Bücher" und die „Fünf Klassischen Werke"

yuè dú jīng diǎn zuò pǐn
阅 读 经 典 作 品
klassische Werke lesen

jīng
精

♥ ***Adj.* fein; präzis:**

jīng dú | jīng xì
精 读 | 精 细
gründlich lesen | präzise

jīng dǎ xì suàn
精 打 细 算
alles genau berechnen

♥ ***Adj.* klug; begabt:**

zhè ge rén hěn jīng
这 个 人 很 精。
Dieser Mann ist sehr klug.

jǐng 警

♥ ***Subst.* Polizei:**

jǐng chá | jiāo jǐng
警 察 | 交 警
Polizei | Verkehrspolizei

jǐng fú
警 服
Polizeiuniform

♥ ***Subst.* Alarm; Notfall:**

bào jǐng | huǒ jǐng
报 警 | 火 警
die Polizei alarmieren | Feueralarm

♥ ***V.* warnen; alarmieren:**

jǐng bèi | jǐng bào
警 备 | 警 报
bewachen | Alarm

jǐng gào
警 告
warnen

jìng 净

♥ ***Adj.* sauber; rein:**

gān jìng | chún jìng shuǐ
干 净 | 纯 净 水
sauber | reines Wasser

♥ ***Adj.* netto; pur:**

jìng zhòng 100 gōng jīn
净 重 100 公 斤。
Das Nettogewicht beträgt 100 Kilogramm.

♥ ***V.* reinigen; sauber machen:**

jìng shǒu | jìng miàn
净 手 | 净 面
sich die Hände waschen | sich das Gesicht waschen

	bǎ yī fu xǐ gān jìng 把衣服洗干净 Wasch die Wäsche sauber.
jìng 静	♥ ***Adj.* still; ruhig; friedlich:**
	jìng zuò bù dòng 静坐不动 stillsitzen
	fáng jiān lǐ hěn jìng méi yǒu rén shuō huà 房间里很静，没有人说话。 Im Zimmer ist es ganz ruhig. Niemand spricht.
	jìng xià xīn lái xiǎng yī xiǎng 静下心来想一想。 Sei ruhig und denk darüber nach.
jiǔ 九	♥ ***Num.* neun:**
	liù jiā sān děng yú jiǔ 六加三等于九。 Sechs plus drei ist neun.
	♥ ***Num.* viel:**
	jiǔ sǐ yī shēng 九死一生 neunmal um Haaresbreite dem Tod entkommen sein
	jiǔ niú èr hǔ zhī lì 九牛二虎之力 mit der Kraft von neun Ochsen und zwei Tigern
jiǔ 久	♥ ***Adj.* lange; Zeitdauer:**
	cháng jiǔ 长久 lange Zeit
	tā hěn jiǔ méi huí jiā le 他很久没回家了。 Er ist lange nicht nach Hause gegangen.

tā zǒu le duō jiǔ le
他走了多久了？
Wie lange ist er schon weg?

jiǔ
酒

♥ ***Subst.*** **alkoholische Getränke; Wein:**

bái jiǔ | mǐ jiǔ
白酒 | 米酒
Schnaps | Reiswein

hē jiǔ bù néng guò liàng
喝酒不能过量。
Man sollte nicht übermäßig trinken.

jiǔ
酒
alkoholische Getränke

jiù
旧
(舊)

♥ ***Adj.*** **alt; veraltet; altmodisch:**

jiù yī fu | jiù jiā jù
旧衣服 | 旧家具
alte Kleidung | altmodische Möbel

jiù guān niàn
旧观念
überlieferte Vorstellungen

jiù
就

♥ ***Adv.*** **genau; gerade; ganz recht:**

zhèr jiù shì wǒ de xué xiào
这儿就是我的学校。
Genau hier ist meine Schule.

jiā lǐ jiù wǒ yī gè rén
家里就我一个人。
Ich bin ganz alleine zu Hause.

wǒ mǎ shàng jiù qù
我马上就去。
Ich gehe ja gleich.

♥ *V.* **sich begeben; näherkommen:**

jiù zuò | jiù yè
就座 | 就业
Platz nehmen | einen Job bekommen

jiù jìn shàng xué
就近上学
eine Schule in der Nähe besuchen

♥ *V.* **sich anpassen; etw. dazunehmen:**

jiù zhe cài chī fàn
就着菜吃饭
zum Reis Gerichte nehmen

jiù zhe xià yǔ shàng huà féi
就着下雨上化肥
während des Regens Dünger streuen

jiù zhe shàng jiē bǎ cài mǎi huí lái
就着上街把菜买回来。
auf die Straße gehen und bei dieser Gelegenheit Gemüse kaufen

jū 居

♥ *V.* **wohnen; leben:**

jū mín | jū zhù
居民 | 居住
Einwohner | wohnen

♥ *V.* **(an einer bestimmten Stelle) stehen:**

shuǐ píng jū zhōng
水平居中
in der Mitte stehen

wǒ men bān nǚ shēng jū duō
我们班女生居多。
Die meisten unserer Mitschüler sind Mädchen.

♥ ***Subst.* Wohnort:**

xīn jū　gù jū
新居 | 故居
neuer Wohnsitz | ehemaliger Wohnsitz

zhè shì tā fù qīn de jiù jū
这是他父亲的旧居。
Das ist das Geburtshaus seines Vaters.

jú
局

♥ ***Subst.* Amt, Institution:**

wèi shēng jú　gōng ān jú
卫生局 | 公安局
Gesundheitsamt | Polizei

yóu jú
邮局
Postamt

♥ ***Subst.* Lage; Situation:**

zhèng jú　jié jú
政局 | 结局
politische Lage | Ergebnis

dà jú
大局
Gesamtsituation

jǔ
举
(舉)

♥ ***V.* heben; hochhalten:**

jǔ shǒu　jǔ zhòng
举手 | 举重
die Hand heben | Gewichtheben

tā gāo xìng de jǔ qǐ jiǎng bēi
他高兴地举起奖杯。
Er hat aus Freude den Pokal hochgehalten.

jǔ zhòng
举重
Gewichtheben

♥ ***V.* angeben; anführen:**

jǔ lì
举例
ein Beispiel anführen

liè jǔ
列 举
anführen

♥ ***Adj.* all; ganz:**

jǔ guó shàng xià
举 国 上 下
die ganze Nation

jǔ shì wú shuāng
举 世 无 双
unvergleichlich auf der Welt

♥ ***V.* wählen:**

dà jiā xuǎn jǔ tā dāng dài biǎo
大家 选 举 他 当 代 表。
Alle wählen ihn zum Vertreter.

jù
巨

♥ ***Adj.* groß; riesig:**

jù rén | jù dà
巨 人 | 巨 大
Riese | enorm

jù biàn
巨 变
große Veränderungen

jù
具

♥ ***Subst.* Gebrauchsgegenstand; Werkzeug:**

wén jù | jiā jù
文 具 | 家 具
Schreibzeug | Möbel

gōng jù
工 具
Werkzeug

♥ *V.* **besitzen; haben:**

bié jù yī gé
别具一格
eine besondere Eigenart haben

jù yǒu zhōng guó tè sè
具有中国特色
die Eigenart von China besitzen

yī qiè tiáo jiàn dōu jù bèi le
一切条件都具备了。
Alle Bedingungen sind schon erfüllt.

jù
剧
(劇)

♥ ***Subst.*** **Schauspiel:**

huà jù | jīng jù
话剧 | 京剧
Drama | Peking-Oper

jù běn
剧本
Theaterspiel

♥ ***Adj.*** **heftig; drastisch:**

jù biàn | jiā jù
剧变 | 加剧
drastische Umwälzung | intensivieren

jí jù
急剧
drastisch

jué
决

♥ *V.* **entscheiden; beschließen:**

biǎo jué | jué dìng | jué yì
表决 | 决定 | 决议
Abstimmung | Entscheidung | Beschluss

♥ *V.* entscheidend; final:

yī jué shèng fù
一决胜负
eine Sache ausfechten

shēng sǐ duì jué
生死对决
Kampf auf Leben und Tod

♥ *Adv.* bestimmt; auf alle Fälle:

jué bù fàng shǒu
决不放手
auf keinen Fall aufgeben

jué méi yǒu qí tā yì si
决没有其他意思。
bestimmt keine andere Meinung haben

jué
觉
(覺)

♥ *Subst.* Wahrnehmung; Sinn:

tīng jué | shì jué
听觉 | 视觉
Gehörsinn | Sehsinn

zhí jué
直觉
Intuition

♥ *V.* empfinden; fühlen; spüren:

dōng tiān yī xià xuě jiù jué chū lěng le
冬天一下雪就觉出冷了。
Nach dem Schneefall spürt man gleich die Kälte.

gōng zuò le yī tiān jué zhe yǒu diǎnr lèi
工作了一天，觉着有点儿累。
Ich habe den ganzen Tag gearbeitet und fühle mich ein bisschen müde.

s. jiào S. 153

K

kǎ

卡

♥ ***Subst.* Karte:**

mù lù kǎ | xìn yòng kǎ
目录卡 | 信用卡
Karteikatalog *m* | Kreditkarte *f*

gōng jiāo kǎ
公交卡
Fahrkarte

kǎ
卡
Karte

♥ ***Subst.* Lastkraftwagen:**

tā shì kāi dà kǎ chē de
他是开大卡车的。
Er fährt einen Lastkraftwagen.

s. qiǎ S. 254

kāi

开

(開)

♥ ***V.* öffnen:**

kāi mén | kāi dēng
开门 | 开灯
die Tür öffnen | das Licht anmachen

kāi chuāng hu
开窗户
das Fenster öffnen

♥ ***V.* in Bewegung setzen; steuern:**

kāi huǒ | kāi chē
开火 | 开车
das Feuer eröffnen | ein Fahrzeug führen

kāi fēi jī
开 飞 机
ein Flugzeug steuern

♥ ***V.* beginnen:**

kāi xué　kāi gōng
开 学 | 开 工
Semesterbeginn | in Betrieb nehmen

lùn wén kāi tí bào gào
论 文 开 题 报 告
das Vorhaben einer wissenschaftlichen Arbeit

♥ ***V.* ausfertigen:**

kāi fā piào　kāi chǔ fāng
开 发 票 | 开 处 方
eine Quittung ausstellen | ein Rezept schreiben

kān
看

♥ ***V.* hüten; bewachen:**

kān mén　kān hái zi
看 门 | 看 孩 子
den Eingang bewachen | auf die Kinder aufpassen

kān jiā
看 家
das Haus bewachen

s. kàn S. 172

kàn
看

♥ ***V.* sehen:**

kàn diàn shì　kàn bǐ sài
看 电 视 | 看 比 赛
fernsehen | bei einem Spiel zuschauen

tā zhèng zuò zài shā fā shàng kàn bào zhǐ
他 正 坐 在 沙 发 上 看 报 纸。
Er sitzt auf der Sofa und liest gerade Zeitung.

♥ *V.* **besuchen; bei jmdm. vorbeikommen**

kàn péng you
看 朋 友
einen Freund besuchen

jīn tiān wǒ qù kàn le wǒ de lǎo shī
今天我去看了我的老师。
Heute habe ich meinen Lehrer besucht.

♥ *V.* **untersuchen; behandeln:**

kàn yá | kàn yǎn
看牙 | 看眼
zum Zahnarzt gehen | zum Augenarzt gehen

yī shēng bǎ tā de bìng kàn hǎo le
医生把他的病看好了。
Der Arzt hat seine Krankheit geheilt.

♥ **einen Versuch machen:**

shì shì kàn
试试看
einen Versuch machen

xiǎng xiǎng kàn
想想看
mal nachdenken

xiān zuò jǐ tiān kàn
先做几天看。
Probieren wir es zuerst einige Tage.

s. kān S. 172

kāng
康

♥ *Adj.* **reich; wohlhabend:**

xiǎo kāng shēng huó
小康生活
gut situiert sein

♥ ***Adj.* in gutem Zustand; gesund:**

jiàn kāng | kāng fù
健 康 | 康 复
gesund | wiederhergestellt

kǎo
考

♥ ***V.* eine Prüfung abhalten; eine Prüfung ablegen:**

kǎo shì
考 试
eine Prüfung abhalten

ràng wǒ kǎo yī kǎo tā
让 我 考 一 考 他。
Ich werde ihn einmal testen.

tā kǎo shàng dà xué le
他 考 上 大 学 了。
Er hat die Aufnahmeprüfung für die Hochschule bestanden.

♥ ***Subst.* Prüfung:**

zhōng kǎo
中 考
Aufnahmeprüfung für die Oberschule

gāo kǎo
高 考
Aufnahmeprüfung für die Hochschule

kē
科

♥ ***Subst.* Klassifizierung der Wissenschaften oder Fächer:**

wén kē | yá kē
文 科 | 牙 科
Geisteswissenschaften | Zahnheilkunde

nǐ xiǎng xué nǎ yī kē
你 想 学 哪 一 科?
Welches Fach möchtest du studieren?

♥ ***Subst.* Abteilung:**

kē zhǎng　kē yuán
科 长 | 科 员
Abteilungsleiter | Mitarbeiter einer Abteilung

cái wù kē
财务科
Finanzabteilung

kě
可

♥ ***V.* erlauben; dürfen:**

rèn kě
认可
Anerkennung

bù kě xiǎo kàn
不可小看
Das darf man nicht geringschätzen.

kě duō kě shǎo
可多可少
Mehr oder weniger, beides geht.

♥ ***V.* würdig; wert:**

kě guì　kě xiào
可贵 | 可笑
wertvoll | lächerlich

tā zhè rén zhēn kě ài
她这人真可爱。
Sie ist ja lieblich.

♥ ***Konj.* aber; doch:**

wǒ dā yìng le kě tā bù tóng yì
我答应了，可她不同意。
Ich bin damit einverstanden, aber sie ist dagegen.

tā rén xiǎo kě zhì qì dà
他人小，可志气大。
Er ist zwar jung, hat aber hohe Ideale.

♥ ***Adv.* um unterschiedliche Tonfälle zu betonen:**

tā kě hǎo le
她可好了。
Sie ist sehr nett.

kě bié wàng le zhè jiàn shì
可别忘了这件事。
Vergiß es nicht.

wǒ kě xiǎng nǐ le
我可想你了。
Ich vermisse dich sehr.

kě
渴

♥ ***Adj.* durstig:**

kǒu kě | yòu kě yòu lèi
口渴 | 又渴又累
durstig | durstig und müde

bái kāi shuǐ zuì jiě kě
白开水最解渴。
Heißes Wasser kann den Durst am besten löschen.

kè
克

♥ ***V.* überwältigen; erobern:**

kè fú kùn nan
克服困难
Schwierigkeiten überwinden

lì kè duì shǒu
力克对手
den Gegner besiegen

♥ ***Zähleinheitswort* Gramm; 1000 Gramm = 1 Kilogramm:**

yī kè huáng jīn
一克黄金
ein Gramm Gold

kè 刻

♥ *V.* **schneiden; schnitzen; gravieren:**

kè míng zhāng
刻 名 章
einen Stempel schnitzen

zài mù tou shàng kè zì
在 木 头 上 刻 字
auf dem Holz schnitzen

zài shí tou shàng kè le yī dào
在 石 头 上 刻 了 一 道
eine Linie auf dem Stein graviert haben

♥ ***Zähleinheitswort* Viertelstunde:**

bā diǎn yī kè kāi shǐ kāi huì
八 点 一 刻 开 始 开 会。
Viertel nach acht beginnt die Sitzung.

hái yǒu yī kè bù dào shí èr diǎn
还 有 一 刻 不 到 十 二 点。
Es ist viertel vor zwölf.

kè 客

♥ ***Subst.* Gast; Besucher:**

lái kè | qǐng kè
来 客 | 请 客
Gast | jmdn. einladen

tā xiàn zài yǒu kè
他 现 在 有 客。
Er hat zur Zeit Besuch.

♥ ***Subst.* Kunde; Reisende:**

gù kè | lǚ kè
顾 客 | 旅 客
Kunde | Reisende

♥ ***Subst.* Passagier:**

kè chē 客车 | kè jī 客机
Bus | Passagierflugzeug

kè yùn 客运
Personenverkehr

kè
课
(課)

♥ ***Subst.* Unterricht:**

yǔ wén kè 语文课 | tǐ yù kè 体育课
Chinesisch-Unterricht | Sportunterricht

kè chéng biǎo 课程表
Stundenplan

♥ ***Subst.* Unterrichtsstunde:**

kè shí 课时
Unterrichtsstunde

jīn tiān tā shàng le sì jié kè
今天他上了四节课。
Heute hat er vier Stunden Unterricht.

kōng
空

♥ ***Subst.* Himmel:**

gāo kōng 高空 | kōng zhōng 空中
in großer Höhe | in der Luft

♥ ***Adj.* inhaltslos; leer; nichtig:**

kōng xiǎng 空想
Utopie

liǎng shǒu kōng kōng
两 手 空 空
nichts in den Händen haben

kōng tóu zhī piào
空 头 支 票
ungedeckter Scheck

♥ ***Adv.* vergebens; umsonst:**

kōng huān xǐ
空 欢 喜
sich vergeblich gefreut haben

kōng pǎo
空 跑
umsonst einen Weg machen

zhè cì yòu ràng nǐ kōng pǎo le yī tàng
这 次 又 让 你 空 跑 了 一 趟。
Diesmal hast du wieder umsonst einen Weg gemacht.

s. kòng S. 180

kǒng
孔

♥ ***Subst.* Loch; Höhle:**

bí kǒng | máo kǒng
鼻 孔 | 毛 孔
Nasenloch *n* | Pore

zhè zuò qiáo yǒu wǔ gè kǒng
这 座 桥 有 五 个 孔。
Die Brücke hat fünf Bogen.

♥ ***Subst.* Konfuzius:**

kǒng zǐ xué yuàn
孔 子 学 院
das Konfuzius-Institut

kòng 空

♥ *V.* **etw. leerstehen lassen; etw. unausgefüllt lassen:**

bǎ zuò wèi kòng chū lái
把座位空出来
den Sitz freilassen

kòng liǎng gè gé
空两个格
zwei Stellen freilassen

♥ ***Subst.* frei; unbesetzt:**

kòng dì | tián kòng
空地 | 填空
offener Platz | eine freie Stelle ausfüllen

tā jīn tiān yǒu kòngr
他今天有空儿。
Er hat heute Zeit.

chōu kòngr dào wǒ zhèr lái yī xiàr
抽空儿到我这儿来一下儿。
Wenn du Zeit hast, komm doch mal zu mir herüber.

s. kōng S. 178

kǒu 口

♥ ***Subst.* Mund; Maul:**

zhāng dà kǒu
张大口
den Mund weit öffnen

kāi kǒu shuō huà
开口说话
den Mund öffnen und sprechen

♥ ***Subst.* Öffnung:**

mén kǒu | píng kǒu
门口 | 瓶口
an der Tür | Flaschenhals

rù kǒu | chū kǒu
入口 | 出口
Eingang | Ausgang

kū 哭

♥ *V.* **weinen:**

xiào bǐ kū hǎo
笑 比 哭 好。
Lachen ist besser als Weinen.

zhè gè xiǎo hái bù ài kū
这 个 小 孩 不 爱 哭。
Das Kind weint selten.

tā gǎn dòng de kū le
他 感 动 得 哭 了。
Er war tief berührt und brach in Tränen aus.

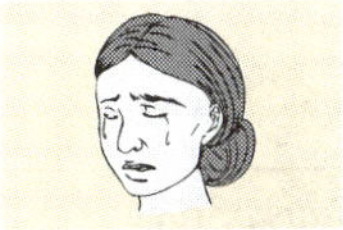

kū
哭
weinen

kǔ 苦

♥ *Adj.* **bitter:**

zhè zhǒng yào hěn kǔ
这 种 药 很 苦。
Diese Arznei ist sehr bitter.

liáng yào kǔ kǒu
良 药 苦 口
Eine heilsame Arznei schmeckt bitter.

♥ *V.* **jmdm. Schmerz zufügen; jmdm. eine schmerzliche Erfahrung bereiten:**

zhè shì kě kǔ le tā le
这 事 可 苦 了 他 了。
Das hat ihn schmerzlich gemacht.

♥ *Adv.* **sein Möglichstes tun; mühsam:**

kǔ liàn | kǔ gàn
苦 练 | 苦 干
fleißig üben | hart arbeiten

kǔ xué
苦 学
fleißig lernen

kù

裤

(褲)

♥ ***Subst.* Hose:**

duǎn kù | cháng kù
短 裤 | 长 裤
kurze Hose | Hose

nèi kù
内 裤
Unterhose

kù
裤
Hose

kuài

块

(塊)

♥ ***Subst.* Stück, Teil:**

shí kuài | tǔ kuài
石 块 | 土 块
Fels | Erdstück

kuài

快

♥ ***Adj.* schnell; rasch:**

kuài chē
快 车
Schnellzug

fǎn yìng kuài
反 应 快
schnelle Reaktion

tā pǎo de zhēn kuài
他 跑 得 真 快。
Er läuft sehr schnell.

♥ ***Adv.* eilen; sich beeilen:**

kuài lái bāng bāng wǒ
快来帮帮我!
Komm schnell und hilf mir!

yào chí dào le kuài zǒu ba
要迟到了，快走吧。
Beeil dich, sonst werden wir Verspätung haben!

♥ ***Adv.* bald; gleich:**

kuài yào xià yǔ le
快要下雨了。
Es wird gleich regnen.

kuài kǎo shì le
快考试了。
Bald kommt die Prüfung.

♥ ***Adj.* erfreulich; erfreut:**

kuài gǎn | kuài lè
快感 | 快乐
Vergnügen | fröhlich

dà kuài rén xīn
大快人心
allgemeine Zufriedenheit auslösen

kuài
筷

♥ ***Subst.* Stäbchen (Essstäbchen):**

mù kuài
木筷
Stäbchen aus Holz

fàn hòu tā bǎ wǎn kuài dōu xǐ le
饭后她把碗筷都洗了。
Nach dem Essen hat sie Schüssel und Stäbchen abgewaschen.

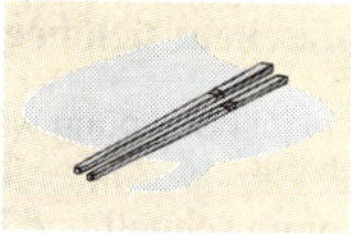

kuài zi
筷子
Essstäbchen

kùn

困

(睏)

♥ ***Adj.* schläfrig; müde:**

nǐ kùn le jiù xiān shuì ba
你 困 了 就 先 睡 吧。
Geh ins Bett, wenn du müde bist.

bù dào wǎn shang shí diǎn tā jiù kùn le
不 到 晚 上 十 点 他 就 困 了。
Es ist noch nicht zehn Uhr, aber er ist schon müde.

lā
拉

♥ *V.* **ziehen:**

lā chē
拉车
einen Handwagen ziehen

bǎ yǐ zi lā guò lái
把椅子拉过来
Zieh den Stuhl hierher!

tā lā zhe mǎ zǒu
他拉着马走。
Er zieht das Pferd.

♥ *V.* **etw. mit einem Fahrzeug transportieren:**

yòng kǎ chē lā dōng xi
用卡车拉东西
etw. mit dem Lastkraftwagen transportieren

zhè chē néng lā huò yě néng lā rén
这车能拉货，也能拉人。
Der Wagen kann sowohl Güter als auch Personen transportieren.

♥ *V.* **koten:**

lā dù zi
拉肚子
Durchfall haben

zhè hái zi yòu lā le
这孩子又拉了。
Das Kind hat wieder geschissen.

là
落

♥ *V.* **zurückbleiben; aus der Reihe fallen:**

tā bù xiǎng là zài dà jiā hòu miàn
他不想落在大家后面。
Er möchte nicht hinter den anderen zurückbleiben.

♥ *V.* **vergessen; auslassen, liegen lassen:**

lǎo shī diǎn míng de shí hou bǎ tā là le
老师点名的时候把他落了。
Beim Verlesen der Namenliste hat der Lehrer ihn vergessen.

wǒ bǎ shū là zài jiā lǐ le
我把书落在家里了。
Ich habe das Buch zu Hause liegen gelassen.

zhè lǐ là le liǎng gè zì
这里落了两个字。
Hier sind zwei Wörter ausgelassen.

s. luò S. 211

lái
来
(來)

♥ *V.* **ankommen; erreichen:**

kè rén lái le
客人来了。
Die Gäste sind gekommen.

tā men zuò huǒ chē lái běi jīng
他们坐火车来北京。
Sie fahren mit dem Zug nach Beijing.

xìn lái le
信来了。
Der Brief ist da.

♥ *V.* **etw. tun lassen oder wollen:**

ràng tā lái zuò zhè shì
让他来做这事。
Lass ihn das machen.

zài lái gè hǎo tīng de gēr
再来个好听的歌儿。
Sing noch ein schönes Lied.

wǒ lái xiě ba
我 来 写 吧。
Ich will schreiben.

♥ ***V.* als Richtungsverb:**

ná lái jǐ běn shū
拿 来 几·本 书
einige Bücher mitbringen

tā mǎi lái jǐ jīn shuǐ guǒ
他 买 来 几 斤 水 果。
Er hat einige Pfunde Früchte gekauft.

láo 劳（勞）

♥ ***Adj.* belastet; müde:**

láo lèi
劳 累
ermüdet

♥ ***V.* (höflich) jmdn. belästigen:**

láo jià
劳 驾。
Entschuldigen Sie bitte.

yǒu láo nín le
有 劳 您 了。
Tun Sie mir einen Gefallen.

lǎo 老

♥ ***Adj.* alt:**

lǎo rén
老 人
Alte

tā men shì lǎo péng you
他 们 是 老 朋 友。
Sie sind seit langem Freunde.

zhè gè fáng zi hěn lǎo le
这 个 房 子 很 老 了。
Dieses Haus ist schon sehr alt.

♥ ***Adv.* oft; immer:**

tā lǎo wǎn dào
他 老 晚 到。
Er kommt immer sehr spät.

bié lǎo xué xí yào zhù yì xiū xi
别 老 学 习，要 注 意 休 息。
Studiere nicht ununterbrochen, mach doch auch Pausen.

♥ **vor dem Tier- oder Pflanzennamen, dem Nachnamen und der altersgemäßen Reihenfolge:**

lǎo wáng | lǎo zhāng
老 王 | 老 张
Lao Wang | Lao Zhang

lè
乐
(樂)

♥ ***Adj.* froh; fröhlich:**

huān lè
欢 乐
Freude

kuài lè
快 乐
Fröhlichkeit

xīn nián kuài lè
新 年 快 乐！
Frohes neues Jahr!

♥ ***V.* etw. gerne tun:**

tā lè de zuǐ dōu hé bù shàng le
她 乐 得 嘴 都 合 不 上 了。
Sie kann vor Freunde den Mund nicht halten.

tā de huà bǎ dà jiā shuō lè le
他 的 话 把 大 家 说 乐 了。
Seine Worte brachten alle zum Lachen.

s. yuè S. 440

le
了

♥ **verwendet in der Mitte eines Satzes, um das Vollenden einer Bewegung oder Änderung auszudrücken:**

huí le jiā
回了家
nach Hause gegangen sein

hóng le liǎn
红了脸
Das Gesicht ist rot geworden.

gāo le liǎng mǐ
高了两米
Es hat sich um zwei Meter erhöht.

♥ **verwendet am Ende eines Satzes, um eine neue Situation oder Änderung auszudrücken:**

tā lái běi jīng le
他来北京了。
Er ist in Beijing angekommen.

tā chī le fàn le
他吃了饭了。
Er hat schon gegessen.

píng guǒ dōu shú le
苹果都熟了。
Die Äpfel sind reif geworden.

s. liǎo S. 201

lěi
累

♥ ***V.* vermehren; akkumulieren:**

lěi jìn | lěi jì
累进 | 累计
progressive zunehmen | Gesamtsumme

♥ ***Adv.* immer wieder; ununterbrochen:**

lěi cì | lěi rì
累次 | 累日
immer wieder | mehrere Tage

lěi nián
累 年
Jahr für Jahr

s. lèi S. 190

lèi 累

♥ ***Adj.* müde; erschöpft:**

wǒ lèi le
我 累 了。
Ich bin müde.

zhè shì zhēn lèi rén
这 事 真 累 人。
Das macht mich müde.

♥ ***V.* hart arbeiten:**

lèi le yī tiān gāi xiū xi le
累 了 一 天，该 休 息 了。
Du hast dich den ganzen Tag über abgerackert, mach doch Feierabend.

s. lěi S. 189

lěng 冷

♥ ***Adj.* kalt:**

lěng shuǐ
冷 水
kaltes Wasser

nǐ lěng ma
你 冷 吗?
Ist dir kalt?

tiān lěng le gāi duō chuān diǎnr
天 冷 了，该 多 穿 点儿。
Es wird kälter, zieh doch mehr an.

♥ ***Adj.* kühl; gleichgültig:**

lěng liǎn | lěng huò
冷 脸 | 冷 货
kühler Gesichtsausdruck | Kühlware

tā xué de zhuān yè xiàn zài chéng
他学的专业现在成
lěng mén le
冷门了。
Sein Fach ist nicht sehr gefragt.

lí
离
(離)

♥ ***V.* verlassen; trennen:**

hái zi lí bù liǎo mǔ qīn
孩子离不了母亲。
Das Kind kann nicht von der Mutter getrennt werden.

tā lí jiā liǎng nián le
他离家两年了。
Er ist schon zwei Jahre von zu Hause weg.

yú ér lí bù kāi shuǐ
鱼儿离不开水。
Fische können das Wasser nicht verlassen.

♥ ***V.* entfernt; weit von:**

lí kāi xué hái yǒu yī zhōu
离开学还有一周。
Bis zum Semesterbeginn ist es nur noch eine Woche.

tā jiā lí xué xiào hěn jìn
他家离学校很近。
Er wohnt nicht weit von der Schule.

lǐ
礼
(禮)

♥ ***Subst.* Gesamtheit gesellschaftlicher Umgangsformen:**

hūn lǐ | xíng lǐ
婚礼 | 行礼
Hochzeitsfeier | sich ehrerbietig verneigen

jìng lǐ
敬礼
salutieren

♥ ***Subst.* Geschenk:**

sòng lǐ | lǐ pǐn
送 礼 | 礼 品
ein Geschenk machen | Geschenk

lǐ jīn
礼金
Geldgeschenk

lǐ

里

♥ ***Subst.* verwendet nach einem Substantiv, um anzugeben, dass sich jmd./etw. innerhalb eines Gebietes oder Raumes befindet:**

fáng jiān lǐ
房 间 里
im Zimmer

jià qī lǐ
假 期里
in den Ferien

wén zhāng lǐ
文 章 里
im Text

♥ ***Subst.* nach 这 (zhè), 那(nà), 哪 (nǎ) verwendet, um den Ort anzugeben:**

cóng nà lǐ dào zhè lǐ
从 那里 到 这 里
von dort bis hierher

tā zài nǎ lǐ
他 在 哪里?
Wo ist er?

♥ ***Zähleinheitswort Li*; chinesisches Längenmaß = 0,5 Kilometer:**

tā jiā lí dān wèi yǒu shí lǐ dì
他家离单 位 有 十 里地。
Von zu Hause bis zu seinem Büro sind es zehn *Li*.

lǐ

理

♥ *Subst.* **Recht; Wahrheit:**

qíng lǐ　hé lǐ
情理 | 合理
Vernunft | vernünftig

tā shuō de huà yǒu dào lǐ
他说的话有道理。
In seinen Worten steckt Wahrheit.

♥ *V.* **leiten; verwalten:**

lǐ jiā　zì lǐ
理家 | 自理
den Haushalt führen | etw. selbst erledigen

hù lǐ
护理
pflegen

♥ *V.* **ordnen; regeln:**

lǐ fà　qīng lǐ
理发 | 清理
sich die Haare schneiden lassen | etw.in Ordnung bringen

bǎ shū jià lǐ yī lǐ
把书架理一理。
Bring die Bücher im Regal in Ordnung.

♥ *Subst.* **Naturwissenschaft; Physik:**

lǐ kē　shù lǐ huà
理科 | 数理化
Naturwissenschaften | Mathematik, Physik und Chemie

lì

力

♥ *Subst.* **Fähigkeiten der menschlichen Organe:**

shì lì　huó lì
视力 | 活力
Sehkraft | Lebendigkeit

tā de tīng lì hěn hǎo
他的听力很好。
Er hat starke Hörfähigkeit.

♥ ***Subst.* Kraft:**

tǐ lì | yǒu lì
体力 | 有力
Kraft | kräftig

wǒ yī dìng jìn lì
我一定尽力。
Ich werde mir Mühe geben.

lì
历
(歷)
(曆)

♥ ***V.* erleben.:**

lì jiǔ
历久
lange Zeit dauern

lì jìn xīn kǔ
历尽辛苦
einen Leidensweg hinter sich haben

huì yì lì shí wǔ tiān
会议历时五天。
Die Konferenz wird fünf Tage dauern.

♥ ***Adj.* vorausgegangen; vorherig:**

lì nián | lì dài
历年 | 历代
seit Jahr und Tag | aufeinanderfolgende Dynastien

wǒ men de lì cì hé zuò dōu hěn hǎo
我们的历次合作都很好。
Wir haben immer sehr gut zusammengearbeitet.

♥ ***Subst.* Kalender:**

gōng lì | nóng lì
公历 | 农历
Sonnenkalender | Mondkalender

lì
立

♥ *V.* **stehen:**

lì zhèng
立 正
stillstehen

zuò lì bù ān
坐 立不 安
wie auf Kohlen sitzen

mén kǒu lì le yī gè gào shi
门 口 立了 一 个 告 示。
Draußen an der Tür hängt eine Bekanntmachung.

♥ *V.* **gründen; errichten:**

lì fǎ | lì hé tong
立法 | 立 合 同
Gesetze erlassen | einen Vertrag schließen

lì hù
立户
einen Familienwohnsitz anmelden

lì
利

♥ *Adj.* **günstig; vorteilhaft:**

jí lì
吉 利
glückverheißend

yī qiè shùn lì
一 切 顺 利
Alles läuft zügig voran.

♥ *Subst.* **Profit; Gewinn:**

lì xī
利息
Zins

yī běn wàn lì
一 本 万 利
Ein kleines Kapital bringt zehntausendfachen Gewinn.

♥ *Subst.* **Vorteil:**

zhè yàng duì tā yǒu lì
这 样 对 他 有 利。
Das ist für ihn günstig.

lì
例

♥ *Subst.* **Beispiel; Exempel:**

jǔ lì | lì jù
举例 | 例句
ein Beispiel nennen | Beispielsatz

♥ *Subst.* **Norm; Vorschrift:**

tiáo lì | tǐ lì
条 例 | 体例
Vorschriften | Regeln für die formale Gestaltung

lián
连
(連)

♥ *V.* **verbinden:**

lián rì
连 日
tagelang

yī gè lián yī gè
一 个 连 一 个
einer nach dem anderen

liǎng jù huà lián qǐ lái shuō
两 句 话 连 起 来 说。
Sprich die zwei Sätze im Zusammenhang aus.

♥ *Präp.* **einschließlich:**

lián tā yī gòng wǔ gè rén
连 他 一 共 五 个 人。
Mit ihm sind es insgesamt fünf Personen.

lián bāo zhuāng yī gòng yǒu qī bā jīn zhòng
连 包 装 一 共 有 七 八 斤 重。
Mit der Packung ist es ungefähr sieben bis acht *Jin* schwer.

♥ ***Subst.* Kompanie (Militär):**

lián duì | lián zhǎng
连队 | 连长
Kompanie | Kompanieführer

lián
联
(聯)

♥ ***V.* vereinigen; verbinden:**

lián xì | lián huān
联系 | 联欢
verbinden | gemeinsam an einer Feier teilnehmen

lián hé guó
联合国
Vereinte Nationen

lián míng
联名
gemeinsame Unterschrift

♥ ***Subst.* Vers; Wandspruch:**

chūn lián
春联
Spruchrollen zum Frühlingsfest

duì lián
对联
paarweise an beiden Seiten eines Eingangs angebrachte Verse oder Wandsprüche

liǎn
脸
(臉)

♥ ***Subst.* Gesicht; Front:**

xǐ liǎn | mén liǎnr
洗脸 | 门脸儿
sich das Gesicht waschen | Fassade *f*

liǎn shàng dài zhe xiào róng
脸上带着笑容
lächelndes Gesicht

♥ *Subst.* Gesichtsausdruck:

liǎn sè wēn hé
脸色温和
freundliches Aussehen

tā yī xià zi jiù biàn le liǎn
他一下子就变了脸。
Er machte auf einmal ein böses Gesicht.

---

liàn 练 (練)

♥ *V.* üben:

liàn bǐ
练笔
Schreiben üben

liàn zì | liàn gōng fu
练字 | 练功夫
Kalligraphie üben | Kongfu tranieren

♥ *Adj.* geübt; erfahren:

lǎo liàn | shú liàn
老练 | 熟练
erfahren | geübt

gàn liàn
干练
fähig und erfahren

---

liáng 凉

♥ *Adj.* kühl:

liáng shuǐ | liáng fēng
凉水 | 凉风
kühles Wasser | kühler Wind

tiān liáng le
天凉了。
Es ist kühl geworden.

s. liàng S. 201

liáng
粮
(糧)

♥ ***Subst.* Getreide:**

gān liáng 干粮 | kǒu liáng 口粮
Proviant | Getreideration

liáng shi 粮食
Getreide

liǎng
两
(兩)

♥ ***Num.* zwei:**

liǎng tiáo lù 两条路 | liǎng zhī shǒu 两只手
zwei Wege | zwei Hände

liǎng wàn 两万
zwanzigtausend

♥ ***Num.* ein paar; einige:**

guò liǎng tiān zài shuō 过两天再说
Lassen wir es für ein paar Tage ruhen.

wǒ shuō liǎng jù huà 我说两句话。
Ich habe ein paar Worte zu sagen.

♥ ***Zähleinheitwort Liang*, Gewichtseinheit, 50 Gramm = 1 *Liang*:**

yī liǎng huáng jīn 一两黄金
ein *Liang* Gold

liàng
亮

♥ ***Adj.* hell; leuchtend:**

liàng dù 亮度
Helligkeit

liàng guāng
亮 光
Licht

fáng jiān lǐ hěn liàng bù yòng
房 间 里 很 亮，不 用
kāi dēng
开 灯。
Es ist hell im Zimmer. Man braucht kein Licht anzumachen.

jīn wǎn de yuè liang yòu yuán
今 晚 的 月 亮 又 圆
yòu liàng
又 亮。
Heute abend ist der Mond rund und hell.

♥ ***V.* leuchten:**

liàng dēng
亮 灯
Die Lampe leuchtet.

tiān liàng le
天 亮 了。
Es ist hell geworden.

♥ ***V.* zeigen; offenlegen:**

liàng xiàng
亮 相
sich in Positur stellen

liàng zhèng jiàn
亮 证 件
den Ausweis vorzeigen.

tā xiàng mén wèi liàng le yī xià jìn
他 向 门 卫 亮 了 一 下 进
mén kǎ
门 卡。
Er hat dem Türsteher den Ausweis gezeigt.

liàng
凉

V. kühlen:

shuǐ tài rè yào liàng yī xiàr
水太热，要凉一下儿。
Das Wasser ist zu heiß, lass es abkühlen.

wǒ liàng le yī bēi chá
我凉了一杯茶。
Ich lasse eine Tasse Tee abkühlen.

s. liáng S. 198

liǎo
了

V. beenden; vollenden:

zhè shì yǐ jing liǎo le
这事已经了了。
Diese Sache ist schon erledigt.

tā shuō qǐ huà lái méi wán méi liǎo
她说起话来没完没了。
Sie spricht ohne Ende.

V. nach 得 oder 不 verwendet, um eine Möglichkeit auszudrücken:

cài tài duō chī bù liǎo
菜太多，吃不了。
Es gibt zu viele Gerichte, wir können nicht so viel essen.

zhè cì tā lái bù liǎo
这次他来不了。
Diesmal kann er nicht kommen.

zhè shì bàn de liǎo
这事办得了。
Das können wir schaffen.

tā xīng fèn de chī bù liǎo fàn
他兴奋得吃不了饭。
Er ist so begeistert, dass er nichts essen kann.

s. le S. 189

liào 料

♥ ***Subst.* Stoff:**

mù liào | bù liào
木料 | 布料
Bauholz | Baumwollstoff

tā mǎi le yī kuài yī fu liào zi
她买了一块衣服料子。
Sie hat ein Stück Stoff gekauft.

♥ ***Subst.* Dinge mit spezieller Funktion:**

féi liào | tiáo liào
肥料 | 调料
Düngemittel | Zutat

♥ ***V.* vermuten; glauben:**

liào xiǎng
料想
vermuten

bù chū suǒ liào
不出所料
wie erwartet

liào bù dào huì fā shēng zhè zhǒng shì
料不到会发生这种事。
Das war völlig unerwartet.

lín 林

♥ ***Subst.* Wald:**

shù lín | lín zi
树林 | 林子
Wald | Forst

fáng zi de hòu miàn shì yī piàn shù lín
房子的后面是一片树林。
Hinter dem Haus findet man einen Wald.

♥ ***Subst.* mehrere ähnliche Dinge oder Personen, die zusammengehören:**

shí lín 石林 | yì lín 艺林
Steinwald | Künstlerkreis

líng
零

♥ ***Adj.* in kleinen Teilen; stückweise:**

líng jiàn 零件 | líng mài 零卖
Einzelteil | Einzelhandel

líng qián
零钱
Kleingeld

♥ ***Num.* Null; nichts:**

liǎng nián líng shí tiān
两年零十天
zwei Jahre und zehn Tage

yī jiǎn yī děng yú líng
一减一等于零。
Eins minus eins ist Null.

♥ ***Num.* Null (thermisch):**

líng shàng yī dù
零上一度
ein Grad

líng xià wǔ dù
零下五度
minus fünf Grad

lǐng
领
(領)

♥ ***V.* führen; leiten:**

lǐng lù
领路
den Weg führen

dǎo yóu lǐng zhe yóu kè qù zuò chē
导游领着游客去坐车。
Der Reiseleiter führt die Reisenden zum Bus.

lǐng hái zi qù gōng yuán
领孩子去公园。
die Kinder zum Park führen

♥ *Subst.* **Kragen:**

yī lǐng | lǐng kǒu | gāo lǐng
衣领 | 领口 | 高领
Kragen | Kragenweite | hoher Kragen

♥ *V.* **besitzen**

lǐng tǔ | lǐng kōng
领土 | 领空
Territorium | territorialer Luftraum

lǐng hǎi
领海
Territorialgewässer

♥ *V.* **empfangen; abholen:**

lǐng gōng qián
领工钱
den Lohn abholen

lǐng jié yè zhèng shū
领结业证书
das Abschlusszeugnis empfangen

fā xīn shū le kuài qù lǐng ba
发新书了，快去领吧。
Die neuen Bücher sind da. Hol sie ab!

lìng 另

♥ *Adv.* **anders; sonst; außerdem:**

lìng yǒu dǎ suan
另有打算
eine andere Absicht hegen

lìng xiǎng bàn fǎ
另想办法
einen anderen Weg suchen

bù shì tā shì lìng yī gè rén
不是他，是另一个人。
Nicht er, sondern jemand anderer.

liú
留

♥ ***V.* bleiben; sich aufhalten:**

xià kè hòu lǎo shī ràng tā liú yī xiàr
下课后，老师让他留一下儿。
Nach dem Unterricht lässt der Lehrer ihn für eine Weile bleiben.

bì yè hòu tā jiù liú xiào gōng zuò le
毕业后他就留校工作了。
Nach dem Studium bleibt er an der Hochschule und arbeitet dort.

♥ ***V.* behalten:**

bǎo liú | liú cún
保留 | 留存
behalten | aufbewahren

bǎ chē piào liú hǎo
把车票留好
Behalten Sie die Fahrkarte!

♥ ***V.* jmdm./etw. Aufmerksamkeit schenken:**

liú shén | liú xīn
留神 | 留心
vorsichtig sein | auf etw. achten

liú yì
留意
aufpassen

♥ ***V.* im Ausland leben oder studieren:**

liú xué
留学
im Ausland studieren

liú yīng xué sheng
留英学生
in England Studierende

tā shì yī míng liú xué shēng
他是一名留学生。
Er ist ein ausländischer Student in China.

liù
六

♥ ***Num.* sechs:**

liù gè shū bāo
六个书包
sechs Schultaschen

sān jiā sān děng yú liù
三加三等于六。
Drei plus drei ist sechs.

liù
陆
(陸)

♥ ***Num.* Langform der Zahl 六 auf Schecks, Rechnungen ect.:**

s. lù S. 207

lóng
龙
(龍)

♥ ***Subst.* Drache (Mythologie):**

lóng gōng | lōng wáng
龙宫 | 龙王
Drachenpalast | Drachenkönig

♥ ***Subst.* drachenähnlich oder -förmig:**

lóng dēng | lóng chuán
龙灯 | 龙船
Drachenlaterne | Drachenboot

huǒ lóng
火龙
Feuerdrache

lóng
龙
Drache

lóu
楼
(樓)

♥ ***Subst.* mehrstöckiges Haus:**

lóu fáng | gāo lóu
楼房 | 高楼
Gebäude | Hochhaus

jiào xué lóu | bàn gōng lóu
教学楼 | 办公楼
Unterrichtsgebäude | Verwaltungsgebäude

zhè zuò lóu zhēn gāo
这座楼真高。
Das Gebäude ist wirklich hoch.

♥ ***Subst.* bestimmte Geschäfte:**

jiǔ lóu | chá lóu
酒楼 | 茶楼
Restaurant | Teehaus

yín lóu
银楼
Geschäft für Gold- und Silberschmiedearbeiten

lù
陆
(陸)

♥ ***Subst.* Festland:**

dà lù | lù dì
大陆 | 陆地
Festland | Festland

hǎi lù kōng
海陆空
Meer-, Land- und Lufttruppen

s. liù S. 206

lù

录

(録)

♥ *V.* **aufnehmen; abschreiben; eintragen:**

lù xiàng
录 像
filmen

lù yīn
录 音
eine Tonaufnahme machen

tā bǎ diàn huà nèi róng dōu lù xià lái le
他把电话内容都录下来了。
Er hat das Telefongespräch auf Tonband aufgenommen.

♥ *V.* **beschäftigen; einstellen:**

lù yòng | lù qǔ
录 用 | 录 取
jmdn. beschäftigen | aufnehmen

lù

路

♥ ***Subst.*** **Weg:**

gōng lù | shān lù
公 路 | 山 路
Autobahn | Bergweg

shuǐ lù
水 路
Wasserweg

♥ ***Subst.*** **Sorte; Klasse:**

tā men shì yī lù rén
他们是一路人。
Sie sind gleichartige Personen.

bù zhī tā shì nǎ yī lù de
不知他是哪一路的。
Wir wissen nicht, was für ein Mensch er ist.

♥ ***Subst.* Linie:**

116 lù qì chē
116 路汽 车
Buslinie 116

fēn liǎng lù qián jìn
分 两 路 前 进
Vormarsch über zwei Routen

lǚ
旅

♥ ***V.* nicht zu Hause sein:**

lǚ kè
旅 客
Reisender

lǚ měi rén shì
旅 美 人 士
Landsleute in Amerika

lǚ xíng | lǚ yóu
旅 行 | 旅 游
reisen | Reise

♥ ***Subst.* Brigade (Militär):**

lǚ zhǎng
旅 长
Brigadekommandeur

tā shì sān lǚ de
他 是 三 旅 的。
Er stammt aus der dritten Brigade.

lǜ
律

♥ ***Subst.* Gesetz; Regel:**

guī lǜ | jì lǜ
规 律 | 纪 律
Regel | Disziplin

fǎ lǜ | lǜ shī
法 律 | 律 师
Gesetz | Anwalt

♥ ***Subst.* Lǜshi, eine klassische chinesische Gedichtform:**

qí lǜ
七律
Gedichte mit acht gereimten Zeilen zu sieben Schriftzeichen

wǔ lǜ
五律
Gedichte mit acht gereimten Zeilen zu fünf Schriftzeichen

lǜ 绿 (綠)

♥ ***Adj.* grün:**

lǜ dēng | lǜ cǎo
绿灯 | 绿草
grünes Licht | Rasen

hóng huā lǜ shù
红花绿树
rote Blumen und grüne Bäume

luàn 乱 (亂)

♥ ***Adj.* unordentlich; durcheinander:**

wén zhāng xiě de tài luàn
文章写得太乱。
Der Aufsatz ist ohne Struktur formuliert.

♥ ***Subst.* Unruhe; Rebellion:**

dòng luàn | zhàn luàn
动乱 | 战乱
Aufruhr | Krieg

nèi luàn
内乱
innere Unruhe

♥ ***Adv.* willkürlich; nach Belieben:**

bié luàn shuō
别乱说。
Red keinen Quatsch.

xiǎo hái zi zài dì shàng luàn pǎo
小孩子在地上乱跑。
Die Kinder laufen herum.

lùn
论
(論)

♥ *V.* **analysieren; überzeugen:**

tán lùn | tuī lùn
谈论 | 推论
über etw. sprechen | Schlussfolgerung

yì lùn | lùn wén
议论 | 论文
diskutieren | wissenschaftliche Beiträge

♥ ***Subst.* wissenschaftliche Arbeit; Argumentation:**

gāo lùn | shè lùn
高论 | 社论
einleuchtende Bemerkungen | Leitartikel

♥ ***Subst.* Theorie:**

xiāng duì lùn | jìn huà lùn
相对论 | 进化论
Relativitätstheorie | Evolutionstheorie

luò
落

♥ *V.* **fallen:**

luò lèi
落泪
Tränen vergießen

shù yè dōu luò xià lái le
树叶都落下来了。
Die Blätter sind abgefallen.

♥ *V.* **in etw. fallen; zurückbleiben; sinken:**

luò shuǐ | luò wǔ
落水 | 落伍
ins Wasser fallen | zurückbleiben

luò hòu
落后
rückständig

♥ ***Subst.* Niederlassung; Siedlung:**

xià luò | cūn luò
下落 | 村落
Verbleib | Dorf

♥ ***V.* aufhören; stehenbleiben:**

tā huà yīn méi luò tā jiù zǒu le
他话音没落，她就走了。
Er hat noch nicht zu Ende gesprochen, aber sie ist schon weg.

s. là S. 186

mā

妈

(媽)

♥ ***Subst.*** **Mutter:**

tā mā yǐ jing bā shí duō suì le
他 妈 已 经 八 十 多 岁 了。
Seine Mutter ist schon mehr als achtzig Jahre alt.

♥ ***Subst.*** **Anrede für eine ältere Frau oder für eine verheiratete Frau:**

gū mā | dà mā
姑 妈 | 大 妈
Tante | Tante

má

麻

♥ ***Subst.*** **Bezeichnung für Hanf, Flachs, Jute, Sisal usw.:**

má bù | má bāo
麻 布 | 麻 包
Leinen | Hanf-, Jutesack

♥ ***Subst.*** **Unebenheit: pockennarbig:**

má zi | má shí
麻 子 | 麻 石
Pockennarbe | Granit

má liǎn
麻 脸
pockennarbiges Gesicht

♥ ***Adj.*** **prickelnd; taub:**

má yào
麻 药
Anästhetikum

tā tuǐ dōu dòng má le
她 腿 都 冻 麻 了。
Ihre Füße sind vor Kälte taub geworden.

mǎ
马
(馬)

♥ ***Subst.* Pferd:**

bān mǎ　sài mǎ
斑 马 | 赛 马
Zebra | Rennpferd

tā huì qí mǎ
他 会 骑 马。
Er kann auf einem Pferd reiten.

mǎ
马
Pferd

ma
吗
(嗎)

♥ **am Ende eines Frage- oder Interrogativsatzes verwendet:**

nǐ qù dǎ lán qiú ma
你 去 打 篮 球 吗?
Gehst du Basketball spielen?

tā kāi huì qù le ma
他 开 会 去 了 吗?
Ist er zur Sitzung gegangen?

nǐ zhè yàng zuò duì ma
你 这 样 做 对 吗?
Findest du das richtig?

mǎi
买
(買)

♥ ***V.* kaufen; einkaufen:**

mǎi zhǔ
买 主
Käufer

jīn nián tā mǎi le yī chù fáng zi
今 年 他 买 了 一 处 房 子。
Dieses Jahr hat er ein Haus gekauft.

♥ *V.* **bestechen; korrumpieren:**

shōu mǎi rén xīn
收 买 人 心
sich die Unterstützung der Öffentlichkeit erkaufen

mǎi tōng guān xi
买 通 关 系
jmdn. korrumpieren, um Beziehungen zu gewinnen

mài
卖
(賣)

♥ *V.* **verkaufen; veräußern:**

jiào mài | mài dōng xi
叫 卖 | 卖 东 西
hausieren | Sachen verkaufen

zhè gè shāng diàn de dōng xi mài de pián yi
这个商店的东西卖得便宜。
Die Waren in diesem Kaufhaus sind sehr billig.

mǎn
满
(滿)

♥ *Adj.* **voll:**

mǎn yuán | mǎn yuè
满 员 | 满 月
voll besetzt | Vollmond

tā de bāo lǐ zhuāng mǎn le shū
他的包里装满了书。
Seine Tasche ist voll mit Büchern.

♥ *Adv.* **voll und ganz:**

mǎn miàn chūn fēng
满 面 春 风
übers ganze Gesicht strahlen

tā mǎn kǒu shuō hǎo
他满口说好。
Er stimmt bereitwillig und ohne zu zögern zu.

dà jiē shàng mǎn yǎn dōu shì rén
大 街 上 满 眼 都 是 人。
Auf der Straße ist voll von Menschen.

♥ ***Subst.* Mandschu :**

mǎn yǔ mǎn wén
满 语 | 满 文
mandschurische Sprache | mandschurische Schrift

mǎn zú rén
满 族 人
Mandschure

màn
慢

♥ ***Adj.* langsam:**

tā zǒu de tài màn le
他 走 得 太 慢 了。
Er läuft zu langsam.

zhè lù chē hěn màn
这 路 车 很 慢。
Der Bus fährt sehr langsam.

máng
忙

♥ ***Adj.* beschäftigt sein:**

tīng shuō tā máng de hěn
听 说 他 忙 得 很。
Er soll sehr beschäftigt sein.

♥ ***V.* etw. :**

máng xué xí
忙 学 习
viel mit dem Studium zu tun haben

máng gōng zuò
忙 工 作
sehr beschäftigt mit der Arbeit sein

māo
猫

♥ ***Subst.* Katze:**

bái māo | huā māo
白猫 | 花猫
weiße Katze | gefleckte Katze

tā yǎng le liǎng zhī māo
她养了两只猫。
Sie hat zwei Katzen gezüchtet.

māo
猫
Katze

máo
毛

♥ ***Subst.* Haar; Feder:**

jī máo
鸡毛
Hühnerfeder *f*

zhū máo | yáng máo
猪毛 | 羊毛
Schweineborste | Schafwolle

♥ ***Zähleinheitswort* umgangssprachlicher Ausdruck für *Jiao*:**

liǎng máo qián
两毛钱
zwei *Mao*

tā huā wǔ máo qián mǎi le yī zhī bǐ
他花五毛钱买了一支笔。
Er hat fünf *Mao* für den Stift bezahlt.

mào
冒

♥ ***V.* aufsteigen oder undicht sein:**

hún shēn mào hàn
浑身冒汗
in Schweiß gebadet sein

zhè gè guǎn zi wǎng wài mào shuǐ
这个管子往外冒水。
Das Wasser rinnt aus dem Rohr.

♥ ***V.* fälschen; sich verstellen:**

jiǎ mào
假冒
sich für/als etw. oder jmdn. ausgeben

mào lǐng
冒领
unter falschen Namen etw. an sich nehmen, was einem anderen gehört

mào rèn
冒认
sich verstellen

mào 贸 (貿)

♥ ***Subst.* Geschäft; Handel:**

shāng mào | cái mào
商贸 | 财贸
Kommerz und Handel | Finanzen und Handel

wài mào
外贸
Außenhandel

mào 帽

♥ ***Subst.* Kopfbedeckung:**

lǐ mào
礼帽
offizieller Hut

pí mào | ān quán mào
皮帽 | 安全帽
Pelzmütze | Schutzhelm

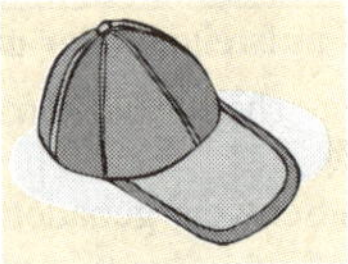

mào zi
帽子
Kappe

me

么

(麼)

♥ **am Ende eines Wortes benutzt, um ein anderes Wort zu bilden:**

zhè me | nà me
这么 | 那么
so | solch

shén me | duō me
什么 | 多么
was | wie

méi

没

♥ ***V.* etw. nicht haben; es gibt etw. nicht:**

tā méi qián le
他没钱了。
Er hat kein Geld mehr.

bàn gōng shì méi rén
办公室没人。
Im Büro ist niemand.

♥ ***Adv.* weniger als; nicht so wie:**

tā lái le méi liǎng tiān
他来了没两天。
Er ist erst vor zwei Tagen hier angekommen.

wǒ méi tā gāo
我没他高。
Ich bin nicht so groß wie er.

zhè bù méi sān mǐ cháng
这布没三米长。
Das Tuch ist weniger als drei Meter lang.

♥ ***V.* noch nicht:**

shì hái méi bàn
事还没办。
Die Sache ist noch nicht erledigt.

tā méi qù guo běi jīng
他没去过北京。
Er war noch nie in Beijing.

s. mò S. 226

měi 每	♥ ***Pron.* jeder:** měi gè rén dōu yào fā yán 每 个 人 都 要 发 言。 Jeder muss eine Rede halten. měi běn shū dōu yào xiě shàng zì jǐ de míng zi 每 本 书 都 要 写 上 自 己 的 名 字。 Auf jedem Buch sollte man mit seinem eigenen Namen unterschreiben. ♥ ***Adv.* bezeichnet ein regelmäßig vorkommendes Ereignis:** měi dào jié rì jiē shàng rén dōu hěn duō 每 到 节 日，街 上 人 都 很 多。 An jedem Festtag gibt es viele Leute auf der Straße. wǒ měi zhōu xiū xi liǎng tiān 我 每 周 休 息 两 天。 Ich habe pro Woche zwei Tage frei.
měi 美	♥ ***Adj.* schön; hübsch:** shān měi shuǐ měi rén yě měi 山 美 水 美 人 也 美 Die Berge sind schön, die Flüsse sind schön, und die Menschen sind auch schön. tā de shǒu zhēn měi 她 的 手 真 美。 Ihre Hände sind wirklich hübsch. ♥ ***V.* verschönern:** měi huà | měi fà 美 化 | 美 发 verschönen | Haarpflege

měi róng
美 容
Kosmetik

♥ ***Adj.*** **gut; zufriedenstellend:**

měi wén | měi shí
美 文 | 美 食
guter Aufsatz | Delikatesse

♥ ***Subst.*** **Amerika oder USA:**

běi měi | měi yuán
北 美 | 美 元
Nordamerika | US-Dollar

mèi
妹

♥ ***Subst.*** **jüngere Schwester:**

jiě mèi | biǎo mèi
姐 妹 | 表 妹
Schwestern | Cousine

♥ ***Subst.*** **junge Frau:**

dǎ gōng mèi
打 工 妹
Wanderarbeiterin

wài lái mèi
外 来 妹
Neuansiedlerin

mén
门
(門)

♥ ***Subst.*** **Tür:**

fáng mén | chē mén
房 门 | 车 门
Haustür | Wagentür

qǐng bǎ mén guān shàng
请 把 门 关 上。
Machen Sie die Tür zu.

♥ ***Subst.* Tor:**

qiú mén | diàn mén
球门 | 电门
Tor (Sport) | Schalter

yóu mén
油门
Gaspedal

mén
门
Tür

men
们
(們)

♥ **am Ende eines Pronomens verwendet, um den Plural zu bilden:**

tā men | nǐ men
他们 | 你们
sie | ihr

tóng xué men
同学们
Studenten

wǒ men jīng cháng yóu yǒng
我们经常游泳。
Wir gehen oft schwimmen.

mǐ
米

♥ ***Subst.* hülsenloser Samen:**

xiǎo mǐ | dà mǐ
小米 | 大米
Hirse | Reis

huā shēng mǐ
花生米
Erdnusskern

♥ ***Subst.* Reis**

bái mǐ　　mǐ fàn
白米 | 米饭
weißer Reis | gekochter Reis

mǐ
米
Reis

♥ ***Zähleinheitswort* Meter :**

yī mǐ
一米
ein Meter

sān mǐ cháng
三米长
drei Meter lang

zhè tiáo lù yǒu 5000 mǐ
这条路有 5000 米。
Dieser Weg ist fünf Kilometer lang.

miàn
面

♥ ***Subst.* Gesicht:**

miàn kǒng　　miàn bù
面孔 | 面部
Gesicht | Gesicht

hàn liú mǎn miàn
汗流满面
der Schweiß läuft jmdm. in Strömen über das Gesicht

♥ ***Adv.* persönlich; von Angesicht zu Angesicht:**

miàn tán　　miàn shì
面谈 | 面试
persönliches Gespräch | Interview

fáng zi miàn nán zuò běi
房子面南坐北。
Dieses Haus zeigt nach Süden.

♥ ***Subst.* Oberfläche:**

biǎo miàn | zhuō miàn
表面 | 桌面
Oberfläche | Tischplatte

mén miàn
门面
Fassade

♥ **am Ende eines Wortes für Ortsbestimmungen verwendet:**

shàng miàn | qián miàn | lǐ miàn
上面 | 前面 | 里面
oben | vorn | innen

♥ ***Subst.* Nudel:**

fāng biàn miàn
方便面
Instantnudel

jīn tiān zhōng wǔ wǒ men chī miàn ba
今天中午我们吃面吧。
Heute essen wir Nudel zu Mittag.

mín
民

♥ ***Subst.* Volk:**

guó mín | rén mín
国民 | 人民
Staatsangehörige *f* | Volk

mín zhòng de rè qíng hěn gāo
民众的热情很高。
Das Volk ist sehr begeistert.

♥ ***Subst.* Angehörige(r) einer ethnischen Gruppe:**

huí mín | hàn mín
回民 | 汉民
Angehörige der Hui-Nationalität | Han-Chinesen

mín zú
民族
Nationalität; ethnische Gruppe

♥ ***Subst.* Angehörige(r) einer bestimmten Gruppe:**

nóng mín　nàn mín
农 民 | 难 民
Bauer | Flüchtling

♥ ***Subst.* volkstümlich:**

mín jiān　mín gē
民 间 | 民 歌
volkstümlich | Volkslied

mín qíng
民 情
Lebensverhältnisse des Volkes

míng
名

♥ ***Subst.* Name:**

míng dān
名 单
Namenliste

xìng míng
姓 名
Name

zhōng guó rén tōng cháng xìng zài
中 国 人 通 常 姓 在
qián míng zài hòu
前，名 在 后。
Bei chinesischen Namen steht normalerweise der Familienname vor dem Vornamen.

♥ ***Adj.* berühmt; bekannt:**

míng rén　míng huà
名 人 | 名 画
berühmte Persönlichkeit | Meisterwerk

tā shì yī wèi míng zuò jiā
他 是 一 位 名 作 家。
Er ist ein bekannter Schriftsteller.

♥ ***Subst.*** **Ruf; Ruhm:**

míng qì | míng shēng zài wài
名 气 | 名 声 在 外
Ruf | einen guten Ruf haben

míng 明

♥ ***Adj.*** **hell:**

míng liàng | míng yuè
明 亮 | 明 月
hell | heller Mond

jiē shàng dào chù dēng huǒ tōng míng
街 上 到 处 灯 火 通 明。
Überall auf der Straße ist es hell erleuchtet.

♥ ***Adj.*** **klar; deutlich:**

shuō míng | jiǎn míng
说 明 | 简 明
erklären | klipp und klar

zhè yàng shuō wǒ jiù míng bai le
这 样 说 我 就 明 白 了。
Bei solcher Erklärung ist mir ganz klar.

♥ ***Adj.*** **nächst (von jetzt an):**

míng chūn | míng nián
明 春 | 明 年
nächster Frühling | nächstes Jahr

míng tiān wǒ jiù qù shàng hǎi le
明 天 我 就 去 上 海 了。
Morgen fahre ich nach Shanghai.

mò 没

♥ ***V.*** **sinken:**

bǎ tóu mò rù shuǐ zhōng
把 头 没 入 水 中
den Kopf ins Wasser sinken lassen

♥ *V.* **überschwemmen; überfluten:**

shuǐ hěn shēn dōu mò le fáng le
水很深，都没了房了。
Das Wasser ist so hoch und hat die Häuser überflutet.

hé biān de cǎo gāo de mò le rén
河边的草高得没了人。
Das Gras am Fluss wächst so hoch, dass man sich darin verstecken könnte.

s. méi S. 219

mǔ
母

♥ ***Subst.* Mutter; Mama:**

mǔ zǐ | mǔ ài
母子 | 母爱
Mutter und Sohn | Mutterliebe

tā mǔ qīn hé tā yī qǐ xué zhōng wén
他母亲和他一起学中文。
Seine Mutter lernt mit ihm zusammen Chinesisch.

♥ ***Subst.* Anrede für eine ältere Frau:**

zǔ mǔ | gū mǔ
祖母 | 姑母
Großmutter | Tante

zǔ mǔ yī zhí hěn téng ài wǒ
祖母一直很疼爱我。
Meine Großmutter liebt und verwöhnt mich sehr.

♥ ***Adj.* weibliche (Tiere):**

mǔ niú
母牛
Kuh

mǔ jī xià dàn
母鸡下蛋。
Hennen legen Eier.

mù
木

♥ ***Subst.* Baum:**

shù mù　guǒ mù
树 木 | 果 木
Baum | Obstbaum

♥ ***Subst.* Holz; Bauholz:**

mù cái　mù liào
木 材 | 木 料
Holz | Bauholz

zhè xiē zhuō zi shì yòng mù tou zuò de
这些桌子是用木头做的。
Die Tische sind aus Holz gebaut.

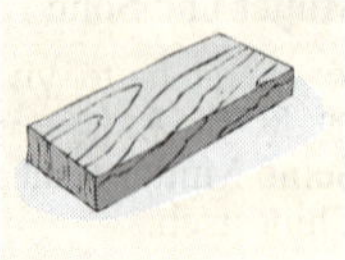

mù
木
Holz

mù
目

♥ ***Subst.* Auge:**

mù guāng　zhù mù
目 光 | 注 目
Sicht | den Blick auf etw. richten

mù shì qián fāng
目视前方
nach vorne blicken

♥ ***Subst.* Bezeichnung; Titel:**

tí mù　míng mù
题 目 | 名 目
Titel | Bezeichnung

zhè dào tí mù hěn jiǎn dān
这道题目很简单。
Diese Übungsaufgabe ist sehr einfach.

♥ ***Subst.* Katalog; Verzeichnis:**

diàn shì jié mù
电 视 节 目
Fernsehprogramm

shū mù
书 目
Bibliographie

diàn shì jié mù hěn hǎo kàn
电 视 节 目 很 好 看。
Das Fernsehprogramm ist sehr gut.

ná 拿

♥ ***V.* fassen; greifen:**

ná zǒu | ná lái
拿走 | 拿来
wegnehmen | etw. an sich nehmen

tā shǒu lǐ ná zhe yī běn shū
他手里拿着一本书。
Er hält ein Buch in der Hand.

nǎ 哪

♥ ***Pron.* Fragewort: welche; wo; wohin:**

nǎ wèi | nǎ lǐ
哪位 | 哪里
welche | wo

běi jīng nǎr zuì hǎo wánr
北京哪儿最好玩儿?
Was ist am interessantesten in Beijing?

nà 那

♥ ***Pron.* Hinweis auf eine Person oder Sache:**

nà lǐ | nà biān
那里 | 那边
dort | da

qǐng wèn nà gè rén shì shéi
请问那个人是谁?
Wer ist der Mann da?

nǎi 奶

♥ ***Subst.* Milch; Milchprodukt:**

yáng nǎi | chī nǎi
羊奶 | 吃奶
Schafmilch | an der Brust saugen

hē niú nǎi hǎo chù hěn duō
喝牛奶好处很多。
Milchtrinken hat viele Vorteile.

♥ ***Subst.* Oma; Großmutter:**

nǎi nai
奶 奶
Großmutter

jīn tiān tā qù nǎi nai jiā le
今 天 他去 奶 奶 家了。
Er ist heute zur Großmutter gegangen.

tā nǎi nai jīn nián 90 suì le
他 奶 奶 今年 90 岁了。
Seine Großmutter ist 90 Jahre alt.

nán
男

♥ ***Adj.* männlich:**

nán rén | nán xìng
男 人 | 男 性
Mann | männliches Geschlecht

tā de nán péng you shì zhōng guó rén
她的 男 朋 友 是 中 国 人。
Ihr Freund ist ein Chinese.

nán
男
Mann

nán
南

♥ ***Subst.* Süden:**

nán biān
南 边
Süden

dōng nán xī běi
东 南 西 北
Osten und Westen, Norden und Süden

guǎng zhōu zài zhōng guó de nán fāng
广 州 在 中 国 的 南 方。
Guangzhou liegt in Südchina.

nán
难 (難)

♥ *Adj.* schwer; schwierig:

nán bàn
难 办
schwer zu erledigen

nán zuò
难 做
schwer zu tun

zhè gè tí mù yǒu diǎnr nán
这 个 题 目 有 点儿 难。
Diese Aufgabe ist ein bisschen schwer.

♥ *Adj.* schlechtes Gefühl:

nán kàn | nán tīng
难 看 | 难 听
nicht schön | unangenehm klingen

tā zuò de cài hěn nán chī
他 做 的 菜 很 难 吃。
Er kocht schlecht.

♥ *V.* erschweren:

wéi nán
为 难
sich verlegen fühlen

zhè gè tí mù bǎ wǒ nán zhù le
这 个 题 目 把 我 难 住 了。
Diese Frage hat mich in Bedrängnis gebracht.

nǎo
脑 (腦)

♥ *Subst.* Gehirn:

nǎo lì | nǎo zhī
脑 力 | 脑 汁
Geist | Hirn

tā de nǎo zi fǎn yìng hěn kuài
他的 脑 子反 应 很 快。
Er reagiert blitzschnell.

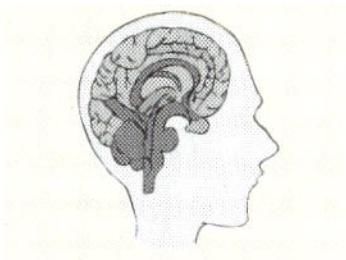

nǎo
脑
Gehirn

ne
呢

♥ **am Ende eines Frage- oder Aussagesatzes verwendet, um den Tonfall zu betonen:**

zěn me zhè me duō rén ne
怎 么 这 么 多 人 呢?
Warum gibt es hier so viele Leute?

tā zhèng zhǔn bèi kǎo shì ne
他 正 准 备 考 试 呢。
Er bereitet sich gerade auf eine Prüfung vor.

nèi
内

♥ ***Subst.* innen:**

guó nèi | nèi bù
国 内 | 内 部
Inland | intern

shì nèi wēn dù zài 23 dù zuǒ yòu
室 内 温 度 在 23 度 左 右。
Die Raumtemperatur beträgt ca. 23°C.

néng
能

♥ ***Subst.* Fähigkeit; Können:**

jì néng | běn néng
技 能 | 本 能
Fähigkeit | Instinkt

tā hěn néng gàn
他 很 能 干。
Er ist sehr tüchtig.

tā biǎo xiàn cái néng de jī huì lái le
他 表 现 才 能 的 机 会 来 了。
Das ist eine Gelegenheit für ihn, sein Talent zu zeigen.

♥ ***V.* können; fähig sein:**

tā néng zuò zhè jiàn shì
他能做这件事。
Er ist qualifiziert für diese Aufgabe.

xiǎo dì di néng zǒu lù le
小弟弟能走路了。
Das kleine Kind kann schon gehen.

nǐ 你

♥ ***Pron.* du:**

nǐ hǎo
你好！
Guten Tag!

nǐ qù ba wǒ bù qù
你去吧，我不去。
Geh du doch, ich gehe nicht.

nián 年

♥ ***Subst.* Jahr:**

yī nián | jīn nián
一年 | 今年
ein Jahr | dieses Jahr

qù nián | míng nián
去年 | 明年
letztes Jahr | nächstes Jahr

tā men sān nián méi jiàn miàn le
他们三年没见面了。
Sie haben sich drei Jahre nicht gesehen.

♥ ***Subst.* Festtag; das Frühlingsfest in China:**

bài nián
拜年
jmdm. zum Neujahr gratulieren

guò nián
过年
das Frühlingsfest feiern

zhù nǐ xīn nián kuài lè
祝你新年快乐!
Frohes Neujahr!

niáng
娘

♥ ***Subst.* Mama; Mutter:**

diē niáng
爹娘
Vater und Mutter

niáng jia
娘家
das Elternhaus einer verheirateten Frau

wǒ mā ma de niáng jia zài běi jīng
我妈妈的娘家在北京。
Das Elternhaus meiner Mutter liegt in Beijing.

♥ ***Subst.* Anrede für eine Frau älterer Generation oder für eine ältere verheiratete Frau:**

dà niáng qǐng wèn nín qù nǎr
大娘,请问您去哪儿?
Tante, wo möchten Sie denn hingehen?

♥ ***Subst.* junge Frau:**

gū niang | xīn niáng
姑娘 | 新娘
Mädchen | Braut

xiǎo gū niang hěn kě ài
小姑娘很可爱。
Das Mädchen ist sehr niedlich.

xīn niáng hěn piào liang
新娘很漂亮。
Die Braut ist sehr hübsch.

niǎo
鸟
(鳥)

♥ ***Subst.* Vogel:**

fēi niǎo
飞 鸟
fliegender Vogel

niǎo yǔ huā xiāng
鸟 语 花 香
die Vögel zwitschern und die Blumen duften

wǒ jiā yǎng le 6 zhī xiǎo niǎo
我 家 养 了6 只 小 鸟。
Zuhause habe ich sechs Vögel.

niǎo
鸟
Vogel

nín
您

♥ ***Pron.* Sie (höfliche Anrede von 你):**

nín hǎo
您 好!
Guten Tag!

xiè xiè nín
谢 谢 您!
Danke Ihnen!

hěn gāo xìng zài zhè lǐ jiàn dào nín
很 高 兴 在 这里见 到 您。
Es freut mich, Sie hier zu sehen.

niú
牛

♥ ***Subst.* Rind:**

fàng niú
放 牛
Rinder auf die Weide treiben

niú máo | niú ròu
牛 毛 | 牛 肉
Ochsenhaar | Rindfleisch

tā jiā yǒu 30 tóu niú
他家 有 30 头 牛。
Zuhause hat er 30 Rinder.

niú
牛
Rind

nóng
农
(農)

♥ ***Subst.* Landwirtschaft; Ackerbau:**

nóng cūn
农 村
ländliche Gebiete

nóng yào
农 药
Pestizid

nóng zuò wù zhǎng de hěn hǎo
农 作 物 长 得 很 好。
Das Getreide gedeiht sehr gut.

♥ ***Subst.* Bauer:**

lǎo nóng | nóng jiā
老 农 | 农 家
alter Bauer | Bauernfamilie

wǒ bà ba shì gè nóng mín
我爸爸是个 农 民。
Mein Vater ist ein Bauer.

nǚ
女

♥ ***Adj.* weiblich:**

nǚ rén
女人
Frau

nǚ xué sheng
女 学 生
Studentin

	dà jiā dōu xǐ huan zhè wèi nǚ jiào shī 大家都喜欢这位女教师。 Alle mögen die Lehrerin.
	♥ ***Subst.* Tochter:**
	ér nǚ 儿女 Söhne und Töchter
	zǐ nǚ 子女 Kinder
	tā yǒu yī gè ér zi hé yī gè nǚ ér 他有一个儿子和一个女儿。 Er hat einen Sohn und eine Tochter.
nuǎn 暖	♥ ***Adj.* warm:**
	nuǎn qì | wēn nuǎn 暖气 | 温暖 Heizung | warm
	tiān qì biàn nuǎn le 天气变暖了。 Es ist warm geworden.

O

ōu

欧

(歐)

♥ ***Subst.* Europa:**

xī ōu | dōng ōu

西欧 | 东欧

Westeuropa | Osteuropa

yīng guó zài ōu zhōu

英国在欧洲。

England liegt in Europa.

P

pá 爬

♥ ***V.* kriechen:**

pá dòng | pá xíng
爬动 | 爬行
kriechen | kriechen

zhè xiǎo háir cái jǐ gè yuè jiù huì pá le
这小孩儿才几个月就会爬了。
Das Baby ist erst einige Monate alt und kann schon krabbeln.

♥ ***V.* nach oben gelangen; steigen:**

pá shān | pá shù
爬山 | 爬树
auf einen Berg steigen | auf einen Baum klettern

xīng qī liù wǒ men qù pá shān
星期六我们去爬山。
Am Samstag gehen wir bergsteigen.

♥ ***V.* aufstehen:**

tiān yī liàng tā jiù pá qǐ lái le
天一亮，他就爬起来了。
Sobald es hell geworden ist, steht er auf.

pà 怕

♥ ***V.* sich fürchten; Angst haben:**

pà rén
怕人
vor Fremden Angst haben

pà shì
怕事
vor Unannehmlichkeiten Angst haben

tā yǒu diǎn pà shēng rén
她有点怕生人。
Sie hat vor Fremden Angst.

♥ ***V.* sich um jmdn./etw. sorgen:**

wǒ pà tā wàng le
我怕他忘了。
Ich befürchte, dass er es vergessen hat.

pái
排

♥ ***V.* aufreihen:**

pái zuò wèi
排座位
Stühle in Reihen stellen

dà jiā pái duì děng gōng gòng qì chē
大家排队等公共汽车。
Alle stehen in einer Schlange und warten auf den Bus.

♥ ***Subst.* Reihe:**

qián pái
前排
vordere Reihe

dì wǔ pái
第五排
die 5. Reihe

tā zuò zài hòu pái
他坐在后排。
Er sitzt in einer der hinteren Reihen.

pán
盘
(盤)

♥ ***Subst.* Teller:**

pán zi | chá pán
盘子 | 茶盘
Teller | Teeblatt

guǒ pán lǐ bǎi mǎn le shuǐ guǒ
果盘里摆满了水果。
Der Teller ist voll von Obst.

páng
旁

♥ ***Subst.* neben; abseits:**

páng biān | lù páng
旁 边 | 路 旁
an der Seite | neben der Straße

zhuō zi páng yǒu gè xiǎo yǐ zi
桌子旁有个小椅子。
Neben dem Tisch steht ein kleiner Stuhl.

pàng
胖

♥ ***Adj.* dick:**

pàng zi
胖子
Dicke(r)

tā pàng le xǔ duō
他胖了许多。
Er ist viel dicker geworden.

zhè gè xiǎo háir zhǎng pàng le
这个小孩儿长胖了。
Das Kind ist fett geworden.

pàng
胖
dick

pǎo
跑

♥ ***V.* laufen; rennen:**

cháng pǎo | pǎo bù
长 跑 | 跑 步
Dauerlauf | laufen

tā pǎo de hěn kuài
他跑得很快。
Er läuft sehr schnell.

♥ *V.* **fliehen; entkommen:**

táo pǎo
逃 跑
fliehen

bié ràng tā pǎo le
别 让 他 跑 了。
Lasst ihn nicht entkommen.

♥ *V.* **sich verflüchtigen:**

pǎo diàn
跑 电
Stromverlust

pǎo yóu
跑 油
Ölverlust

zì xíng chē yǒu diǎnr pǎo qì
自 行 车 有 点儿 跑 气。
Die Fahrradreifen sind nicht dicht.

péng 朋

♥ ***Subst.*** **Freund:**

péng you
朋 友
Freund

xiǎo wáng shì wǒ de hǎo péng you
小 王 是 我 的 好 朋 友。
Xiao Wang ist mein guter Freund.

pèng 碰

♥ *V.* **anstoßen; umstoßen:**

pèng bēi
碰 杯
anstoßen

māo bǎ huā píng pèng dǎo le
猫 把 花 瓶 碰 倒 了。
Die Katze hat die Vase umgestoßen.

♥ *V.* **treffen; begegnen:**

pèng miàn
碰 面
sich treffen

pèng jiàn
碰 见
jmdm. begegnen

wǒ zài běi jīng pèng dào tā le
我 在 北 京 碰 到 他 了。
Ich habe ihn in Beijing getroffen.

pí 皮

♥ ***Subst.* die äußerste Schicht des Körpers von Tieren und Pflanzen:**

pí máo | shù pí | niú pí
皮 毛 | 树 皮 | 牛 皮
Pelz | Baumrinde | Rindsleder

♥ ***Subst.* die bearbeitete Haut von Tieren:**

pí xié | pí bāo
皮 鞋 | 皮 包
Lederschuh | Ledermappe

tā chuān zhe yī jiàn pí dà yī
他 穿 着 一 件 皮 大 衣。
Er zieht einen Pelzmantel an.

pí 啤

♥ ***Subst.* Bier:**

pí jiǔ dù
啤 酒 肚
Bierbauch

pí jiǔ huā
啤 酒 花
Hopfen

zhè zhǒng pí jiǔ wèi dao hěn hǎo
这 种 啤 酒 味 道 很 好。
Dieses Bier schmeckt sehr gut.

pián
便

♥ ***Adj.* billig:**

pián yi huò
便 宜 货
billige Waren

zhè gè chāo shì de dōng xi zhēn pián yi
这 个 超 市 的 东 西 真 便 宜。
In diesem Supermarkt kann man billig einkaufen.

s. biàn S. 17

piàn
片

♥ ***Subst.* flaches, dünnes Stück:**

chàng piàn | míng xìn piàn
唱 片 | 明 信 片
Schallplatte | Postkarte

zhè shì nǐ de zhào piàn
这 是 你 的 照 片。
Das sind deine Fotos.

♥ ***Adj.* Fragmentarisch; kurz und bündig:**

piàn kè | piàn miàn
片 刻 | 片 面
Augenblick | einseitig

zhī yán piàn yǔ
只 言 片 语
Textfragment

piāo
漂

♥ ***V.* schwimmen; treiben:**

piāo liú | piāo yí
漂 流 | 漂 移
sich vom Wasser treiben lassen | Verschiebung

yī fu piāo zài shuǐ miàn shàng
衣服漂在水面上。
Die Jacke schwimmt im Wasser.

s. piào S. 246

piào
票

♥ ***Subst.*** **Fahrkarte; Briefmarke:**

chē piào | yóu piào
车票 | 邮票
Fahrkarte *f* | Briefmarke *f*

wǒ yào mǎi gōng jiāo yuè piào
我要买公交月票。
Ich möchte eine Monatsfahrkarte kaufen.

piào
漂

♥ ***Adj.*** **gutaussehend; schön:**

piào liang
漂亮
schön

tā zhǎng de hěn piào liang
她长得很漂亮。
Sie ist wunderschön.

nǐ de zì xiě de zhēn piào liang
你的字写得真漂亮。
Du hast eine schöne Handschrift.

s. piāo S. 245

pǐn
品

♥ ***Subst.*** **Gegenstand; Sache:**

shāng pǐn | yàng pǐn
商品 | 样品
Ware | Musterstück

zhōng guó zhòng shì shí pǐn ān quán gōng zuò
中国重视食品安全工作。
China liegt viel Wert auf die Sicherheitskontrolle der Lebensmittel.

♥ ***Subst.* Sorte von Waren; Klasse:**

shàng pǐn | jīng pǐn
上 品 | 精 品
erstklassig | von bester Qualität

shāng chǎng lǐ de dōng xi pǐn zhǒng hěn duō
商 场 里 的 东 西 品 种 很 多。
Im Geschäft gibt es zahlreiche Waren zur Auswahl.

♥ ***V.* abschmecken; kosten; probieren:**

pǐn chá | pǐn wèi
品 茶 | 品 味
Tee kosten | abschmecken

nǐ lái pǐn yī pǐn zhè dào cài
你 来 品 一 品 这 道 菜。
Probiere mal dieses Gericht.

píng
平

♥ ***V.* eben, flach:**

píng dì
平 地
ebenes Gelände

zhè tiáo lù hěn píng zǒu zhe hěn shū fu
这 条 路 很 平，走 着 很 舒 服。
Dieser Weg ist eben und gemütlich zu gehen.

♥ ***Adj.* gleichmäßig; gerecht:**

píng fēn | gōng píng
平 分 | 公 平
etw. gleichmäßig teilen | gerecht

nán nǚ píng děng
男 女 平 等
Männer und Frauen sind gleichberechtigt.

♥ ***Adj.* ruhig; mild:**

píng hé
平 和
mild

xīn píng qì hé
心 平 气 和
ruhig und gelassen

zhù nǐ yī lù píng ān
祝 你 一 路 平 安。
Glückliche Reise!

♥ ***Adj.* allgemein; gewöhnlich:**

píng cháng
平 常
gewöhnlich

píng mín
平 民
Zivilbevölkerung

tā píng shí xǐ huan chàng gē tiào wǔ
他 平 时 喜 欢 唱 歌 跳 舞。
Im Allgemeinen mag er singen und tanzen.

píng
苹
(蘋)

♥ ***Subst.* Apfel:**

píng guǒ
苹 果
Apfel

wǒ ài chī píng guǒ
我 爱 吃 苹 果。
Ich esse gern Äpfel.

píng
瓶

♥ ***Subst.* Falsche; Vase:**

pí jiǔ píng | kāi shuǐ píng
啤酒瓶 | 开水瓶
Bierflasche | Thermosflasche

huā píng lǐ yǒu xǔ duō huā
花瓶里有许多花。
In der Vase gibt es viele Blumen.

píng
瓶
Flasche

pò
破

♥ ***Adj.* gebrochen; kaputt:**

wà zi pò le
袜子破了。
Die Socken sind kaputt.

bēi zi diào zài dì shàng shuāi pò le
杯子掉在地上摔破了。
Die Tasse ist heruntergefallen und zerbrochen.

♥ ***V.* überschreiten; zerschlagen:**

pò gé
破格
eine Ausnahme machen

pò jì lù
破纪录
einen Rekord brechen

tā yòu yī cì dǎ pò le shì jiè jì lù
他又一次打破了世界纪录。
Er hat wieder einmal den Weltrekord gebrochen.

Q

qī
七

♥ ***Num.* sieben:**

qī tiān | qī rén
七天 | 七人
sieben Tage | sieben Personen

wǔ jiā èr děng yú qī
五加二等于七。
Fünf plus zwei ist sieben.

qī
期

♥ ***Subst.* bestimmter Zeitraum:**

jià qī
假期
Ferien

xué qī
学期
Semester

tā yī xué qī yǒu 8 mén kè
他一学期有8门课。
In jedem Semester besucht er 8 Kurse.

♥ ***Subst.* Frist:**

guò qī | dìng qī
过期 | 定期
überfällig sein | regelmäßig

rú qī wán chéng rèn wù
如期完成任务
eine Aufgabe termingemäß erfüllen

♥ ***V.* erwarten; hoffen:**

qī wàng | qī qiú
期望 | 期求
erwarten | erhoffen

wǒ men qī dài zhe nǐ de zǎo rì huí lái
我 们 期 待 着 你的 早 日 回 来。
Wir erwarten deine schnelle Rückkehr.

qí
齐
(齊)

♥ ***Adj.* ordentlich:**

zhěng qí
整 齐
ordentlich

xué sheng men zhàn de hěn zhěng qí
学 生 们 站 得 很 整 齐。
Die Studenten stehen in Reih und Glied.

♥ ***Adj.* vollzählig; komplett:**

qí quán | qí bèi
齐 全 | 齐 备
vollständig | komplett

tóng xué men dōu lái qí le
同 学 们 都 来 齐 了。
Die Studenten sind alle da.

qí
奇

♥ ***Adj.* außergewöhnlich; seltsam:**

qí wén | qí shì
奇 闻 | 奇 事
merkwürdige Begebenheit | seltsame Geschichte

tā jué de zhè jiàn shì hěn qí guài
他 觉 得 这 件 事 很 奇 怪。
Er findet dieses Ereignis sehr seltsam.

qí
骑
(騎)

♥ ***V.* reiten; Fahrrad fahren.:**

qí chē | qí mǎ
骑 车 | 骑 马
Fahrradfahren | auf einem Pferd reiten

tā měi tiān qí zì xíng chē shàng bān
他 每 天 骑 自 行 车 上 班。
Er fährt täglich mit dem Fahrrad zur Arbeit.

qǐ
起

V. aufstehen:

qǐ chuáng | qǐ lì
起床 | 起立
aufstehen | aufstehen

tā měi tiān 6 diǎn qǐ chuáng
他每天6点起床。
Er steht täglich um 6 Uhr auf.

V. entstehen:

qǐ huǒ
起火
Ein Brand bricht aus.

qǐ fēng le
起风了。
Ein Wind ist aufgekommen.

tā de qián qī yán jiū kāi shǐ qǐ zuò yòng le
他的前期研究开始起作用了。
Seine früheren Forschungen wirken sich aus.

V. anfangen:

qǐ fēi
起飞
abfliegen

qǐ pǎo
起跑
Start

cóng jīn tiān qǐ nǐ zuì hǎo měi tiān hē yī bēi niú nǎi
从今天起，你最好每天喝一杯牛奶。
Von heute an trinkst du besser täglich ein Glas Milch.

qì 气 (氣)

♥ ***Subst.* Gas:**

kōng qì | tiān rán qì
空气 | 天然气
Luft | Erdgas

♥ ***Subst.* Klima; Wetter:**

tiān qì | qì xiàng
天气 | 气象
Wetter | Wetterkunde; Meteorologie

jīn tiān tiān qì hěn hǎo
今天天气很好。
Das Wetter heute ist sehr gut.

♥ ***Subst.* Geruch:**

xiāng qì
香气
Duft

xiāng shuǐ de qì wèi hěn hǎo wén
香水的气味很好闻。
Das Parfüm riecht gut.

♥ ***V.* ärgern; erzürnen:**

qì rén
气人
jmdn. in Rage bringen

tā bèi qì kū le
她被气哭了。
Sie hat vor Zorn geschrien.

qì 汽

♥ ***Subst.* heiße Feuchtigkeit, die von Festkörpern oder Flüssigkeiten entsteht:**

qì shuǐ | qì yóu
汽水 | 汽油
Limonade | Benzin

tā kāi qì chē qù lā huò
他开汽车去拉货。
Er transportiert mit dem Fahrzeug Güter.

qiǎ 卡

♥ ***Subst.* eingezwängt werden; steckenbleiben:**

dǎ yìn jī qiǎ zhǐ le
打印机卡纸了。
Das Papier ist im Drucker steckengeblieben.

♥ ***Subst.* Gegenstände, die Dinge zusammendrücken:**

fà qiǎ | qiǎ zi
发卡 | 卡子
Haarspange | Ledergürtelknopf

♥ ***Subst.* Zollstation; Kontrollstelle:**

guān qiǎ
关卡
Zollstation

s. kǎ auf S. 171

qiān 千

♥ ***Num.* Tausend:**

qiān kè | qiān mǐ
千克 | 千米
Kilogramm | Kilometer

zhè kuài shí tou yǒu 1000 duō jīn
这块石头有1000多斤。
Der Stein ist mehr als tausend Kilogramm schwer.

qián 前

♥ ***Subst.* davor; vorn:**

qián tou | qián pái
前头 | 前排
vorn | vordere Reihen

tā zuò zài qián pái
他坐在前排。
Er nimmt in einer der ersten Reihen Platz.

qián biān yǒu yī tiáo hé
前边有一条河。
Vorne gibt es einen Fluss.

♥ ***Adj.* vorher; ehemalig:**

cóng qián　yǐ qián
从 前 | 以 前
früher | ehemalig

qián jǐ nián tā hái shì yī gè xiǎo háir
前几年他还是一个小孩儿。
Damals war er noch ein Kind.

♥ ***Subst.* zukünftig; künftig:**

qián jǐng　qián chéng
前 景 | 前 程
Vordergrund | Zukunft

yào cháo qián kàn bù yào guāng kàn
要朝前看，不要光看
xiàn zài
现在。
Man soll in die Zukunft und nicht in die Vergangenheit blicken.

qián 钱 (錢)

♥ ***Subst.* Geld:**

qián bāo　qián cái
钱 包 | 钱 财
Portemonnaie | Geld

tā hěn yǒu qián
他很有钱。
Er ist sehr reich.

qiǎn 浅 (淺)

♥ ***Adj.* flach, seicht:**

qiǎn shuǐ
浅 水
seichtes Wasser

shēn qiǎn
深 浅
Tiefe

zhè tiáo hé hěn qiǎn
这条河很浅。
Dieser Fluss ist sehr flach.

♥ ***Adj.* einfach; leicht:**

zhè běn zì diǎn hěn qiǎn shì hé gāng
这本字典很浅，适合刚
xué xí hàn yǔ de rén
学习汉语的人。
Das Wörterbuch ist leichtverständlich und ist für Chinesisch-Anfänger geeignet.

---

qiáo
桥
(橋)

♥ ***Subst.* Brücke:**

dà qiáo | tiān qiáo
大桥 | 天桥
Brücke | Fußgängerüberführung

qiáo shàng zhàn zhe yī gè rén
桥上站着一个人。
Auf der Brücke steht ein Mensch.

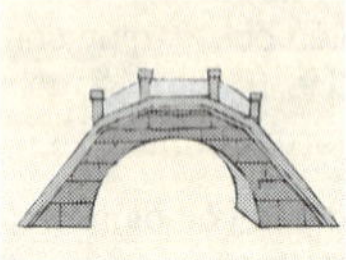

qiáo
桥
Brücke

---

qiē
切

♥ ***V.* schneiden:**

qiē chú | qiē ròu
切除 | 切肉
herausschneiden | Fleisch zerschneiden

nǐ lái qiē cài
你来切菜。
Komm und schneid doch das Gemüse.

s. qiè auf S. 257

qiè
切

♥ *V.* **entsprechen:**

qiè hé
切 合
sehr gut passen

nǐ de xiǎng fǎ yǒu diǎnr bù qiè shí jì
你的 想 法 有 点儿 不 切 实际。
Deine Ideen sind beinahe unrealistisch.

♥ *Adj.* **eng; nah:**

mì qiè | qīn qiè
密 切 | 亲 切
eng | freundlich

tā kàn qǐ lái hěn qīn qiè
他 看 起来 很 亲 切。
Er sieht ganz freundlich aus.

♥ *Adj.* **dringend:**

jí qiè | pò qiè
急切 | 迫 切
dringlich | eilig

tā huí jiā xīn qiè
他 回 家 心 切。
Er hat Heimweh.

♥ *Adv.* **unbedingt:**

qiè jì
切记
stets an etw. denken

qiè bù kě dà yì
切不 可 大意。
Man darf auf keinen Fall nachlässig sein.

s. qiē auf S. 256

qīn 亲 (親)	♥ *Subst.* **Eltern:**
	fù qīn　mǔ qīn 父亲 ｜ 母亲 Vater ｜ Mutter
	wǒ de fù mǔ qīn dōu shì nóng mín 我的父母亲都是农民。 Meine Eltern sind Bauern.
	♥ *Adj.* **intim; vertraut:**
	qīn rè　qīn ài 亲热 ｜ 亲爱 warmherzig ｜ lieb
	qīn jìn dà zì rán 亲近大自然 eng mit der Natur verbinden
	♥ *Adv.* **persönlich; eigen:**
	qīn shēn 亲身 am eigenen Leib
	zhè shì tā de qīn shēn jīng lì 这是他的亲身经历。 Das ist sein eigenes Erlebnis.
	♥ *Subst.* **Verwandte:**
	tā men liǎng jiā shì qīn qi 他们两家是亲戚。 Die beiden Familien sind miteinander verwandt.
qīng 青	♥ *Subst.* **blau oder grün:**
	qīng cǎo　qīng cài 青草 ｜ 青菜 grünes Gras ｜ grünes Gemüse

qīng shān lǜ shuǐ
青 山 绿 水
grüne Berge und blaues Wasser

♥ ***Adj.* jung:**

qīng nián | qīng nián gōng rén
青 年 | 青 年 工 人
Jugend | junger Arbeiter

qīng
轻
(輕)

♥ ***Adj.* leicht:**

qīng biàn
轻 便
leicht und bequem

shū bāo hěn qīng
书 包 很 轻。
Die Schultasche ist sehr leicht.

♥ ***Adj.* wenig:**

nián jì qīng | rèn wù qīng
年 纪 轻 | 任 务 轻
jung | mit wenig Aufgaben

♥ ***Adj.* entspannt:**

qīng sōng
轻 松
entspannt

dǎ wán qiú tā jué de yī shēn qīng
打 完 球,他 觉 得 一 身 轻。
Nach dem Basketballspielen fühlt er sich entspannt.

♥ ***V.* etw. für unwichtig halten; verachten:**

qīng shì
轻 视
geringschätzen

tǐ yù bǐ sài zhōng bù yào qīng shì
体育比赛 中，不 要 轻 视
rèn hé duì shǒu
任 何 对 手。
Im Wettkampf darf man keine Gegner geringschätzen.

♥ ***Adv.* leise:**

shēng yīn qīng yī diǎnr
声 音 轻 一 点儿！
Sei bitte leise!

qīng

清

♥ ***Adj.* sauber:**

qīng shuǐ
清 水
reines Wasser

hé lǐ de shuǐ hěn qīng
河里的 水 很 清。
Das Wasser im Fluss ist sauber.

♥ ***Adj.* klar; deutlich:**

fēn qīng
分 清
unterscheiden

yú tài duō le gēn běn jiù shǔ bù qīng
鱼太 多 了，根 本 就 数 不 清。
Es gibt so viele Fische, dass man sie kaum zählen kann.

♥ ***V.* begleichen:**

jié qīng | qīng zhàng
结 清 | 清 账
begleichen | die Rechnung begleichen

zhàng jié qīng cái kě lí kāi fàn diàn
账 结 清 才 可离开 饭 店。
Erst nach der Abrechnung darf man das Hotel verlassen.

♥ *V.* **Inventur machen; sortieren und zählen:**

qīng diǎn
清 点
sortieren und zählen

qīng diǎn xíng li hé rén shù
清 点 行 李和 人 数
das Reisegepäck Stück für Stück nachzählen und die Personen abzählen

qíng 情

♥ ***Subst.*** **Gefühl; Emotion:**

rè qíng | ài qíng
热情 | 爱情
Begeisterung | Liebe

wǒ wú fǎ yòng yǔ yán biǎo dá wǒ cǐ kè de xīn qíng
我无法用语言表达我此刻的心情。
Ich kann meine Gefühle nicht mit Worten beschreiben.

♥ ***Subst.*** **Zustand; Situation:**

shí qíng | qíng jǐng
实情 | 情景
Wahrheit | Szene

nà biān de qíng kuàng zěn me yàng
那边的情况怎么样?
Wie ist die Situation dort?

♥ ***Subst.*** **Vernunft; Verstand:**

cháng qíng | qíng lǐ
常情 | 情理
Verstand | Vernunft

tā de huà hé qíng hé lǐ
他的 话 合 情 合理。
Seine Worte sind völlig richtig.

qǐng
请
(請)

♥ *V.* **um etw. bitten:**

qǐng jià
请 假
sich entschuldigen lassen

qǐng jiào
请 教
um Rat fragen

qǐng kè
请 客
jmdn. einladen

wǒ xiǎng qǐng nǐ bāng gè máng
我 想 请 你 帮 个 忙。
Ich bitte dich um Hilfe.

♥ *V.* **höflich um etw. bitten:**

qǐng liú bù
请 留步。
Sparen Sie sich bitte den Weg!

qǐng zuò
请 坐。
Bitte nehmen Sie Platz!

qiū
秋

♥ ***Subst.*** **Herbst:**

qiū jì
秋季
Herbst

chūn xià qiū dōng
春 夏 秋 冬
Frühling und Sommer, Herbst und Winter

qiū tiān lái le
秋天来了。
Der Herbst kommt.

qiú 求

♥ *V.* **bitten; flehen:**

qiú jiào
求教
sich bei jmdm. Rat holen

qiú zhù
求助
um Hilfe bitten

qiú nín bāng wǒ zuò yī jiàn shì
求您帮我做一件事。
Darf ich Sie um einen Gefallen bitten?

♥ *V.* **sich um etw. bemühen:**

yāo qiú
要求
sollen

yāo qiú dà jiā 5 diǎn qián dào nà lǐ
要求大家5点前到那里。
Alle sollten vor 5 Uhr erscheinen.

♥ ***Subst.*** **Nachfrage:**

xū qiú
需求
Bedarf

zhè zhǒng chǎn pǐn xū qiú hěn dà
这种产品需求很大。
Nach diesem Produkt gibt es eine große Nachfrage.

♥ *V.* **streben; nachforschen; suchen;**

lì qiú | xún qiú
力求 | 寻求
sich nach Kräften einsetzen | suchen

zhuī qiú
追 求
streben

qiú
球

♥ ***Subst.* kugelförmiger Gegenstand:**

yǎn qiú | xuě qiú | qì qiú
眼 球 | 雪 球 | 气 球
Augapfel | Schneeball | Luftballon

♥ ***Subst.* Ball:**

pái qiú | zú qiú
排 球 | 足 球
Volleyball | Fußball

lán qiú
篮 球
Basketball

tā xǐ huan dǎ wǎng qiú
他喜欢打网球。
Er spielt gern Tennis.

qiú
球
Ball

♥ ***Subst.* Erde:**

quán qiú
全 球
global

dōng bàn qiú
东 半 球
östliche Hemisphäre

♥ *Subst.* **Ballspiele:**

wǒ zuó wǎn kàn le yī chǎng zú qiú sài
我昨晚看了一场足球赛。
Gestern abend habe ich bei einem Fußballspiel zugeschaut.

qū
区
(區)

♥ *Subst.* **Unterschied; Einteilung:**

qū fēn | qū bié
区分 | 区别
unterscheiden | differenzieren

zhè liǎng gè cí yǒu shén me qū bié
这两个词有什么区别?
Was ist der Unterschied zwischen diesen beiden Wörtern?

♥ *Subst.* **Gebiet; Gegend:**

chéng qū | shān qū
城区 | 山区
Stadtgebiet | Bergland

gōng yè qū
工业区
Industriegebiet

♥ *Subst.* **regionale Verwaltungseinheit:**

tè qū
特区
Sonderzone

zì zhì qū
自治区
autonomes Gebiet

qǔ
取

♥ *V.* **holen:**

lǐng qǔ
领取
abholen

qǔ xíng li
取 行 李
Gepäck holen

qù yín háng qǔ qián
去 银 行 取 钱
Geld von der Bank abheben

♥ **V. erlangen; bekommen:**

huò qǔ | qǔ nuǎn
获 取 | 取 暖
bekommen | sich wärmen

tā zhè xué qī qǔ dé le bù xiǎo de jìn bù
他 这 学 期 取 得 了 不 小 的 进 步。
Er hat in diesem Semester große Fortschritte gemacht.

♥ **V. auswählen; aussuchen:**

xuǎn qǔ
选 取
auswählen

gěi xiǎo háir qǔ míng zi
给 小 孩儿 取 名 字
dem Kind einen Namen geben

qù
去

♥ **V. gehen; gelangen:**

qù shàng hǎi
去 上 海
nach Shanghai fahren

qù shì chǎng shàng mǎi dà mǐ
去 市 场 上 买 大 米
zum Markt gehen, um Reis zu kaufen

♥ ***Adj.* früher:**

wǒ men qù nián dào de zhōng guó
我 们 去 年 到 的 中 国。
Letztes Jahr waren wir in China.

♥ *V.* **abschaffen; beseitigen:**

qù diào
去 掉
abschaffen

qù pí
去皮
schälen

zhè jù huà qù jǐ gè zì jiù jiǎn jié le
这句 话 去几个字就 简 洁了。
Der Satz wird klar und deutlich, wenn man einige Wörter weglässt.

quán
全

♥ ***Adj.*** **vollständig; komplett:**

qí quán
齐 全
komplett

zhè lǐ de wù pǐn hěn quán
这里的 物 品 很 全。
Hier sind reichliche Waren anzubieten.

♥ ***Adj.*** **ganz; gesamt:**

quán miàn
全 面
umfassend

quán shì jiè
全 世 界
die ganze Welt

quán qiú jīng jì fēi sù fā zhǎn
全 球 经 济飞 速 发 展。
Weltweit entwicklt sich die Wirtschaft sehr schnell.

♥ ***Adv.*** **alle:**

tā men quán qù yóu yǒng le
他 们 全 去 游 泳 了。
Sie gehen alle schwimmen.

	tóng xué men quán lái le 同学们全来了。 Die Studenten sind alle da.
què 确 (確)	♥ ***Adj.* entschlossen; konsequent:**
	què dìng 确定 festlegen
	tā què xìn zì jǐ yī dìng huì qǔ shèng 他确信自己一定会取胜。 Er ist fest vom eigenen Erfolg überzeugt.
	♥ ***Adj.* tatsächlich; wirklich:**
	zhèng què | zhǔn què 正确 | 准确 richtig | genau
	què yǒu qí shì 确有其事。 Das ist eine Tatsache.

rán

然

♥ ***Adj.* richtig; korrekt:**

tā duì cǐ shì bù yǐ wéi rán
他对此事不以为然。
Er kümmert sich nicht um diese Augelegenheit.

♥ ***Subst.* so:**

bù jìn rán
不尽然
nicht ganz so

zhī qí rán bù zhī qí suǒ yǐ rán
知其然，不知其所以然
nur wissen, dass es so ist, aber nicht, warum

♥ **am Ende mancher Wörter verwendet, um den Zustand von Dingen oder Bewegungen zu beschreiben:**

xiǎn rán
显然
offensichtlich

tā tū rán xiào le qǐ lái
他突然笑了起来。
Plötzlich lacht er.

ràng

让

(讓)

♥ ***V.* jmdm. etw. überlassen:**

lǐ ràng　tuī ràng
礼让 | 推让
jmdm. den Vortritt lassen | etw. dankend ablehnen

tā zhǔ dòng gěi lǎo rén ràng zuò
他主动给老人让座。
Er bietet freiwillig dem Alten seinen eigenen Platz an.

♥ ***V.* ausweichen; vermeiden:**

tuì ràng　ràng lù
退让 | 让路
nachgeben | den Weg freigeben

qǐng ràng kāi diǎnr
请让开点儿。
Bitte zurücktreten!

♥ ***V.* jmdm./etw. überlassen:**

chū ràng　zhuǎn ràng
出让 | 转让
verkaufen | überlassen

tā bǎ fáng zi zhuǎn ràng gěi dì di le
他把房子转让给弟弟了。
Er hat seinem jüngeren Bruder die Wohnung überlassen.

♥ ***V.* lassen:**

ràng nín jiǔ děng le
让您久等了。
Ich habe Sie lange warten lassen.

ràng wǒ hǎo hǎo xiǎng xiǎng
让我好好想想。
Lass mich mal überlegen.

♥ ***Präp.* im Passivsatz, um die passive Form des Verbs zu beschreiben:**

gǎo zi ràng xiǎo gǒu gǎo luàn le
稿子让小狗搞乱了。
Der Hund macht das Manuskript durcheinander.

xíng li ràng yǔ lín le
行李让雨淋了。
Das Gepäck ist nass vom Regen.

rè

热

(熱)

♥ ***Adj.* heiß:**

rè shuǐ
热 水
heißes Wasser

jīn tiān tiān qì hěn rè
今 天 天 气 很 热。
Heute ist es sehr heiß.

♥ ***Adj.* aufwärmen:**

rè yī rè cài
热一热菜
Gerichte aufwärmen

qǐng bǎ fàn rè yī xiàr
请 把 饭 热一下儿。
Bitte wärm mal das Essen auf.

♥ ***Adj.* leidenschaftlich:**

qīn rè
亲 热
liebevoll

rè qíng
热 情
leidenschaftlich

rè ài zǔ guó
热爱祖 国
das Vaterland innig lieben

♥ ***Adj.* belebt; florierend:**

rè nao
热 闹
lebhaft

jiào shì lǐ lì kè rè nao le qǐ lái
教 室里立刻热 闹 了起来。
Im Klassenzimmer ging es lebhaft zu.

♥ ***Adj.* anziehend:**

rè mén
热 门
populär

rè diǎn wèn tí
热 点 问 题
vieldiskutiertes Thema

♥ ***Subst.* populäre Erscheinung:**

lǚ yóu rè | zú qiú rè
旅 游 热 | 足 球 热
Urlaubssaison | Fußballfieber

rén
人

♥ ***Subst.* Mensch:**

nǚ rén | rén lèi
女 人 | 人 类
Frau | Menschheit

wǒ men bān yǒu 40 rén
我 们 班 有 40 人。
Es gibt 40 Schüler in unserer Klasse.

♥ ***Subst.* Beschäftigte(r):**

gōng rén | jūn rén
工 人 | 军 人
Arbeiter | Soldat

kè rén lái le
客 人 来 了。
Die Gäste sind gekommen.

♥ ***Subst.* die Anderen:**

shě jǐ jiù rén
舍己救人
sich für andere aufopfern

zhù rén wéi lè
助 人 为 乐
den anderen gerne helfen

♥ ***Subst.* jeder; alle:**

rén shǒu yī běn
人手一本
Jeder hat ein Exemplar in der Hand.

rén suǒ gòng zhī
人所共知
allgemein bekannt

rèn
认
(認)

♥ ***V.* erkennen; identifizieren:**

rèn de | rèn lǐng
认得 | 认领
kennen | reklamieren und abholen

wǒ men rèn shi duō nián le
我们认识多年了。
Wir kennen uns seit langem.

♥ ***V.* anerkennen; eingestehen zugeben:**

fǒu rèn | rèn kě
否认 | 认可
verneinen | genehmigen

rèn cuò
认错
einen Fehler eingestehen

♥ ***V.* sich abfinden:**

zhè jiàn shì wǒ rèn le
这件事我认了。
Das akzeptiere ich.

rèn
任

♥ ***V.* tragen; etw. auf sich nehmen:**

rèn zhí | rèn jiào
任职 | 任教
ein Amt bekleiden | als Lehrer tätig sein

tā gāng bèi rèn mìng wéi xiào zhǎng
他 刚 被 任 命 为 校 长。
Er ist gerade zum Rektor der Universität ernannt worden.

♥ ***V.* vertrauen; verlassen:**

xìn rèn
信 任
sich auf jmdn. verlassen

wǒ men dōu hěn xìn rèn tā
我 们 都 很 信 任 他。
Wir verlassen uns alle auf ihn.

♥ ***V.* jmdm. etw. durchgehen lassen; jmdm. freie Hand lassen:**

rèn xìng | fàng rèn
任 性 | 放 任
eigensinnig | jmdn. gewähren lassen

tā zài fā rèn yì qiú
他 在 发 任 意 球。
Er macht einen freien Schuss.

rì
日

♥ ***Subst.* Sonne:**

rì shí | rì guāng
日 食 | 日 光
Sonnenfinsternis | Sonnenstrahl

rì chū rì luò
日 出 日 落
Sonnenaufgang und Sonnenuntergang

♥ ***Subst.* Tag:**

rì lì
日 历
Kalender

yī nián yǒu 365 rì
一年有365日。
Ein Jahr hat 365 Tage.

♥ ***Subst.* bestimmter Tag oder bestimmte Zeit:**

jié rì
节日
Feiertag

míng tiān shì tā de shēng rì
明天是他的生日。
Morgen hat er Geburtstag.

róng 容

♥ ***Subst.* Aussehen; Gesichtsausdruck :**

měi róng
美容
Kosmetik

xiào róng
笑容
lächelndes Gesicht

zhěng róng
整容
Schönheitsoperation

♥ ***Subst.* fassen; enthalten:**

róng liàng | róng qì
容量 | 容器
Kapazität | Behälter

zhè gè lǐ táng néng róng yī wàn rén
这个礼堂能容一万人。
Dieser Saal kann zehntausend Personen fassen.

ròu
肉

♥ ***Subst.*** **Fleisch:**

ròu tǐ yáng ròu
肉体 | 羊肉
Körper | Hammelfleisch

tā xǐ huan chī niú ròu
他喜欢吃牛肉。
Er isst gern Rindfleisch.

♥ ***Subst.*** **Fruchtfleisch:**

guǒ ròu hěn xīn xiān
果肉很新鲜。
Das Fruchtfleisch ist ganz frisch.

rú
如

♥ ***Konj.*** **wenn; falls:**

rú guǒ nǐ bù qù wǒ yě bù qù
如果你不去,我也不去。
Wenn du nicht gehst, gehe ich auch nicht.

♥ ***V.*** **entsprechend; gemäß:**

rú yì rú yuàn
如意 | 如愿
dem Wunsch entsprechen | einen Wunsch erfüllen

tā rú qī wán chéng le zhè xiàng rèn wù
他如期完成了这项任务。
Er hat die Aufgabe termingemäß erfüllt.

♥ ***V.*** **ein Beispiel nennen:**

shān shàng yǒu hěn duō dòng wù rú niú yáng mǎ děng
山上有很多动物,如牛、羊、马等。
Auf dem Berg gibt es viele Tiere, wie zum Beispiel Rinder, Ziegen und Pferde.

rù

入

♥ ***V.* hineingehen:**

jìn rù | rù kǒu
进入 | 入口
eintreten | Eingang

tā yǐ jing rù mén le
他已经入门了。
Er kennt schon die Anfangsgründe.

♥ ***V.* teilnehmen:**

rù huì
入会
einem Verband beitreten

tā míng tiān cān jiā rù xué kǎo shì
他明天参加入学考试。
Er nimmt morgen an der Aufnahmeprüfung teil.

sài 赛 (賽)

♥ *V.* **Wettspiel *n*; Wettkampf *m*:**

bǐ sài | sài pǎo
比赛 | 赛跑
Wettkampf | Wettlauf

sài mǎ
赛马
Pferderennen

♥ ***Subst.* Spiel:**

zú qiú sài
足球赛
Fußballspiel

wǒ zuó tiān kàn le yī chǎng wǎng qiú sài
我昨天看了一场网球赛。
Gestern habe ich ein Tennisspiel gesehen.

sān 三

♥ ***Num.* drei:**

sān tiān
三天
drei Tage

wǔ jiǎn èr děng yú sān
五减二等于三。
Fünf minus zwei ist drei.

♥ ***Num.* immer wieder; mehrmals:**

zài sān
再三
immer wieder

yī ér zài zài ér sān
一而再，再而三
immer wiederholt

sǎn

散

♥ ***Adj.* lose:**

sōng sǎn
松 散
locker

nǐ de tóu fà sǎn le
你 的 头 发 散 了。
Deine Haarzöpfe sind locker geworden.

♥ ***Adj.* verstreut; auseinander:**

líng sǎn
零 散
verstreut

sǎn zhuāng táng
散 装 糖
unverpackte Süßigkeiten

s. sàn S. 279

sàn

散

♥ ***V.* auflösen; trennen:**

sàn huì
散 会
Sitzung schließen

diàn yǐng sàn chǎng le
电 影 散 场 了。
Der Film geht zu Ende und die Zuschauer zerstreuen sich.

♥ ***V.* ausstreuen; verbreiten:**

sàn fā
散 发
etw.von sich geben

xiān huā sàn fā chū xiāng wèir
鲜 花 散 发 出 香 味儿。
Die Blumen verströmen Duft aus.

♥ *V.* **sich ablenken; vertreiben:**

tā chū qu sàn xīn le
他出去散心了。
Er ist ausgegangen, um sich die Langeweile zu vertreiben.

s. sǎn S. 279

sè 色

♥ ***Subst.*** **Farbe:**

huáng sè | hóng sè
黄色 | 红色
gelb | rot

wǔ yán liù sè de huā zhēn hǎo kàn
五颜六色的花真好看。
Bunte Blumen sind wunderschön.

♥ ***Subst.*** **Gesichtsausdruck:**

shén sè | liǎn sè
神色 | 脸色
Miene | Gesichtsausdruck

miàn dài xǐ sè
面带喜色
vor Freude strahlen

♥ ***Subst.*** **Anblick; Szene:**

jǐng sè | yè sè
景色 | 夜色
Landschaft | nächtliches Dämmerlicht

zhè lǐ de jǐng sè zhēn měi
这里的景色真美。
Die Landschaft hier ist schön.

shā 沙

♥ ***Subst.*** **Sand:**

shā zi | shā tǔ
沙子 | 沙土
Sand | Sanderde

♥ ***Adj.* heiser:**

shā yǎ
沙 哑
heiser

tā de shēng yīn shā le
他的 声 音 沙 了。
Er hat eine heisere Stimme.

shà
厦

♥ ***Subst.* großes Gebäude; Hochhaus:**

gāo lóu dà shà
高 楼 大 厦
Hochhäuser

shān
山

♥ ***Subst.* Berg:**

gāo shān | shān qū
高 山 | 山 区
hohes Gebirge | Gebirgsgegend

yī zuò dà shān
一 座 大 山
ein großes Gebirge

shān
山
Berg

shàn
扇

♥ ***Subst.* Fächer:**

shàn zi | diàn shàn
扇 子 | 电 扇
Fächer | Ventilator

qǐng bǎ fēng shàn dǎ kāi
请 把 风 扇 打 开。
Bitte mach den Ventilator an.

shàn zi
扇子
Fächer

shāng
伤
(傷)

♥ ***V.* verletzen; schädigen:**

shāng gǎn qíng
伤 感 情
jmds. Gefühle verletzen

shāng hài
伤 害
schaden

shāng nǎo zi
伤 脑 子
den Kopf zerbrechen

♥ ***Subst.* Verletzung; Wunde oder verletzte Dinge:**

shāng kǒu
伤 口
Wunde

tā shēn shàng yǒu shāng
他 身 上 有 伤。
Er hat viele Wunden am Körper.

tā de shāng hǎo le
他 的 伤 好 了。
Seine Wunde ist gut verheilt.

♥ ***Adj.* traurig; besorgt:**

shāng gǎn
伤 感
traurig

shāng xīn
伤 心
schmerzlich

shāng

商

♥ *V.* **diskutieren; besprechen:**

shāng tán	shāng yì
商谈	商议
besprechen	beraten

wǒ yǒu shì yào hé nǐ shāng liang yī xiàr

我有事要和你商量一下儿。

Ich habe etwas mit dir zu besprechen.

♥ ***Subst.*** **Geschäft; Handel:**

jīng shāng

经商

Handel treiben

shāng rén

商人

Geschäftsmann

tā kāi le sān jiā shāng diàn

他开了三家商店。

Er hat drei Geschäfte eröffnet.

♥ ***Subst.*** **Quotient:**

shí chú yǐ wǔ de shāng wéi èr

十除以五的商为二。

Divident zehn geteilt durch Divisor fünf ist Quotient zwei.

shǎng

上

♥ ***Subst.*** **varianter Ton des Zeichens 上** (shàng)

shǎng shēng

上声

dritter der vier Töne der chinesischen Standardaussprache

nǐ shì yī gè shǎng shēng zì

“你”是一个上声字。

Das Schriftzeichen 你 ist ein Wort mit dem dritten Ton.

s. shàng S. 284

shàng

上

♥ ***Subst.* oben:**

shàng miàn | wǎng shàng
上面 | 往上
oben | nach oben

qǐng wǎng shàng kàn
请往上看。
Bitte sehen Sie nach oben.

♥ ***V.* nach oben gehen; steigen:**

shàng lóu
上楼
nach oben gehen

shàng tái jiē
上台阶
die Treppe hinaufgehen

shàng shān
上山
in die Berge gehen

♥ ***V.* gehen; fahren:**

shàng jiē
上街
auf die Straße gehen

nǐ shàng nǎr
你上哪儿?
Wo gehst du denn hin?

♥ ***Subst.* vorhergehend:**

shàng cì | shàng bàn nián
上次 | 上半年
letztes Mal | die erste Hälfte des Jahres

wèi yú cháng jiāng shàng yóu
位于长江上游
im Oberlauf des Yangtze liegen

♥ ***V.* zu einer festgesetzten Zeit mit etw. beschäftigt sein:**

shàng bān
上 班
zur Arbeit gehen

shàng kè
上 课
zum Unterricht gehen

wǒ shàng xué qù le
我 上 学 去 了。
Ich gehe zur Schule.

♥ ***Subst.* am Ende eines Substantivs Verwendet, um die Stellung oder den Zustand zu beschreiben:**

lù shàng | xīn shàng
路 上 | 心 上
auf dem Weg | im Herzen

chē shàng yǒu sān gè rén
车 上 有 三 个 人。
Im Auto sitzen drei Leute.

s. shǎng S. 283

shāo 烧 (燒)

♥ ***V.* erhitzen, kochen:**

shāo shuǐ
烧 水
Wasser kochen

wǒ lái shāo kāi shuǐ
我 来 烧 开 水。
Ich koche das Wasser.

♥ ***V.* Fieber:**

gāo shāo
高 烧
hohes Fieber

tā yǐ jing tuì shāo le
他 已 经 退 烧 了。
Sein Fieber fällt schon.

shǎo 少

♥ ***Adj.* wenig:**

wǒ men bān nán shēng bǐ nǚ shēng shǎo
我们班男生比女生少。
Es gibt weniger Studenten als Studentinnen in unserer Klasse.

ài zǎo shang yùn dòng de rén zhēn bù shǎo
爱早上运动的人真不少。
Morgens treiben viele Leute gerne Sport.

♥ ***V.* fehlen; mangeln; ohne:**

wǒ men bān shǎo le tā jiù bù rè nao le
我们班少了他就不热闹了。
Ohne ihn geht es im Klassenzimmer nicht so lebhaft zu.

s. shào S. 286

shào 少

♥ ***Adj.* jung:**

shào nǚ | shào nián
少女 | 少年
junge Frau | Jugendliche

nán nǚ lǎo shào
男女老少
alt und jung, Mann und Frau

tā bǐ wǒ nián shào
他比我年少。
Er ist jünger als ich.

s. shǎo S. 286

shào
绍
(紹)

♥ ***V.* vorstellen:**

jiè shào
介 绍
vorstellen

wǒ gěi nǐ jiè shào yī gè péng you
我 给 你 介 绍 一 个 朋 友。
Lass mich einen Freund vorstellen.

shě
舍
(捨)

♥ ***V.* aufgeben; verlassen:**

shě de
舍 得
etw. gerne geben

shě jǐ wèi rén
舍 己 为 人
sich für die anderen aufopfern

tā cóng lái shě bù de luàn huā yī fēn qián
他 从 来 舍 不 得 乱 花 一 分 钱。
Es geht ihm immer gegen den Strich, auch nur einen Pfennig unnütz auszugeben.

s. shè S. 288

shè
社

♥ ***Subst.* Organisation; Institution:**

bào shè
报 社
Zeitungsverlag

lǚ xíng shè
旅 行 社
Reisebüro

tā zài bào shè shàng bān
他 在 报 社 上 班。
Er arbeitet bei einem Zeitungsverlag.

shè

舍

♥ ***Subst.* Haus; Wohnsitz:**

xiào shè
校 舍
Schulhaus

wǒ de sù shè lí zhèr hěn jìn
我 的 宿 舍 离 这儿 很 近。
Mein Wohnheim ist nicht weit von hier.

s. shě S. 287

shéi

谁

(誰)

♥ ***Pron.* wer:**

shéi lái le
谁 来 了?
Wer ist gekommen?

tā shì shéi ya
他 是 谁 呀?
Wer ist er?

♥ ***Pron.* jeder:**

shéi lái le dōu yào rè qíng jiē dài
谁 来了, 都 要 热 情 接 待。
Hier wird jeder herzlich empfangen.

shéi xiān zuò wán shéi jiù zǒu
谁 先 做 完 谁 就 走。
Wer zuerst damit fertig ist, der geht auch zuerst weg.

s. shuí S. 315

shēn

申

♥ ***V.* erläutern; erklären:**

shēn qǐng | chóng shēn
申 请 | 重 申
einen Antrag stellen | bekräftigen

shēn bàn yùn dòng huì
申 办 运 动 会
sich um die Ausrichtung eines Sportfestes bewerben

shēn 身

♥ ***Subst.* Körper; Leib:**

shēn cái | shēn zi
身材 | 身子
Gestalt | Körper

tā shēn gāo 1.80 mǐ
他身高1.80米。
Er ist 1, 80 Meter groß.

♥ ***Subst.* Hauptbestandteil; Stamm:**

chuán shēn | chē shēn
船身 | 车身
Schiffsrumpf | Karosserie

jī shēn
机身
Flugzeugrumpf

shēn 参 (參)

♥ ***Subst.* Ginseng:**

rén shēn
人参
Ginseng

s. cān S. 24

shēn 深

♥ ***Adj.* tief:**

shēn qiǎn
深浅
Tiefe

zhè tiáo hé hěn shēn
这条河很深。
Der Fluss ist sehr tief.

♥ ***Adj.* dunkel; schwer zu verstehen:**

yóu qiǎn rù shēn
由浅入深
von der Oberfläche in die Tiefe eindringen

	zhè běn shū hěn shēn wǒ kàn 这 本 书 很 深，我 看 bù dǒng 不 懂。 Für mich ist das Buch zu schwer zu verstehen.
	♥ ***Adj.*** **innig; intim:**
	tā men shì lǎo péng you guān xi 他 们 是 老 朋 友，关 系 hěn shēn 很 深。 Sie sind seit langem befreundet und steht in einem engen Verhältnis.
shén 什	♥ ***Pron.*** **was:**
	zhè shì shén me 这 是 什 么？ Was ist das?
	nǐ yǒu shén me shì 你 有 什 么 事？ Was hast du vor?
	nín yào diǎnr shén me 您 要 点儿 什 么？ Was darf ich Ihnen denn anbieten?
shén 神	♥ ***Subst.*** **Gottheit:**
	shén huà 神 话 Mythos
	shén yī 神 医 Wunderarzt
	wú shén lùn 无 神 论 Atheismus

♥ ***Subst.* Geist; Aufmerksamkeit:**

jīng shen　shén jīng
精　神 | 神　经
Geist | Nerv

tā shàng kè lǎo shì zǒu shénr
他　上　课 老　是　走　神儿。
Er kann sich nie auf den Unterricht konzentrieren.

shēng
升

♥ ***V.* steigen; sich aufwärts bewegen:**

shēng qí
升　旗
eine Fahne hissen

tài yáng shēng qǐ lái le
太　阳　升　起 来 了。
Die Sonne geht auf.

shēng
生

♥ ***V.* gebären:**

shēng hái zi
生　孩　子
ein Kind gebären

tā shēng yú běi jīng
他　生　于 北　京。
Er wurde in Beijing geboren.

♥ ***V.* bekommen; sich etw. zuziehen; herstellen:**

shēng bìng
生　病
krank sein

shēng huǒ zuò fàn
生　火　做　饭
Feuer machen und Essen kochen

♥ ***Adj.* fremd; unbekannt:**

shēng rén　shēng cí
生　人 | 生　词
Fremde | fremdes Wort

rén shēng dì bù shú
人生地不熟
weder Land noch Leute kennen

♥ ***Subst.* Leben:**

shēng wù | shēng mìng
生物 | 生命
Lebewesen | Leben

♥ ***Adj.* roh; ungekocht:**

shēng ròu | shēng jī dàn
生肉 | 生鸡蛋
rohes Fleisch | rohes Ei

zhè fàn hái shì shēng de
这饭还是生的。
Der Reis ist noch nicht gar.

♥ ***Subst.* Schüler; Student; Lernende:**

xué sheng | nán xué sheng
学生 | 男学生
Schüler | Student

tā shì yī míng liú xué shēng
他是一名留学生。
Er ist ein ausländischer Student.

shēng
声
(聲)

♥ ***Subst.* Stimme:**

gē shēng | shēng diào
歌声 | 声调
Gesang | Ton

xiǎo shēng shuō huà
小声说话
Sprich bitte leise.

♥ ***Subst.* Ton:**

qù shēng
去 声
fallender Ton

shǎng shēng
上 声
dritter der vier Töne der chinesischen Standardaussprache

shěng
省

♥ ***V.* sparen:**

shěng qián
省 钱
Geld sparen

shěng shì
省 事
sich Mühe sparen

zhè yàng zuò kě yǐ shěng diǎnr
这 样 做 可 以 省 点儿
shí jiān
时 间。
Damit sparen wir viel Zeit.

♥ ***V.* ersparen; auslassen:**

shěng xiě
省 写
sich einen Teil vom Text ersparen

zhè jù huà kě yǐ shěng diào
这 句 话 可 以 省 掉。
Diesen Satz darf man weglassen.

♥ ***Subst.* Provinz:**

shěng huì | shěng chéng
省 会 | 省 城
Provinzhauptstadt | Provinzhauptstadt

tā shì guǎng dōng shěng rén
他是广东省人。
Er stammt aus der Provinz Guangdong.

s. xǐng S. 388

shèng
剩

♥ *V.* **übrigbleiben:**

shèng cài | shèng fàn
剩菜 | 剩饭
Speiserest | Speiserest

jiào shì lǐ zhǐ shèng tā yī gè rén le
教室里只剩他一个人了。
Nur er allein ist im Klassenzimmer geblieben.

wǒ men bǎ qián huā de yī fēn méi shèng
我们把钱花得一分没剩。
Wir haben all unseres Geld ausgegeben, nichts ist übriggeblieben.

shī
师
(師)

♥ ***Subst.*** **Lehrer; Meister:**

lǎo shī | shī fu
老师 | 师傅
Lehrer | Meister

tā shì wǒ men de hàn yǔ lǎo shī
她是我们的汉语老师。
Sie ist unsere Chinesischlehrerin.

♥ ***Subst.*** **Spezialist:**

gōng chéng shī | yuán yì shī
工程师 | 园艺师
Ingenieur | Gärtner

tā shì yī gè lǐ fà shī
他是一个理发师。
Er ist Friseur.

♥ ***Subst.* respektvolle Anredeform für Schüler des gleichen Meisters:**

shī mèi | shī jiě
师妹 | 师姐
jüngere Studienkollegin | ältere Studienkollegin

tā shì wǒ de shī dì
他是我的师弟。
Er ist mein jüngerer Studienkollege.

shí
十

♥ ***Num.* zehn:**

shí gè rén | shí tiān
十个人 | 十天
zehn Leute | zehn Tage

qī jiā sān děng yú shí
七加三等于十。
Sieben plus drei ist gleich zehn.

♥ ***Adj.* oberst, höchst:**

shí zú
十足
hundertprozentig; völlig

shí quán shí měi
十全十美
zur höchsten Vollkommenheit gelangen

tā zuò rèn hé shì dōu shí fēn rèn zhēn
他做任何事都十分认真。
Er ist immer äußerst fleißig und sorgfältig.

shí
石

♥ ***Subst.* Stein:**

shí yóu | shí lín
石油 | 石林
Petroleum | Felsenwald

tā zuò zài yī kuài shí tou shàng
他坐在一块石头上。
Er sitzt auf einem Stein.

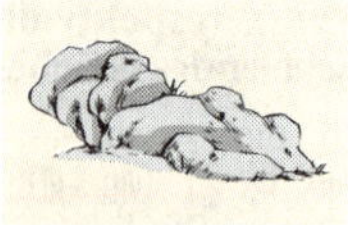

shí tou
石头
Stein

shí
时
(時)

♥ ***Subst.* Zeit; Jahre:**

shí chā | shí zhōng
时差 | 时钟
Zeitdifferenz | Uhr

shí dài
时代
Zeitalter

♥ ***Subst.* Stunde:**

shàng wǔ bā shí
上午八时
um 8 Uhr vormittags

yī tiān yǒu 24 gè xiǎo shí
一天有24个小时。
Ein Tag hat 24 Stunden.

♥ ***Subst.* Zeitraum; Zeitpunkt:**

àn shí
按时
rechtzeitig

tā měi tiān zhǔn shí shàng bān
他每天准时上班。
Jeden Tag kommt er pünktlich zur Arbeit.

♥ ***Adj.* jetzig; gegenwärtig:**

shí xià | shí zhèng
时下 | 时政
im Augenblick | aktuelle politische Ereignisse

shí shì xīn wén
时事新闻
aktuelle Nachrichten

shí

识

(識)

♥ *V.* **wissen; kennen:**

shí zì
识 字
lesen und schreiben können

shí huò
识 货
ein Kennerauge für etw. haben

tā men yǐ xiāng shí bā nián le
他 们 已 相 识 八 年 了。
Sie kennen sich schon seit acht Jahren.

♥ *Subst.* **Wissen; Kenntnis:**

xué shí
学 识
Bildung und Kenntnisse

wǒ men dōu yīng gāi liǎo jiě yī xiē
我 们 都 应 该 了 解 一 些
cháng shí
常 识。
Wir sollten uns mit manchen Elementarkenntnissen vertraut machen.

shí

实

(實)

♥ *Adj.* **massiv; nicht hohl:**

nà gè qiú shì shí xīn de
那 个 球 是 实 心 的。
Die Kugel ist massiv.

♥ *Subst.* **Praxis; Realität:**

shì shí
事 实
Realität *f*

shí huà shí shuō
实 话 实 说
kein Blatt vor den Mund nehmen

tā shì yī gè lǎo shi rén
他是一个老实人。
Er ist ein ehrlicher Mensch.

♥ ***Subst.* Frucht; Samen:**

zhè kē shù jié le hěn duō guǒ shí
这棵树结了很多果实。
Der Baum trägt viele Früchte.

shí
食

♥ ***Subst.* Nahrung:**

zhǔ shí | líng shí
主食 | 零食
Hauptnahrungsmittel | Snack

tā xǐ huan chī miàn shí
他喜欢吃面食。
Er isst gern Mehlspeisen.

♥ ***Subst.* Ort, wo man essen kann:**

tā zài shí táng chī fàn
他在食堂吃饭。
Er isst in der Kantine.

♥ ***Adj.* essbare Dinge:**

shí wù
食物
Nahrung

shí yòng yóu
食用油
Speiseöl

zhè lǐ de shí pǐn hěn duō
这里的食品很多。
Hier gibt es reichliche Nahrungsmittel.

shǐ
史

♥ ***Subst.* Geschichte:**

shǐ liào
史料
historische Materialien

shì jiè shǐ
世界史
Weltgeschichte

tā xǐ huan kàn lì shǐ shū
他喜欢看历史书。
Er liest gern historische Bücher.

shǐ
使

♥ ***V.* anwenden; verwenden:**

shǐ yòng
使用
verwenden

shǐ lì qi
使力气
seine Kraft einsetzen

tā bù tài huì shǐ yòng kuài zi
他不太会使用筷子。
Er benutzt die Essstäbchen nicht gut.

♥ ***V.* lassen; bewirken:**

zhè yàng zuò shǐ tā yǒu xiē wéi nán
这样做使他有些为难。
Das bringt ihn in Verlegenheit.

♥ ***Subst.* Botschafter; Gesandter:**

dà shǐ | tè shǐ
大使 | 特使
Botschafter | Sonderbeauftragter

gōng shǐ
公使
Gesandter

shǐ
始

♥ ***V.* beginnen; anfangen:**

qiān lǐ zhī xíng shǐ yú zú xià
千里之行，始于足下。
Eine Reise von tausend Meilen beginnt mit dem ersten Schritt.

	tā cái gāng kāi shǐ xué hàn yǔ 他 才 刚 开 始 学 汉 语。 Er hat gerade angefangen, Chinesisch zu lernen.
shì 士	♥ ***Subst.* Fachkräfte auf bestimmten Gebieten:**
	yuàn shì 院 士 Akademiemitglied
	tā shì yī míng hù shi 她 是 一 名 护 士。 Sie ist Krankenschwester.
	♥ ***Subst.* Höflichkeitsform:**
	nán shì 男 士 Herr
	nǚ shì yōu xiān 女 士 优 先。 Damen zuerst.
	♥ ***Subst.* akademischer Titel:**
	xué shì 学 士 Bachelor
	tā shì gè bó shì 他 是 个 博 士。 Er hat einen Doktortitel.
shì 示	♥ ***V.* jmdm. etw. zeigen, um etw. verständlich zu machen:**
	biǎo shì tí shì 表 示 | 提 示 zeigen | hinweisen
	qǐng chū shì yī xiàr nín de zhèng jiàn 请 出 示 一下儿 您 的 证 件。 Bitte zeigen Sie Ihren Ausweis vor.

shì 世

♥ ***Subst.* Welt; Gesellschaft:**

shì shàng | shì jiè hé píng
世上 | 世界和平
auf der Welt | Weltfrieden

tā jiàn guo shì miàn
他见过世面。
Er hat viel von der Welt gesehen.

♥ ***Subst.* Leben:**

jīn shì | lái shì
今世 | 来世
dieses Leben | das nächste Leben

jīn shēng jīn shì
今生今世
ein Leben lang

♥ ***Subst.* Ära; Zeit; Epoche:**

shì dài
世代
Generation für Generation

yíng jiē xīn shì jì
迎接新世纪
das neue Jahrhundert begrüßen

shì 市

♥ ***Subst.* Stadt:**

shì mín | chéng shì
市民 | 城市
Bürger | Stadt

běi jīng shì gè dà dū shì
北京是个大都市。
Beijing ist eine Metropole.

♥ ***Subst.* Markt:**

chāo shì
超市
Supermarkt

wǒ qù shì chǎng mǎi diǎnr ròu
我去市场买点儿肉。
Ich gehe zum Markt und kaufe etwas Fleisch.

♥ ***Subst.* Verwaltungsgebiet:**

běi jīng shì | shàng hǎi shì
北京市 | 上海市
die Stadt Beijing | die Stadt Shanghai

shì
事

♥ ***Subst.* Sache:**

hǎo shì | huài shì
好事 | 坏事
gute Sache | schlechte Sache

nǐ lái de zhèng hǎo wǒ zhǎo nǐ yǒu diǎnr shìr
你来得正好，我找你有点儿事儿。
Du kommst gerade rechtzeitig, ich habe gerade etwas mit dir zu besprechen.

♥ ***Subst.* Unglück; Unfall:**

chū shì le
出事了
einen Unfall haben

píng ān wú shì
平安无事
Alles verläuft ohne Zwischenfälle.

shì
试
(試)

♥ ***V.* probieren; testen; versuchen:**

shì háng
试航
Probefahrt

shì yòng
试用
probieren

wǒ shì guo hěn duō fāng fǎ
我试过很多方法。
Ich habe alles mögliche versucht.

♥ ***Subst.* Prüfung:**

bǐ shì　kǒu shì
笔试 | 口试
schriftliche Prüfung | mündliche Prüfung

zhè dào shì tí hěn jiǎn dān
这道试题很简单。
Diese Frage ist ganz einfach.

shì
视
(視)

♥ ***V.* sehen:**

zhù shì　shì lì
注视 | 视力
starren | Sehschärfe

shì ér bù jiàn
视而不见
die Augen vor etw. verschließen

♥ ***V.* betrachten; behandeln:**

qīng shì
轻视
geringschätzen

tā hěn zhòng shì zhè gè wèn tí
他很重视这个问题。
Er schenkt diesem Problem sein besonderes Augenmerk.

shì
适
(適)

♥ ***V.* geeignet sein; passen:**

shì dàng　shì hé
适当 | 适合
passend | passen

tā shì yìng le zhè lǐ de shēng huó
他适应了这里的生活。
Er hat sich an das Leben hier angepasst.

♥ ***Adj.* angemessen; gerade:**

shì zhōng
适中
angemessen

zuò cài de shí hou fàng yán yào
做 菜 的 时 候，放 盐 要
shì liàng
适 量。
Beim Kochen muss das Salz angemesssen dosiert werden.

shì

是

♥ *V.* **sein:**

tā shì yī míng liú xué shēng
他 是 一 名 留 学 生。
Er ist ein ausländischer Student.

♥ *V.* **am Ende eines Substantivs verwendet, um die Existenz auszudrücken:**

nà gè lóu jiù shì wǒ men de tú
那 个 楼 就 是 我 们 的 图
shū guǎn
书 馆。
Das Gebäude da ist unsere Bibliothek.

♥ *V.* **Einwände erheben:**

zhè gè yì jiàn hǎo shì hǎo jiù pà
这 个 意 见 好 是 好，就 怕
xǔ duō rén bù tóng yì
许 多 人 不 同 意。
Die Idee ist zwar gut, aber viele sind dagegen.

♥ *V.* **Auswahlmöglichkeit:**

qù zhōng guó nǐ shì zuò fēi jī
去 中 国，你 是 坐 飞 机
hái shì zuò huǒ chē
还 是 坐 火 车?
Fährst du mit dem Flugzeug oder mit dem Zug nach China?

♥ ***V.* betonen:**

zhè zhǒng xué xí fāng fǎ shì
这 种 学 习 方 法 是
bù cuò
不 错。
Diese Lernmethode ist ja echt gut.

♥ ***V.* zustimmen:**

shì wǒ mǎ shàng qù bàn
是，我 马 上 去 办！
Ja, ich werde das sofort erledigen!

♥ ***Adj.* richtig; wahr:**

zì yǐ wéi shì
自 以 为 是
sich für unfehlbar halten

wǒ jué de tā shuō de shì
我 觉 得 她 说 的 是。
Ich finde, dass sie recht hat.

shì

室

♥ ***Subst.* Raum; Zimmer:**

jiào shì | xiū xi shì
教 室 | 休 息 室
Klassenzimmer | Erfrischungsraum

shì wài wēn dù zài 20 dù yǐ shàng
室 外 温 度 在 20 度 以 上。
Draußen ist es über 20°C.

♥ ***Subst.* Büro; Arbeitsplatz:**

shōu fā shì
收 发 室
Annahme- und Ausgabestelle

wǒ de bàn gōng shì zài nà biān
我的办公室在那边。
Mein Büro ist dort.

shōu 收

♥ ***V.* bekommen; aufnehmen:**

shōu liú
收留
aufnehmen

shōu dào péng you jì lái de lǐ wù
收到朋友寄来的礼物
Geschenke von den Freunden erhalten

♥ ***V.* sammeln; zusammentragen:**

shōu jí
收集
sammeln

tiān yào xià yǔ le, nǐ bǎ yī fu shōu huí lái
天要下雨了，你把衣服收回来。
Es scheint zu regnen, bitte hol die Wäsche herein.

♥ ***V.* einziehen; zurücknehmen:**

shōu shuì | shōu diàn fèi
收税 | 收电费
Steuern einziehen | Stromgeld kassieren

shōu xué fèi
收学费
Studiengebühren erheben

shóu 熟

♥ ***Adj.* wie 熟（shú）, umgangssprachlich verwendet:**

s. shú S. 311

shǒu

手

♥ ***Subst.* Hand:**

shǒu zhǐ　shǒu zhǎng
手 指 | 手 掌
Finger | Handfläche

qǐng bǎ shǒu tái gāo diǎnr
请 把 手 抬 高 点儿。
Bitte heben Sie die Hände ein bisschen höher.

♥ ***Adj.* handlich:**

shǒu cè
手 册
Handbuch

tā gāng mǎi le yī gè xīn shǒu jī
他 刚 买 了 一 个 新 手 机。
Er hat gerade ein neues Handy gekauft.

♥ ***Subst.* Personen mit speziellen Fertigkeiten oder Funktionen:**

gē shǒu　néng shǒu
歌 手 | 能 手
Sänger | Meister

tā shì yī gè duō miàn shǒu
他 是 一 个 多 面 手。
Er ist eine vielseitig begabte Person.

♥ ***Subst.* Technik; Fähigkeit:**

liàng yī shǒu
亮 一 手
sich von seiner besten Seite zeigen

tā néng shāo yī shǒu hǎo cài
他 能 烧 一 手 好 菜。
Er kann sehr gut kochen.

shǒu 首

♥ ***Subst.* Haupt; Kopf:**

shǒu nǎo 首脑 | shǒu zhǎng 首长
Oberhaupt | ranghoher Offizier

♥ ***Num.* Erste:**

shǒu wèi 首位 | shǒu cì 首次
der Erste | zum ersten Mal

♥ ***Adv.* zuerst; vor allem:**

shǒu chuàng 首创
als Erster etw. tun

shǒu fā 首发
zum ersten Mal etw. veröffentlichen

shòu 受

♥ ***V.* annehmen; erhalten:**

jiē shòu 接受 | shòu chǒng 受宠
annehmen | Gunst erringen

shòu jiào yù 受教育 | jiē shòu bāng zhù 接受帮助
eine Ausbildung erhalten | Hilfe annehmen

tā shòu dào lǎo shī de biǎo yáng
他受到老师的表扬。
Der Lehrer lobt ihn.

♥ ***V.* ertragen:**

rěn shòu 忍受 | shòu bù zhù 受不住
ertragen | etw. nicht aushalten können

tiān tài rè le wǒ yǒu xiē shòu
天太热了，我有些受
bù liǎo
不了。
Es ist so heiß, dass ich es nicht aushalten kann.

shòu
售

♥ *V.* **verkaufen; absetzen:**

chū shòu | líng shòu
出售 | 零售
etw. zum Verkauf anbieten | Einzelnhandel

tā shì yī míng shòu piào yuán
他是一名售票员。
Er arbeitet als Schaffner.

shū
书
(書)

♥ ***Subst.*** **Buch:**

shū běn | shū diàn
书本 | 书店
Buch | Buchladen

yī běn xīn shū
一本新书
ein neues Buch

tā mǎi le yī gè xīn shū bāo
他买了一个新书包。
Er hat eine neue Schultasche gekauft.

♥ ***Subst.*** **Brief:**

jiā shū | shū xìn
家书 | 书信
Brief nach Hause | Schreiben

♥ ***Subst.*** **Dokument:**

zhèng shū | shēn qǐng shū
证书 | 申请书
Zertifikat | schriftlicher Antrag

shuō míng shū
说明书
Gebrauchsanweisung

♥ *V.* **schreiben:**

shū xiě
书 写
schreiben

wǒ xǐ huan zhōng guó shū fǎ
我 喜 欢 中 国 书 法。
Ich mag chinesische Kalligraphie.

shū
舒

♥ *Adj.* **bequem; angenehm:**

shū shì | shū fu
舒 适 | 舒 服
bequem | angenehm

gēn tā shuō huà ràng rén gǎn jué hěn shū fu
跟 他 说 话 让 人 感 觉 很 舒 服。
Es ist sehr angenehm, mit ihm zu reden.

♥ *V.* **strecken; entspannen:**

shū xīn
舒 心
sich wohl fühlen

tā cháng shū le yī kǒu qì
他 长 舒 了 一 口 气。
Er hat tief und langsam ausgeatmet.

shū
输
(輸)

♥ *V.* **verlieren:**

fú shū | rèn shū
服 输 | 认 输
seine Niederlage zugeben | sich besiegt geben

shū le liǎng gè qiú
输 了 两 个 球
mit zwei Toren verlieren

a shū gěi le b
A 输 给 了 B。
B hat A besiegt.

♥ *V.* **transportieren; befördern:**

shū chū | shū rù
输 出 | 输 入
ausführen | einführen

huò chē shì yī zhǒng yùn shū
货 车 是 一 种 运 输
gōng jù
工 具。
Lastkraftwagen ist ein Transportmittel.

shú
熟

♥ *Adj.* **reif; entwickelt:**

chéng shú
成 熟
reif

píng guǒ shú le
苹 果 熟 了。
Die Äpfel sind reif.

♥ *Adj.* **zubereitet:**

shú shí
熟 食
fertig zubereitete Speisen

shú de màn
熟 得 慢
Es braucht lange Zeit, bis das Essen gar ist.

fàn zuò shú le
饭 做 熟 了。
Der Reis ist gar.

♥ *Adj.* **bekannt:**

shú rén
熟 人
Bekannte

wǒ gēn tā hěn shú
我 跟 他 很 熟。
Ich kenne ihn ganz gut.

♥ ***Adj.* erfahren; geübt:**

shú liàn
熟 练
geübt

shú néng shēng qiǎo
熟 能 生 巧
Übung macht den Meister.

♥ ***Adj.* tief:**

shú shuì
熟 睡
fest schlafen

bié jiào tā tā shuì de hěn shú
别 叫 她，她 睡 得 很 熟。
Bitte weck sie nicht, sie ist eingeschlafen.

s. shóu S. 306

shǔ
数
(數)

♥ ***V.* zählen:**

shǔ shù
数 数
zählen

nǐ shǔ yī shǔ yǐ jing dào le duō
你 数 一 数 已 经 到 了 多
shǎo rén
少 人。
Zähl, wieviele Leute gekommen sind.

♥ ***V.* als etw. gelten:**

shǔ yī shǔ èr
数 一 数 二
zu den Besten zählen

wǒ men bān jiù shǔ tā hàn yǔ hǎo
我们班就数他汉语好。
Er zählt zu den allerbesten Chinesischlernern in unserer Klasse.

s. shù S. 314

shù 术 (術)

♥ ***Subst.*** **Technik; Können:**

jì shù | yì shù
技术 | 艺术
Technik | Kunst

wǒ xǐ huan měi shù
我喜欢美术。
Ich mag die bildenden Künste.

shù 树 (樹)

♥ ***Subst.*** **Baum:**

píng guǒ shù | shù mù
苹果树 | 树木
Apfelbaum | Baum

shù lín
树林
Wald

shù
树
Baum

♥ ***V.*** **bilden; setzen:**

jiàn shù
建树
Beitrag leisten

wǒ men shù lì le yuǎn dà lǐ xiǎng
我们树立了远大理想。
Wir setzen uns ein hohes Ideal.

shù 数 (數)

♥ ***Subst.* Zahl:**

rén shù | suì shu
人数 | 岁数
die Anzahl der Menschen | Alter

♥ ***Num.* mehrere; einige:**

shù cì
数次
mehrmals

shù nián
数年
einige Jahre

tā shù shí nián lái yī zhí zài xué xí hàn yǔ
他数十年来一直在学习汉语。
Er lernt Chinesisch seit mehr als zehn Jahren.

♥ ***Subst.* Term:**

fēn shù | zhěng shù
分数 | 整数
Bruchzahl | runde Zahl

zì rán shù
自然数
natürliche Zahl

s. shǔ S. 312

shuāng 双 (雙)

♥ ***Num.* zwei; beide:**

shuāng shǒu | shuāng fāng
双手 | 双方
beide Hände | beide Seiten

shuāng biān | shuāng qīn
双边 | 双亲
bilateral | Eltern

♥ ***Zähleinheitswort* Paar:**

yī shuāng xié
一 双 鞋
ein Paar Schuhe

liǎng shuāng kuài zi
两 双 筷 子
zwei Paar Essstäbchen

♥ ***Adj.* gerade:**

shuāng hào | shuāng zhōu
双 号 | 双 周
gerade Zahl | zweiwöchig

tā shuāng rì xiū xi dān rì shàng bān
他 双 日 休 息，单 日 上 班。
Er ruht sich an geraden Tagen aus und arbeitet an den ungeraden Tagen.

shuí
谁
(誰)

♥ ***Pron.* wie 谁 (shéi), umgangssprachlich verwendet**

s. shéi S. 288

shuǐ
水

♥ ***Subst.* Wasser:**

yī bēi shuǐ
一 杯 水
ein Glas Wasser

wǒ zhǐ hē shuǐ
我 只 喝 水。
Ich trinke nur Wasser.

♥ ***Subst.* Flüssigkeit:**

xiāng shuǐ | yào shuǐ
香 水 | 药 水
Parfüm | flüssige Arznei

shuì
睡

♥ ***V.* schlafen *vi.*:**

shuì jiào | shuì mián
睡 觉 | 睡 眠
schlafen | Schlaf

zǎo shuì zǎo qǐ
早 睡 早 起
früh einschlafen, früh aufstehen

tā yǐ jing shuì zháo le
他 已 经 睡 着 了。
Er ist eingeschlafen.

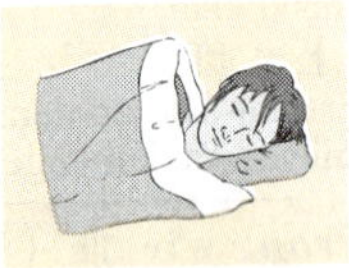

shuì jiào
睡 觉
schlafen

shuō
说
(說)

♥ ***V.* sprechen; sagen:**

shuō huà | shuō hàn yǔ
说 话 | 说 汉 语
sprechen | Chinesisch sprechen

tán tiān shuō dì
谈 天 说 地
sich über Gott und die Welt unterhalten

shuō shí huà
说 实 话
ehrlich gesagt

wǒ bù zhī dào gāi zěn me shuō
我 不 知 道 该 怎 么 说。
Ich weiß nicht, wie ich das sagen soll.

♥ *Subst.* **Meinung; Lehre; Theorie:**

xué shuō
学 说
Lehre

zì yuán qí shuō
自 圆 其 说
seine Behauptung mit Beweisen untermauern

zhè gè shuō fǎ hěn kě xìn
这 个 说 法 很 可 信。
Diese Meinung ist überzeugend.

sī
思

♥ *V.* **denken; überlegen:**

sī kǎo　shēn sī
思考 | 深 思
nachdenken | tief nachdenken

qián sī hòu xiǎng
前 思 后 想
immer wieder überlegen

♥ *V.* **an etw. denken; ersehnen:**

sī niàn　sī xiāng　xiāng sī
思念 | 思 乡 | 相 思
sich sehnen | Heimweh haben | sehnsüchtiges Verlangen

sǐ
死

♥ *V.* **sterben;**

sǐ rén
死 人
Tote(r)

zhè kē shù sǐ le
这 棵 树 死 了。
Der Baum ist tot.

rén sǐ bù néng fù shēng
人 死 不 能 复 生。
Tote können nicht wiederbelebt werden.

♥ ***Adj.* starr; steif:**

sǐ bǎn
死板
starr

sǐ nǎo zi
死脑子
dickköpfig

sǐ xīn yǎn
死心眼
eigensinnig

♥ ***Adj.* extrem; äußerst:**

tīng dào zhè gè hǎo xiāo xi tā
听到这个好消息，他
dōu kuài gāo xìng sǐ le
都快高兴死了。
Als er die Nachricht gehört hat, war er vor Freunde außer sich.

♥ ***Adj.* undurchlässig; abgesperrt:**

sǐ hú tòng
死胡同
Sackgasse

sǐ lù yī tiáo
死路一条
Weg in den Untergang

sì
四

♥ ***Num.* vier:**

sì zhāng zhǐ
四张纸
vier Stück Papier

èr jiā èr děng yú sì
二加二等于四。
Zwei plus zwei ist vier.

sì 寺

♥ ***Subst.* Tempel:**

sì miào
寺 庙
Tempel

shào lín sì | qīng zhēn sì
少 林 寺 | 清 真 寺
Shaolin-Tempel | Moschee

sòng 送

♥ ***V.* bringen; liefern:**

sòng huò | sòng fàn
送 货 | 送 饭
Waren liefern | jmdm. das Essen bringen

nǐ bǎ zhè fēng xìn gěi tā sòng qù
你 把 这 封 信 给 她 送 去。
Bring ihr den Brief rüber.

♥ ***V.* sich von jmdm. verabschieden:**

huān sòng | sòng bié
欢 送 | 送 别
jmdn. mit einer kleinen Feier verabschieden | sich von jmdm. verabschieden

wǒ bǎ tā sòng dào chē zhàn jiù huí lái
我 把 他 送 到 车 站 就 回 来。
Ich werde ihn zum Bahnhof begleiten und sofort zurückkehren.

♥ ***V.* schenken; geben:**

lǎo shī sòng wǒ liǎng běn hàn yǔ shū
老 师 送 我 两 本 汉 语 书。
Mein Lehrer hat mir zwei Bücher auf Chinesisch geschenkt.

sù 诉 (訴)	♥ *V.* **mitteilen; informieren:** sù qiú 诉 求 jmdm. etw. mitteilen und nach seiner Meinung fragen sù shuō 诉 说 erzählen; berichten gào su nǐ yī gè hǎo xiāo xi 告 诉 你 一个 好 消 息。 Ich sage dir eine gute Nachricht.
sù 宿	♥ *V.* **wohnen; übernachten:** zhù sù 住 宿 wohnen jiè sù yī wǎn 借 宿 一 晚 um Unterkunft für eine Nacht bitten zhè lǐ jiù shì wǒ men de sù shè 这 里 就 是 我 们 的 宿 舍。 Hier ist unser Wohnheim.
suān 酸	♥ *Adj.* **sauer:** suān cài yú 酸 菜 鱼 Fisch mit saurem Gemüse zhè gè píng guǒ yǒu diǎnr suān 这 个 苹 果 有 点儿 酸。 Der Apfel ist ein bisschen sauer. ♥ *Adj.* **schmerzhaft; kraftlos:** tā jué de tuǐ yǒu diǎnr suān 他 觉 得 腿 有 点儿 酸。 Er hat Muskelkater an den Beinen.

suàn 算

♥ *V.* **zählen; rechnen:**

jì suàn
计 算
rechnen

♥ *V.* **vorbereiten; planen:**

dǎ suan
打 算
planen

pán suan
盘 算
etw. berechnen und planen

tā dǎ suan qù guó wài dú shū
他 打 算 去 国 外 读 书。
Er plant, im Ausland zu studieren.

♥ *V.* **zählen; gelten:**

suàn shù
算 数
zählen

nǐ shuō de bù suàn hái děi tā dā yìng cái xíng
你 说 的 不 算，还 得 他 答 应 才 行。
Was du sagst, zählt nicht. Wir sollten noch seine Zustimmung bekommen.

♥ *V.* **sein lassen; aufgeben:**

suàn le suàn le zhè shì yǐ hòu jiù bié tí le
算 了，算 了，这 事 以 后 就 别 提 了。
Lass gut sein, kein Wort mehr darüber.

suí 随 (隨)

♥ ***V.* folgen; verfolgen:**

suí cóng | suí hòu
随从 | 随后
folgen | nachfolgen

wǒ suí tā yī dào qù shàng hǎi
我随他一道去上海。
Ich fahre mit ihm zusammen nach Shanghai.

♥ ***V.* jmdm. freie Hand lassen:**

suí yì | suí xīn
随意 | 随心
willkürlich | nach Belieben

tīng bù tīng suí nǐ
听不听随你。
Es ist deine Sache, ob du auf mich hörst oder nicht.

♥ ***Adv.* wie auch immer; egal:**

suí dì | suí chù
随地 | 随处
irgendwo | überall

nǐ suí shí lái dōu kě yǐ
你随时来都可以。
Egal wann, du kannst jederzeit kommen.

suì 岁 (歲)

♥ ***Subst.* Jahr:**

suì yuè | suì mò
岁月 | 岁末
Zeit | Jahresende

wǒ hé xiǎo wáng tóng suì
我和小王同岁。
Xiao Wang und ich sind im gleichen Alter.

suǒ

所

♥ ***Subst.*** **Sitz; Stelle:**

chù suǒ | chǎng suǒ
处 所 | 场 所
Ort | Platz

cè suǒ
厕 所
Toilette

♥ **mit 被 oder 为 verwendet, um Passiv auszudrücken:**

bèi shì shí suǒ zhèng míng
被 事 实 所 证 明
von der Tatsache bestätigt werden

wéi rén suǒ xiào
为 人 所 笑
von den anderen ausgelacht werden

tā 他

♥ ***Pron.* er:**

tā shì wǒ de hǎo péng you
他是我的好朋友。
Er ist ein guter Freund von mir.

wǒ hé tā shì tóng xué
我和他是同学。
Er ist mein Studienkollege.

♥ ***Pron.* anderer:**

qí tā
其他
andere

tā rén
他人
die anderen

tā xiāng
他乡
fremdes Land

méi yǒu qí tā bàn fǎ
没有其他办法
keine andere Lösung haben

tā 它

♥ ***Pron.* es (Tiere oder Dinge):**

kàn nà zhī gǒu tā hǎo kě ài a
看那只狗，它好可爱啊!
Sieh mal den Hund, er ist so niedlich!

tā 她

♥ ***Pron.* sie:**

tā shì wǒ men de tīng lì lǎo shī
她是我们的听力老师。
Sie ist unsere Lehrerin für Hörverständnis.

tái

台 (臺) (檯)

♥ ***Subst.* Plattform:**

chuāng tái | jiǎng tái
窗台 | 讲台
Fensterbank | Podium

zhàn tái
站台
Bahnsteig

♥ ***Subst.* Sendestation:**

diàn shì tái
电视台
Fernsehstation

yǒu xiàn diàn tái
有线电台
Rundfunkstation

tài

太

♥ ***Adv.* äußerst; höchst:**

tài hǎo le
太好了！
Sehr gut!

zhè lǐ de rén tài duō le
这里的人太多了。
Es gibt hier zu viele Leute.

♥ ***Adv.* mit einer verneinten Aussage verwendet, um etw. milder auszudrücken:**

bù tài hǎo
不太好
nicht besonders gut

tā kàn shàng qù hǎo xiàng bù tài
他看上去好像不太
gāo xìng
高兴。
Er sieht nicht besonders froh aus.

tán
谈
(談)

♥ *V.* **aussprechen; sprechen; besprechen:**

tán pàn | tán lùn
谈判 | 谈论
verhandeln | diskutieren

tā men liǎ hěn tán de lái
他们俩很谈得来。
Die beiden verstehen sich gut.

tāng
汤
(湯)

♥ ***Subst.*** **Brühe; Suppe:**

mǐ tāng | miàn tāng
米汤 | 面汤
Reisbrühe | Mehlsuppe

jī tāng de wèi dao hěn xīn xiān
鸡汤的味道很新鲜。
Die Hühnersuppe schmeckt ganz frisch.

táng
堂

♥ ***Subst.*** **Halle:**

kè táng | lǐ táng
课堂 | 礼堂
Klassenzimmer | Aula

tā zài shí táng chī fàn
他在食堂吃饭。
Er isst in der Mensa.

táng
糖

♥ ***Subst.*** **Zucker:**

hóng táng | bái táng
红糖 | 白糖
Rohzucker | raffinierter Zucker

tā bù xǐ huan chī táng
他不喜欢吃糖。
Er mag keinen Zucker.

♥ ***Subst.* Bonbon:**

nǎi táng shuǐ guǒ táng
奶 糖 | 水 果 糖
Sahnebonbon | Bonbon mit Obstgeschmack

xǐ táng
喜 糖
Hochzeitsbonbons

zhè táng guǒ tài tián le
这 糖 果 太 甜 了。
Die Bonbons sind zu süß.

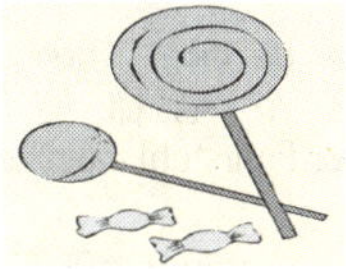

táng
糖
Bonbon

tǎng 躺

♥ ***V.* hinlegen; liegen:**

tǎng xià
躺 下
sich hinlegen

tā zhèng tǎng zài chuáng shàng
他 正 躺 在 床 上
xiū xi
休 息。
Er liegt im Bett und erholt sich.

téng 疼

♥ ***Adj.* weh tun; schmerzen:**

jiǎo téng
脚 疼
schmerzende Beine haben

tā yǒu diǎnr tóu téng
他 有 点儿 头 疼。
Sein Kopf schmerzt ein wenig.

♥ *V.* **lieben; mögen; kümmern:**

téng ài
疼爱
jmdn. lieben und verwöhnen

bà ba hěn téng tā
爸爸很疼她。
Ihr Vater kümmert sich sehr um sie.

tī 梯

♥ ***Subst.*** **Leiter:**

lóu tī | tī zi
楼梯 | 梯子
Treppe | Treppenleiter

zhè gè diàn tī néng zuò shí gè rén
这个电梯能坐十个人。
Der Fahrstuhl kann zehn Leute befördern.

tī zi
梯子
Leiter

tí 提

♥ *V.* **tragen:**

tí shū bāo
提书包
eine Schultasche tragen

tā tí zhe yī tǒng shuǐ
他提着一桶水。
Er trägt einen Eimer Wasser.

♥ *V.* **hochheben; vorverlegen:**

tí gāo | tí zǎo
提高 | 提早
erhöhen | früher als geplant

tā tí qián wán chéng le xué yè
他提前完成了学业。
Er hat das Studium früher als geplant beendet.

♥ *V.* **erwähnen; über etw. reden:**

bié tí le
别提了。
Erwähne das nicht!

zhè shì yǐ hòu bù zhǔn zài tí
这事以后不准再提。
Darüber darf man nicht mehr reden.

♥ *V.* **vorlegen; äußern:**

tí míng | tí wèn tí
提名 | 提问题
jmdn. als Kandidaten aufstellen | eine Frage aufwerfen

qǐng duō tí bǎo guì yì jiàn
请多提宝贵意见。
Bitte äußern Sie ohne Zögern Ihre Meinungen.

tí
题
(題)

♥ ***Subst.*** **Thema; Titel:**

tí mù | mìng tí
题目 | 命题
Thema | Behauptung

wén bù duì tí
文不对题
nicht zum Thema gehören

♥ ***Subst.*** **Übungsaufgabe; Prüfungsfrage:**

xí tí | kǎo tí
习题 | 考题
Übungsaufgabe | Prüfungsfrage

♥ *V.* **aufschreiben; eintragen:**

tí cí
题词
Widmung

tí míng
题 名
seinen Namen eintragen

qǐng rén tí zì
请 人 题字
jmdn. um eine Widmung bitten

tǐ
体
(體)

♥ ***Subst.* Körper:**

tǐ zhòng | tǐ xíng
体 重 | 体 形
Körpergewicht | Figur

shǒu hé jiǎo dōu shì rén tǐ de yī bù fen
手 和 脚 都 是 人 体 的 一 部 分。
Hände und Füße sind Körperteile.

♥ ***Subst.* Aggregatszustand; Form:**

gù tǐ | qì tǐ
固 体 | 气 体
Festkörper | Gas

zhèng fāng tǐ
正 方 体
Quadrat

♥ ***Subst.* Ganze:**

zhěng tǐ | jí tǐ
整 体 | 集体
Ganzes | Kollektiv

quán tǐ qǐ lì
全 体起立!
Bitte alle aufstehen!

tiān
天

♥ ***Subst.* Tag:**

jīn tiān | míng tiān
今天 | 明天
heute | morgen

zuó tiān | qián tiān
昨天 | 前天
gestern | vorgestern

hòu tiān wǒ jiù huí guó le
后天我就回国了。
Übermorgen werde ich aus dem Ausland zurückkehren.

♥ ***Subst.* Himmel:**

tiān kōng | tiān shàng
天空 | 天上
Himmel | im Himmel

tiān tǐ
天体
Himmelskörper

tiān hēi le
天黑了。
Es wird dunkel.

♥ ***Subst.* Klima; Wetter:**

tiān qì | yǔ tiān
天气 | 雨天
Wetter | Regentag

tiān liáng qǐ lái le
天凉起来了。
Es ist kalt geworden.

♥ ***Subst.*** **Jahreszeit; Saison:**

chūn tiān xià tiān qiū tiān
春天 | 夏天 | 秋天
Frühling | Sommer | Herbst

zhè lǐ dōng tiān bù tài lěng
这里冬天不太冷。
Im Winter ist es hier nicht kalt.

tián 甜

♥ ***Adj.*** **süß:**

tián shí tián cài
甜食 | 甜菜
Süßigkeiten | Zuckerrübe

zhè táng zhēn tián
这糖真甜。
Die Bonbons sind wirklich süß.

♥ ***Adj.*** **angnehm; süß:**

shuì de zhēn tián
睡得真甜
tief schlafen

gū niang xiào de zhēn tián
姑娘笑得真甜。
Das Mädchen lacht so süß.

tián 填

♥ ***V.*** **füllen:**

bǎ gōu tián píng
把沟填平
einen Graben mit Erde auffüllen

♥ ***V.*** **ausfüllen:**

tián kòng tián biǎo
填空 | 填表
fehlende Wörter ergänzen | ein Formular ausfüllen

qǐng tián shàng nín de xìng míng
请填上您的姓名。
Schreiben Sie hier Ihren Namen hinein.

tiáo

条

(條)

♥ ***Subst.*** **schmaler und langer Gegenstand:**

jīn tiáo 金条 | miàn tiáo 面条 | zhǐ tiáo 纸条
Goldbarren | Nudel | Zettel

♥ ***Zähleinheitswort*** **für schmale und lange Gegenstände:**

yī tiáo jiē 一条街 | yī tiáo hé 一条河
eine Straße | ein Fluss

liǎng tiáo xīn wén
两条新闻
zwei Nachrichten

sān tiáo jiàn yì
三条建议
drei Vorschläge

tiáo

调

(調)

♥ ***V.*** **gut passen; in Einklang stehen:**

tiáo wèi pǐn 调味品 | tiáo sè 调色
Gewürz | Farben mischen

tiáo zhěng
调整
regulieren

s. diào S. 61

tiào

跳

♥ ***V.*** **springen:**

tiào gāo 跳高 | tiào yuǎn 跳远
Hochsprung | Weitsprung

tā gāo xìng de zhí tiào
他高兴得直跳。
Er springt vor Freude in die Luft.

tiào
跳
springen

♥ *V.* **sich auf und ab bewegen:**

xīn tiào
心 跳
Herzschlag

wǒ yǎn pí tiào gè bù tíng
我眼皮跳个不停。
Meine Lider zucken immer.

tīng
听
(聽)

♥ *V.* **hören:**

tīng gē | tīng guǎng bō
听歌 | 听广播
Musik hören | Radio hören

jiē tīng diàn huà
接听电话
ein Telefonat annehmen

♥ *V.* **sich fügen; akzeptieren:**

tīng huà
听话
gehorsam sein; gehorchen

wǒ xiǎng tīng ting dà jiā de yì jiàn
我想听听大家的意见。
Ich möchte auf alle Meinungen hören.

tíng 停

♥ ***V.* anhalten; stoppen:**

tíng chē
停 车
parken

fēng tíng le
风 停 了。
Der Wind hat aufgehört.

wǒ de chē tíng zài mén kǒu
我 的 车 停 在 门 口。
Mein Auto steht vor der Tür.

♥ ***V.* sich aufhalten; verweilen:**

tíng liú
停 留
sich aufhalten

wǒ zài guǎng zhōu tíng le liǎng tiān
我 在 广 州 停 了 两 天。
Ich bin für zwei Tage in Guangzhou geblieben.

tōng 通

♥ ***V.* durchgehend:**

tōng xíng | tōng fēng
通 行 | 通 风
passieren | durchlüften

nà tiáo lù zǎo jiù xiū tōng le
那 条 路 早 就 修 通 了。
Der Weg ist seit langem offen.

♥ ***V.* benachrichtigen; bekannt geben:**

tōng gào
通 告
Bekanntmachung

tōng diàn huà
通 电 话
jmdn. anrufen

nǐ tōng zhī tā xià zhōu sān lái cān
你通知他下周三来参
jiā wǎn huì
加晚会。
Bitte teil ihm mit, dass die Veranstaltung am nächsten Mittwoch stattfindet.

♥ ***V.* beherrschen; Bescheid wissen:**

jīng tōng
精通
fachkundig

zhōng guó tōng
中国通
China-Kenner

tā tōng wǔ zhǒng yǔ yán
他通五种语言。
Er beherrscht fünf Sprachen.

♥ ***Adj.* allgemein; üblich:**

tōng bìng
通病
allgemeiner Fehler

tā tōng cháng xīng qī wǔ qù dǎ
他通常星期五去打
pái qiú
排球。
Im Allgemeinen geht er freitags zum Volleyballspielen.

♥ ***Adj.* logisch; fließend:**

tōng shùn
通顺
klar und verständlich

zhè jù huà bù tōng
这句话不通。
Dieser Satz ist unlogisch.

tóng 同

♥ *Adj.* **gleich; identisch:**

tóng shí | xiāng tóng
同时 | 相同
gleichzeitig | gleich

wǒ hé tā tóng suì
我和他同岁。
Er und ich sind im gleichen Alter.

♥ *Adv.* **zusammen; gemeinsam:**

tóng shì
同事
Arbeitskollege

wǒ men shì tóng bān tóng xué
我们是同班同学。
Wir sind Klassenkameraden.

♥ *Präp.* **gleich; wie:**

wǒ tóng tā yī yàng gāo
我同他一样高。
Ich bin groß wie er.

♥ *Konj.* **mit; und:**

wǒ tóng tā yī qǐ qù
我同他一起去。
Ich werde mit ihm gehen.

tǒng 统 (統)

♥ *Subst.* **Zusammenhang:**

chuán tǒng
传统
Tradition

xuè tǒng
血统
Blutsverwandtschaft

♥ *V.* **verwalten:**

tǒng guǎn
统 管
zusammen verwalten

tǒng lǐng
统 领
kommandieren

tǒng zhì
统 治
herrschen

tóu
头
(頭)

♥ ***Subst.* Kopf:**

tóu pí | tóu nǎo
头 皮 | 头 脑
Kopfhaut | Gehirn

dī tóu
低 头
den Kopf senken

tā huí guo tóu lái kàn le wǒ yī yǎn
他 回 过 头 来 看 了 我 一 眼。
Er dreht sich um und blickt mich kurz an.

♥ ***Subst.* Anfang; Ende:**

cóng tóu zuò qǐ
从 头 做 起
von Anfang an

yī nián dào tóu
一 年 到 头
das ganze Jahr hindurch

♥ ***Num.* Erst-:**

tóu yī cì
头 一 次
zum ersten Mal

tā měi tiān dōu zuò tóu bān chē
他每天都坐头班车
shàng bān
上班。
Er fährt täglich mit dem ersten Bus zur Arbeit.

tú 图 (圖)

♥ ***Subst.*** **Bild; Stadtplan:**

tú huà | dì tú
图画 | 地图
Bild | Stadtplan

qǐng gěi wǒ huà yī zhāng xiàn
请给我画一张线
lù tú ba
路图吧。
Bitte zeichne mir den Weg auf.

tǔ 土

♥ ***Subst.*** **Erde; Boden:**

huáng tǔ | shā tǔ
黄土 | 沙土
Löß | Sanderde

tǔ dì
土地
Land

♥ ***Adj.*** **zu Hause; einheimisch;**

tǔ huà | tǔ chǎn
土话 | 土产
Dialekt | einheimisches Produkt

tā cóng xiǎo jiù bù shuō jiā xiāng
他从小就不说家乡
de tǔ huà
的土话。
Von klein auf kann er den Dialekt von seiner Heimat nicht aussprechen.

tuán 团 (團)

♥ *V.* **sich zusammenschließen; sich vereinigen:**

tuán yuán | tuán jié
团圆 | 团结
Zusammenkunft | sich vereinigen

tuán jié jiù shì lì liàng
团结就是力量。
Einigkeit ist Macht.

♥ ***Subst.* Gruppe; Gesellschaft:**

dài biǎo tuán
代表团
Delegation

shè tuán
社团
Verein

mǎi tuán tǐ piào yào pián yi yī xiē
买团体票要便宜一些。
Gruppenkarten sind etwas billiger.

tuī 推

♥ *V.* **schieben:**

tuī chē
推车
einen Karren schieben

tuī mén
推门
die Tür aufstoßen

wǒ tuī le tā yī xiàr
我推了他一下儿。
Ich gab ihm einen Stoß.

♥ *V.* **vorwärtstreiben; betreiben:**

tuī dòng | tuī xíng
推动 | 推行
vorantreiben | durchführen

yǔ yán tuī guǎng shì yī zhǒng wén
语言推广是一种文
huà jiāo liú
化交流。
Die Sprachen zu fördern ist eine Art Kulturaustausch.

♥ ***V.*** **verschieben; aufschieben:**

tuī hòu | tuī chí
推后 | 推迟
verschieben | aufschieben

huì yì yǐ tuī dào míng nián le
会议已推到明年了。
Die Sitzung ist auf das nächste Jahr verschoben.

♥ ***V.*** **wählen; empfehlen:**

tuī xuǎn
推选
wählen

dà jiā tuī jǔ tā dāng bān zhǎng
大家推举他当班长。
Alle schlagen ihn als Klassensprecher vor.

tuǐ
腿

♥ ***Subst.*** **Bein:**

dà tuǐ | xiǎo tuǐ
大腿 | 小腿
Oberschenkel | Unterschenkel

zhàn de shí jiān cháng le tuǐ dōu
站得时间长了，腿都
yǒu diǎnr má
有点儿麻。
Nach langem Stehen sind mir die Beine eingeschlafen.

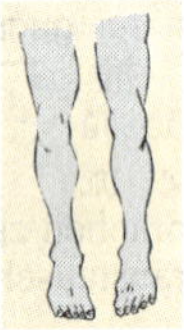

tuǐ
腿
Bein

♥ ***Subst.* beinförmige Stütze:**

zhuō zi tuǐr
桌 子 腿儿
Tischbein

yī gè yǐ zi sì tiáo tuǐr
一 个 椅子四 条 腿儿。
Ein Stuhl hat vier Beine.

tuì
退

♥ ***V.* sich rückwärts bewegen; sich zurückziehen:**

hòu tuì
后 退
zurückgehen

hóng shuǐ tuì xià qù le
洪 水 退 下 去 了。
Das Hochwasser ist zurückgegangen.

♥ ***V.* abtreten; quittieren:**

tuì chū
退 出
sich zurückziehen

tuì wǔ
退 伍
aus dem Militärdienst ausscheiden

tā qù nián jiù tuì xiū le
他 去 年 就 退 休 了。
Letztes Jahr ist er in Pension gegangen.

♥ ***V.* zurückgeben; zurückbringen:**

tuì qián | tuì huò
退 钱 | 退 货
zurückerstatten | Waren zurückgeben

wǒ děi qù huǒ chē zhàn tuì piào
我 得 去 火 车 站 退 票。
Ich muss zum Bahnhof gehen, um die Fahrkarte gegen Kostenerstattung zurückzugeben.

tuō 脱

♥ ***V.* abwerfen; ausziehen:**

tuō xié
脱 鞋
die Schuhe ausziehen

tuō yī fu
脱 衣 服
die Kleidung ausziehen

tiān rè nǐ bǎ shàng yī tuō le ba
天 热，你 把 上 衣 脱 了 吧。
Es ist zu heiß, zieh doch deine Jacke aus.

wà

袜

(襪)

♥ ***Subst.* Socke:**

wà zi | cháng wà
袜子 | 长袜
Socke | Strumpf

tā chuān zhe yī shuāng duǎn wà
他穿着一双短袜。
Er hat ein Paar Socken angezogen.

wài

外

♥ ***Subst.* draußen:**

chuāng wài | mén wài
窗外 | 门外
draußen vor dem Fenster | draußen vor der Tür

wài biān tiān qì hěn lěng
外边天气很冷。
Draußen ist es sehr kalt.

♥ ***Adj.* ausländisch:**

wài guó | wài wén
外国 | 外文
Ausland | Fremdsprache

tā néng shuō wǔ mén wài yǔ
她能说五门外语。
Sie beherrscht fünf Fremdsprachen.

wán

完

♥ ***Adj.* vollständig; ganz:**

wán měi | wán hǎo
完美 | 完好
vollkommen | in gutem Zustand

tā hái wán quán bù zhī dào zhè jiàn shì
他还完全不知道这件事。
Er weiß noch gar nichts davon.

♥ *V.* **vollenden:**

wán gōng
完 工
eine Arbeit vollenden

wán shì
完 事
fertig werden

tā hěn hǎo de wán chéng le zhè xiàng rèn wù
他很好地完成了这项任务。
Er hat die Aufgabe perfekt vollendet.

♥ *V.* **aufgebraucht:**

shuǐ hē wán le
水喝完了。
Das Wasser ist ausgetrunken.

xìn zhǐ yòng wán le
信纸用完了。
Das Briefpapier ist aufgebraucht.

wán 玩

♥ *V.* **spielen; genießen:**

wán zú qiú
玩足球
Fußball spielen

wǒ men zhǔn bèi qù wǎi dì wán jǐ tiān
我们准备去外地玩几天。
Wir haben vor, einige Tage in einer anderen Stadt zu verbringen.

wǎn 晚

♥ ***Subst.* Abend; Nacht:**

wǎn shang | wǎn ān
晚上 | 晚安
am Abend | gute Nacht

tā yī tiān dào wǎn dōu hěn máng
他一天到晚都很忙。
Er ist von frühmorgens bis spät nachts immer beschäftigt.

♥ ***Adj.*** **später:**

wǎn diǎn
晚点
Verspätung haben

tiān yǐ jing hěn wǎn le
天已经很晚了。
Es ist schon zu spät.

wǎn
碗

♥ ***Subst.*** **Schüssel; Schale:**

fàn wǎn | chá wǎn
饭碗 | 茶碗
Reisschale | Teetasse

wǎn lǐ yǒu mǐ
碗里有米。
In der Schüssel gibt es Reis.

wǎn
碗
Schüssel

wàn
万
(萬)

♥ ***Num.*** **zehntausend:**

yī wàn | shí wàn
一万 | 十万
zehntausend | hunderttausend

dà xué yǒu liǎng wàn duō míng xué sheng
大学有两万多名学生。
Es gibt mehr als 20 000 Studenten an der Universität.

♥ ***Adj.*** **sehr viel:**

wàn dài
万 代
für alle Zeiten

wàn gǔ cháng qīng
万 古 长 青
von immerwährender Jugendfrische

wàn shì wàn wù dōu yǒu zì jǐ de shēng
万 事 万 物 都 有 自己 的 生
zhǎng guī lǜ
长 规 律。
Alle Dinge in der Welt wachsen nach eigenem Gesetz.

♥ ***Adv.*** **äußerst:**

wàn bù dé yǐ
万 不 得 已
im äußersten Fall

wàn wàn méi xiǎng dào tā yě lái le
万 万 没 想 到 他 也 来 了。
Er ist gekommen, daran hätte ich nie und nimmer gedacht.

wáng 王

♥ ***Subst.*** **König; Herrscher:**

guó wáng | nǚ wáng
国 王 | 女 王
König | Königin

wáng ye
王 爷
Adel

♥ ***Subst.*** **der Erste; der Größte; der Stärkste:**

huā wáng
花 王
König der Pflanzen

tā shì yī wèi zhòng cài dà wáng
他是一位 种 菜大 王。
Er ist ein König des Gemüseanbaus.

wǎng
网
(網)

♥ ***Subst.* Fischnetz:**

yú wǎng | sā wǎng
鱼 网 | 撒 网
Fischnetz | mit einem Netz fangen

♥ ***Subst.* Netzwerk:**

wǎng zhàn
网 站
Netzwerk

guān xi wǎng
关 系 网
Netz von Beziehungen

tā xǐ huan shàng wǎng kàn xīn wén
他喜 欢 上 网 看 新 闻。
Er liest gern im Internet Nachrichten.

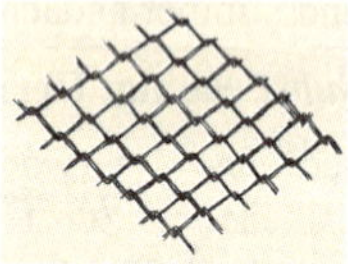

wǎng
网
Netz

wǎng
往

♥ ***V.* gehen; fahren:**

wǎng lái
往 来
hin und zurück; Verkehr

rén lái rén wǎng
人 来 人 往
Die Menschen gehen hin und her.

♥ *V.* **auf; zu; nach:**

wǎng běi 往北 | wǎng qián kàn 往前看
nach Norden | nach vorne blicken

tā zhèng zài wǎng wài zǒu
他正在往外走。
Er geht gerade nach außen.

♥ *Adj.* **früher; vergangen:**

wǎng cháng 往常 | wǎng nián 往年
gewöhnlich | in den früheren Jahren

wǎng rì 往日
in der Vergangenheit

wàng 忘

♥ *V.* **vergessen:**

wàng jì 忘记 | wàng wǒ 忘我
vergessen | selbstlos

hē shuǐ bù wàng dǎ jǐng rén
喝水不忘打井人。
Wenn du Wasser trinkst, vergiß die nicht, die den Brunnen gegraben haben.

wàng 望

♥ *V.* **blicken; schauen:**

zhāng wàng 张望 | wàng yuǎn jìng 望远镜
herumgucken | Fernglas

zhè lǐ shì yī wàng wú jì de dà cǎo yuán
这里是一望无际的大草原。
Hier ist ein grenzenloses Grasland.

♥ *V.* **erwarten; hoffen:**

xī wàng
希 望
hoffen

wàng zǐ chéng lóng
望 子 成 龙
für den Sohn eine glänzende Zukunft erwarten

jīn nián fēng shōu yǒu wàng
今 年 丰 收 有 望。
Eine Rekordernte ist in diesem Jahr in Sicht.

♥ ***Subst.*** **Ruf; Reputation:**

míng wàng shēng wàng
名 望 | 声 望
Ruf | Reputation

tā shì yī wèi dé gāo wàng zhòng de wài jiāo jiā
他是一位德高望重的外交家。
Er ist ein Diplomat, der von großer Integrität ist und allgemein respektiert wird.

wēi 危

♥ ***Adj.*** **gefährlich; unsicher:**

wēi fáng
危 房
ein unsicheres Gebäude

wēi jí
危 急
in ernster Gefahr

wǒ men yīng gāi jū ān sī wēi
我 们 应 该 居 安 思 危。
Wir sollten in Sicherheit an mögliche Gefahren denken.

♥ ***V.* gefährden; bedrohen:**

wēi hài
危 害
gefährden

bù néng wēi jí rén shēn ān quán
不 能 危及人 身 安 全
Es sollte kein Leben gefährdet werden.

wéi

为

(爲)

♥ ***V.* tun; machen:**

dà yǒu kě wéi
大 有 可 为
über einen großen Spielraum verfügen

jìn lì ér wéi
尽 力 而 为
sein Bestes tun

tā shì gè gǎn zuò gǎn wéi de rén
他 是 个 敢 作 敢 为 的 人。
Er ist ein Mensch, der entschlossen und kühn handelt.

♥ ***V.* dienen als; gelten als:**

wéi shǒu
为 首
Chef sein

sì hǎi wéi jiā
四 海 为 家
überall zu Hause sein

wǒ men bài tā wéi shī
我 们 拜 他 为 师。
Wir nehmen ihn zum Lehrmeister.

♥ ***V.* verwandeln; zu etw. werden:**

yī fēn wéi èr
一 分 为 二
zwei Seiten einer Medaille

fǎn bài wéi shèng
反败为胜
Eine Niederlage schlägt in einen Sieg um.

zhuǎn wēi wéi ān
转危为安
eine Gefahr bannen und eine Wendung zum Guten herbeiführen

s. wèi S. 353

wèi
卫
(衛)

♥ ***V.* bewahren; verteidigen:**

zì wèi
自卫
Selbstverteidigung

bǎo jiā wèi guó
保家卫国
die Heimat schützen und das Vaterland verteidigen

zhè shì zhèng dàng fáng wèi
这是正当防卫。
Das ist eine gerechtfertigte Verteidigung.

♥ ***Subst.* Bewacher; Hüter:**

jǐng wèi
警卫
Wächter

mén wèi
门卫
Pförtner

tā rèn hòu wèi
他任后卫。
Er spielt als Verteidiger.

wèi
为
(爲)

♥ ***Präp.* für; über:**

wèi nǐ de chéng gōng gǎn dào gāo xìng
为你的成功感到高兴!
Ich freue mich über deinen Erfolg!

♥ ***Präp.* weil; warum:**

yīn wèi
因为
weil

nǐ zhè shì wèi shén me
你这是为什么?
Was ist denn dein Grund?

s. wéi S. 351

wèi
位

♥ ***Subst.* Stelle; Platz:**

fāng wèi | zuò wèi
方位 | 座位
Richtung | Sitz

yùn dòng yuán yǐ gè jiù gè wèi
运动员已各就各位。
Die Sportler sind alle auf ihren Plätzen.

♥ ***Zähleinheitswort* für Menschen:**

yī wèi lǎo shī
一位老师
ein Lehrer

nà wèi shì shéi
那位是谁?
Wer ist der Mann da?

wèi 喂

♥ ***V.* füttern; ernähren:**

wèi niú
喂 牛
Kühe füttern

tā zhèng zài gěi lǎo rén wèi fàn
她 正 在 给 老 人 喂 饭。
Sie füttert gerade einen Alten.

♥ **als Begrüßung:**

wèi qǐng wèn nín zhǎo nǎ wèi
喂，请 问 您 找 哪 位?
Hallo, wen suchen Sie?

wēn 温

♥ ***Subst.* Temperatur:**

qì wēn
气 温
Lufttemperatur

tǐ wēn
体 温
Körpertemperatur

jīn tiān de qì wēn shì 23℃
今 天 的 气 温 是 23℃。
Heute beträgt die Temperatur 23°C.

♥ ***Adj.* warm:**

wēn dài
温 带
gemäßigte Zone

wēn shuǐ
温 水
lauwarmes Wasser

tā ài hē wēn kāi shuǐ
他爱喝温开水。
Er trinkt gern lauwarmes Wasser.

♥ ***Adj.*** **mild; edelmütig; zärtlich:**

wēn hé | wēn qíng
温和 | 温情
mild | zärtlich

tā hěn wēn róu
她很温柔。
Sie ist sehr zärtlich.

wén 文

♥ ***Subst.*** **Schrift; Schriftzeichen:**

wài wén
外文
Fremdsprache

wén zì
文字
Schrift

zhè shì yī běn zhōng yīng wén duì zhào cí diǎn
这是一本中英文对照词典。
Das ist ein chinesisch-englisches Wörterbuch.

♥ ***Subst.*** **Aufsatz; Text:**

wén fēng
文风
Literaturstil

wén qì
文气
sanft und zartfühlend

tā hěn huì xiě wén zhāng
他很会写文章。
Er kann gute Aufsätze schreiben.

♥ ***Subst.* Zivilisation; Kultur:**

wén míng
文明
Zivilisation

wén wù
文物
Kulturgüter

zhōng huá wén míng lì shǐ yōu jiǔ
中华文明历史悠久。
Die chinesische Kultur hat eine lange Tradition.

wén

闻

(聞)

♥ ***V.* riechen:**

hǎo wén | nán wén
好闻 | 难闻
gut riechend | stinkend

wǒ wén dào le huā xiāng
我闻到了花香。
Ich habe den Duft von Blumen gerochen.

♥ ***V.* hören:**

fēng wén | wén míng
风闻 | 闻名
von etw. hören | bekannt

bǎi wén bù rú yī jiàn
百闻不如一见。
Einmal sehen ist besser als hundertmal hören.

♥ ***Subst.* Neuigkeit; Nachricht:**

jiàn wén
见闻
Erfahrung

xīn wén
新 闻
Nachricht

zhè zhēn shì yī zé qí wén
这 真 是 一 则 奇 闻。
Das ist echt eine merkwürdige Begebenheit.

wèn
问
(問)

♥ ***V.* fragen:**

wèn dá
问 答
fragen und antworten

dá fēi suǒ wèn
答 非 所 问
Er fragt nach Äpfeln, und du erzählst von Birnen.

xiàng bié rén wèn lù
向 别 人 问 路
jmdn. nach dem Weg fragen

yǒu wèn tí jiù wèn lǎo shī
有 问 题 就 问 老 师。
Frage den Lehrer, wenn du etwas nicht verstehst!

♥ ***V.* erkundigen; ausrichten:**

wèi wèn
慰 问
jmdm. seine besten Wünsche übermitteln

wèn ān
问 安
sich nach jmds. Befinden erkundigen

qǐng dài wǒ wèn hòu nǐ de mā ma
请 代 我 问 候 你 的 妈 妈。
Bitte sende deiner Mutter meine Grüße.

wǒ 我

♥ ***Pron.* ich:**

wǒ guó
我 国
unser Land

zì wǒ yì shi
自 我 意 识
Selbstbewusstsein

wǒ shì gè ài yùn dòng de rén
我 是 个 爱 运 动 的 人。
Ich bin Sportfan.

wò 握

♥ ***V.* nehmen; halten:**

wò bǐ
握 笔
den Stift halten

wò shǒu
握 手
Hände schütteln

tā shuāng shǒu jǐn wò fāng xiàng pán
她 双 手 紧 握 方 向 盘。
Sie hält das Steuer fest in den beiden Händen.

wò shǒu
握 手
sich die Hände drücken

♥ ***V.* ergreifen; kontrollieren:**

bǎ wò
把 握
Zuversicht

zhǎng wò
掌 握
ergreifen

tā yǐ shèng lì zài wò
他 已 胜 利 在 握。
Er ist voller Siegeszuversicht.

wú
无
(無)

♥ *V.* **ohne:**

cóng wú dào yǒu
从 无 到 有
aus dem Nichts etw. erschaffen

wú biān wú jì
无 边 无 际
unendlich

zhè shì yī chǎng shǐ wú qián lì de
这 是 一 场 史 无 前 例 的
shèng huì
盛 会。
Das ist eine unvergleichbare und großartige Veranstaltung.

♥ ***Adv.* nicht:**

wú fáng
无 妨
nicht stören

wú xū
无 须
unnötig

wú lùn jié guǒ zěn yàng wǒ dōu yào
无 论 结 果 怎 样，我 都 要
nǔ lì
努 力。
Ich bemühe mich darum, egal was kommt.

wǔ 五

♥ ***Num.* fünf:**

wǔ guān
五 官
die fünf Sinnesorgane

wǔ jīn
五 金
die fünf Metalle

tā xǐ huan xià wǔ zǐ qí
他 喜 欢 下 五 子 棋。
Er spielt gern Gobang.

♥ ***Num.* viel:**

wǔ guāng shí sè
五 光 十 色
in allen Farben

wǔ huā bā mén
五 花 八 门
mannigfaltig

wǔ cǎi bīn fēn de hǎi dǐ shì jiè
五 彩 缤 纷 的 海 底 世 界
die farbenprächtige Meereswelt

wǔ 午

♥ ***Subst.* Mittag:**

wǔ fàn | wǔ hòu
午 饭 | 午 后
Mittagessen | nachmittags

wǒ yào shuì wǔ jiào
我 要 睡 午 觉。
Ich möchte einen Mittagsschlaf machen.

wǔ 舞

♥ ***V.* tanzen:**

wǔ bù | wǔ tái
舞 步 | 舞 台
Tanzschritt | Bühne

tiào wǔ
跳 舞
tanzen

♥ *V.* **wie im Tanz springen oder hüpfen:**

fēi wǔ
飞 舞
flattern

méi fēi sè wǔ
眉 飞 色 舞
freudestrahlend und triumphierend

♥ *V.* **schwingen; schwenken:**

wǔ dòng
舞 动
schwingen

wǔ lóng dēng
舞 龙 灯
mit der Drachenlaterne tanzen

tā zhèng zài wǔ jiàn
她 正 在 舞 剑。
Sie tanzt mit dem Schwert.

wù
务
(務)

♥ ***Subst.* Angelegenheit; Geschäfte:**

gōng wù
公 务
amtliche Angelegenheit

jiā wù
家 务
häusliche Arbeit

wǒ bǎo zhèng wán chéng rèn wù
我 保 证 完 成 任 务。
Ich verpflichte mich, die Aufgabe zu erledigen.

♥ *V.* **sich mit etw. beschäftigen:**

wù gōng
务 工
als Arbeiter tätig sein

wù nóng
务 农
sich mit Landwirtschaft befassen

zuò gōng zuò yào wù shí
做 工 作 要 务 实。
Man sollte sich mit konkreter Arbeit befassen.

♥ *Adv.* **unbedingt; auf jeden Fall:**

wù bì
务 必
unbedingt

zuò shì wù qiú shàn shǐ shàn zhōng
做 事 务 求 善 始 善 终。
Was gut angefangen wurde, muss auch gut zu Ende geführt werden.

wù
物

♥ *Subst.* **Ding; Gegenstand:**

wù chǎn
物 产
Produkte

wù tǐ
物 体
Objekt

jìn lì zuò dào wù jìn qí yòng
尽力 做 到 物 尽其 用。
Wir sollen alles zur Wirkung kommen lassen.

♥ ***Subst.* Inhalt:**

yán zhī wú wù
言 之 无 物
sinnlos

yán zhī yǒu wù
言 之 有 物
sinnvoll

bù shuō kōng dòng wú wù de huà
不 说 空 洞 无 物 的 话。
Sag doch nicht so ein sinnloses Zeug!

wù
误
(誤)

♥ ***Adj.* falsch; irrig:**

wù chuán
误 传
falsche Benachrichtigung

wù dǎo
误 导
irreführen

zhè shì gè wù huì
这 是 个 误 会。
Das muss ein Missverständnis sein.

♥ ***Subst.* Fehler:**

bǐ wù
笔 误
Schreibfehler

kǒu wù
口 误
Sprechfehler

tā jiū zhèng le cuò wù
他 纠 正 了 错 误。
Er hat den Fehler korrigiert.

♥ ***V.* versäumen; verpassen:**

wù chǎng
误 场
als Schauspieler seinen Auftritt verpassen

wù shì
误 事
eine Sache verzögern

jiào shī shì bù yǔn xǔ wù kè de
教 师 是 不 允 许 误 课 的。
Dem Lehrer ist es nicht erlaubt, den Unterricht zu verpassen.

xī

西

♥ ***Subst.* Westen:**

xī biān | xī miàn
西边 | 西面
Westen | Westen

fǎ guó wèi yú ōu zhōu xī bù
法国位于欧洲西部。
Frankreich liegt in Westeuropa.

♥ ***Subst.* westlich:**

xī fú | xī wén
西服 | 西文
Anzug | westliche Sprachen

běi jīng yǒu xǔ duō xī cān guǎnr
北京有许多西餐馆儿。
Es gibt viele westliche Restaurants in Beijing.

xī

希

♥ ***V.* hoffen; erwarten:**

xī qiú
希求
erwarten

xī tú
希图
versuchen

xī wàng zhǔn shí dào huì
希望准时到会。
Ich hoffe, dass Sie pünktlich zur Sitzung kommen können.

xī

息

♥ ***V.* sich ausruhen; ruhen:**

píng xī | xiū xi
平息 | 休息
sich beruhigen | sich ausruhen

zuò xī shí jiān biǎo
作息时间表
Zeitplan

♥ ***Subst.*** **Information; Nachricht:**

shēng xī
声息
Information

xiāo xi
消息
Nachricht

wǎng shàng yǒu hěn duō xìn xī
网上有很多信息。
Im Internet kann man viele Informationen finden.

♥ ***Subst.*** **Zins:**

běn xī
本息
Kapital und Zinsen

nián xī
年息
Jahreszins

xí
习
(習)

♥ ***V.*** **wiederholt lernen; üben:**

xí tí | fù xí
习题 | 复习
Übung | Wiederholung

xué sheng zhèng zài shàng zì xí
学生正在上自习。
Die Studenten studieren selbstständig.

♥ ***V.*** **mit etw. vertraut sein:**

xí jiàn
习见
etw. oft zu Gesicht bekommen

xí fēi chéng shì
习非成是
Wenn man sich daran gewöhnt hat, wird man auch das Falsche für richtig halten.

xí yǐ wéi cháng
习以为常
an etw. gewöhnt sein

xǐ 洗

♥ ***V.* waschen:**

xǐ chē
洗车
den Wagen waschen

xǐ shǒu jiān
洗手间
Toilette

zhè shì xīn mǎi de xǐ yī jī
这是新买的洗衣机。
Das ist die neu gekaufte Waschmaschine.

♥ ***V.* Fotos entwickeln:**

chōng xǐ | jiā xǐ
冲洗 | 加洗
einen Film entwickeln | die Fotos kopieren lassen

zhào piàn yǐ jing xǐ chū lái le
照片已经洗出来了。
Die Fotos sind schon entwickelt.

xǐ 喜

♥ ***V.* Freude; sich freuen:**

huān xǐ
欢喜
sich freuen

kuáng xǐ
狂喜
vor Freude außer sich sein

rén rén xǐ chū wàng wài
人 人 喜 出 望 外。
Alle sind voller unerwarteter Freude.

♥ ***Subst.* glückliches Ereignis; fröhliche Feier:**

bào xǐ
报 喜
eine freudige Nachricht überbringen

dà jiā dōu lái xiàng tā hè xǐ
大 家 都 来 向 他 贺 喜。
Alle gratulieren ihm.

xì
系

♥ ***Subst.* Beziehung; Kontakt:**

guān xi
关 系
Beziehung

wǒ men jīng cháng lián xì
我 们 经 常 联 系。
Wir bleiben in Kontakt.

♥ ***Subst.* System:**

tǐ xì | yǔ xì
体系 | 语系
System | Sprachfamilie

tài yáng xì yǒu bā dà xíng xīng
太 阳 系 有 八 大 行 星。
Das Sonnensystem enthält acht große Planeten.

♥ ***Subst.* Fakultät (Hochschule):**

xì zhǔ rèn
系 主 任
Dekan

zhōng wén xì
中 文 系
Fakultät für chinesische Sprache

wáng lǎo shī zhèng zài xì bàn gōng shì
王 老 师 正 在系 办 公 室
kāi huì
开 会。
Herr Wang hat gerade ein Gespräch im Fakultätsbüro.

s. jì S. 141

xì

细

(細)

♥ ***Adj.* schmal; dünn:**

xì shā | xì guǎnr
细 沙 | 细管儿
feiner Sand | schmales Rohr

tā de yāo hěn xì
她的 腰 很 细。
Sie ist sehr schlank.

zhè bǐ xiě de hěn xì
这 笔 写 得 很 细
Dieser Stift schreibt sehr fein.

♥ ***Adj.* dünn:**

xì shēng xì qì
细 声 细气
mit einem feinen Stimmchen

xì yán xì yǔ
细 言 细语
leise Geräusche

tā de shēng yīn hěn jiān xì
她的 声 音 很 尖 细。
Sie hat ein dünnes Stimmchen.

♥ ***Adj.* umsichtig; sorgfältig:**

xīn xì | xì zhì
心 细 | 细致
umsichtig | sorgfältig

zhè jiàn zuò pǐn zuò gōng shí fēn
这 件 作 品 做 工 十 分
jīng xì
精 细。
Dieses Stück ist fein gearbeitet.

xià

下

♥ ***Adj.* unten:**

xià bàn shēn xià yóu
下 半 身 | 下 游
der untere Teil des Körpers | Unterlauf

shān xià yǒu yī gè xiǎo cūn zhuāng
山 下 有 一 个 小 村 庄。
Am Bergfuß befindet sich ein kleines Dorf.

♥ ***Subst.* nächst:**

xià bàn nián xià cì
下 半 年 | 下 次
die zweite Hälfte des Jahres | das nächste Mal

zhè shìr xià bù wéi lì
这 事儿 下 不 为 例。
Das wird das nächste Mal nicht mehr durchgehen.

♥ ***V.* hinuntergehen; verlassen:**

xià fēi jī xià lóu
下 飞机 | 下 楼
das Flugzeug verlassen | die Treppe hinuntergehen

nán xià de liè chē yǐ jing chū fā le
南 下 的 列 车 已 经 出 发 了。
Der Zug nach Süden ist abgefahren.

♥ ***V.* fallen:**

xià yǔ xià xuě
下 雨 | 下 雪
regnen | schneien

xiǎo yǔ xià de zhèng shì shí hou
小雨下得正是时候。
Es regnet zur rechten Zeit.

♥ *V.* **Schluss machen (Arbeit):**

xià bān
下班
Feierabend machen

xià kè le
下课了。
Schluss für heute.

xià 夏

♥ ***Subst.* Sommer:**

chūn xià qiū dōng
春夏秋冬
Frühling und Sommer, Herbst und Winter

zhè lǐ de xià tiān bù rè
这里的夏天不热。
Im Sommer ist es hier nicht besonders heiß.

xiān 先

♥ ***Subst.* früher; ehemalig:**

xiān dǎo | xiān hòu
先导 | 先后
Vorläufer | der Reihe nach

jì shù yǐ dá shì jiè lǐng xiān shuǐ píng
技术已达世界领先水平。
Die Technologie erreicht das Weltniveau.

♥ ***Subst.* früher; damals:**

xiān qián | qǐ xiān
先前 | 起先
früher | anfangs

yuán xiān tā bìng bù huì shuō hàn yǔ
原先他并不会说汉语。
Früher konnte er gar kein Chinesisch.

xiǎn

险

(險)

♥ ***Subst.* Gefahr; Risiko:**

bǎo xiǎn　　fēng xiǎn
保　险　|　风　险
Versicherung | Risiko

yǒu de rén xǐ huan mào xiǎn
有 的 人 喜 欢 冒 险。
Manche Leute nehmen gern Risiken auf sich.

♥ ***Subst.* vielgestaltiges Gebiet; schwer passierbare Stelle:**

tiān xiǎn
天 险
natürliche Barriere

xiǎn yào
险 要
schwer zugänglich und strategisch wichtig

zhè lǐ shān xiǎn dàn jǐng sè hěn měi
这 里 山 险，但 景 色 很 美。
Das Gebirge ist schwer zugänglich, aber die Landschaft hier ist wunderschön.

xiàn

现

(現)

♥ ***Subst.* jetzt; gegenwärtig:**

xiàn dài
现 代
Gegenwart

xiàn xíng
现 行
derzeitig geltend

♥ ***Adv.* zur gleichen Zeit; momentan:**

xiàn xué xiàn yòng
现 学 现 用
lernen und gleichzeitig gebrauchen

dāng shí wǒ zhèng hǎo zài xiàn chǎng
当 时 我 正 好 在 现 场。
Damals war ich gerade vor Ort.

♥ ***Adj.* verfügbar:**

xiàn fáng
现 房
bezugsfertige Wohnung

xiàn jīn
现 金
Bargeld

tā xǐ huan xiàn huò jiāo yì
他喜 欢 现 货 交 易。
Er mag Kassageschäfte.

xiāng 相

♥ ***Adv.* einander:**

xiāng děng | xiāng hù
相 等 | 相 互
gleich | gegenseitig

xiāng hù xué xí
相 互 学 习
voneinander lernen

tóng xué zhī jiān yīng hù xiāng bāng zhù
同 学 之 间 应 互 相 帮 助。
Die Studenten sollen einander helfen.

♥ ***Adv.* besehen (ob etw. einem gefällt):**

xiāng kàn
相 看
besehen

tā xiāng zhòng le yī jiàn yī fu
她 相 中 了一 件 衣服。
Nach dem Besehen hat sie sich für eine Kleidung entschieden.

xiāng

香

♥ ***Adj.* wohlriechend:**

xiāng qì
香 气
Duft

xiāng tián kě kǒu
香 甜 可 口
aromatisch, süß und schmackhaft

gōng yuán lǐ niǎo yǔ huā xiāng
公 园 里 鸟 语 花 香。
Die Vögel zwitschern, und die Blumen duften im Park.

♥ ***Adj.* gut:**

chī de xiāng
吃 得 香
mit kräftigem Appetit essen

shuì de xiāng
睡 得 香
fest schlafen

nǐ kàn tā shuì de duō xiāng
你 看 他 睡 得 多 香。
Sieh mal, wie fest er schläft!

xiǎng

响

(響)

♥ ***Subst.* Echo; Geräusch:**

fǎn xiǎng
反 响
Echo

huí xiǎng
回 响
Widerhall

zhè lǐ bù néng yǒu rèn hé xiǎng dòng
这 里 不 能 有 任 何 响 动。
Hier darf man keinen Lärm machen.

♥ ***Adj.* laut; klangvoll:**

xiǎng liàng
响 亮
laut und deutlich

xiǎng dāng dāng
响 当 当
klangvoll

nǐ shuō huà shēng yīn tài xiǎng le
你 说 话 声 音 太 响 了。
Du sprichst zu laut.

♥ ***V.* ertönen:**

xiǎng luó
响 锣
wohltönender Gong

bù shēng bù xiǎng
不 声 不 响
wortlos

xià kè zhōng shēng xiǎng le
下 课 钟 声 响 了。
Die Glocke klingt zur Pause.

xiǎng
想

♥ ***V.* nachdenken; denken:**

sī xiǎng
思 想
Gedanke

xiǎng bàn fǎ
想 办 法
Mittel und Wege finden

tā sī lái xiǎng qù de xún zhǎo wèn tí de dá àn
她思来想去地寻找问题的答案。
Sie wälzt das Problem hin und her, um eine Lösung herauszufinden.

♥ *V.* **sich nach jmdm./etw. sehnen; vermissen:**

huí xiǎng | xiǎng jiā
回想 | 想家
sich erinnern | Heimweh haben

wǒ men dà jiā dōu hěn xiǎng nín
我们大家都很想您。
Wir alle vermissen Sie sehr.

♥ *V.* **hoffen:**

lǐ xiǎng | liào xiǎng
理想 | 料想
Ideal | erwarten

wǒ xiǎng dào běi jīng qù xué hàn yǔ
我想到北京去学汉语。
Ich möchte in Beijing Chinesisch lernen.

xiàng
向

♥ *V.* **gehen; auf etw. gerichtet sein:**

xiàng qián kàn
向前看
den Blick nach vorn richten

xiàng yáng
向阳
gegen die Sonne gerichtet

wǒ men yào xiàng nǐ xué xí
我们要向你学习。
Wir sollten von dir lernen.

♥ ***Subst.*** **Richtung; Planung:**

fēng xiàng | háng xiàng
风向 | 航向
Windrichtung | Fahrtrichtung

zhè jiù shì wǒ de yuǎn dà zhì xiàng
这就是我的远大志向。
Das ist mein Ziel.

xiàng

像

♥ ***V.* nach jmdm. geraten; ähnlich sein:**

xiāng xiàng
相 像
ähnlich sein

xiàng yàng
像 样
anständig

ér zi zhǎng de xiàng bà ba
儿子 长 得 像 爸爸。
Der Sohn gerät nach seinem Vater.

tā de shēng yīn xiàng yīn yuè yī yàng
她的 声 音 像 音 乐一 样。
Ihre Stimme klingt wie Musik.

♥ ***Subst.* Ähnlichkeit; Bild; Statue:**

huà xiàng | tú xiàng
画 像 | 图 像
Porträt | Bild

kǒng zǐ xué yuàn lǐ yǒu kǒng zǐ de sù xiàng
孔 子学 院 里有 孔 子的 塑 像。
Im Konfuzius-Institut findet man die Statue von Konfuzius.

xiāo

消

♥ ***V.* verschwinden; sich verlieren:**

xiāo shī
消 失
verschwinden

xiāo tuì
消 退
sich verlieren

yān xiāo yún sàn
烟 消 云 散
sich in nichts auflösen

♥ **V. entfernen; beseitigen:**

xiāo chú
消 除
beseitigen

qǔ xiāo
取 消
abschaffen

♥ **V. Zeit verbringen:**

xiāo shǔ
消 暑
einen angenehmen Sommer verleben

xiāo yè
消 夜
einen Mitternachtsimbiss einnehmen

hǎi bīn xiāo xià wǎn huì
海 滨 消 夏 晚 会
die Abendveranstaltung am Meer, um eine angenehme Sommernacht zu verleben

♥ **V. Geld kosten:**

yī dùn fàn huā yī bǎi duō yuán xiāo fèi bù gāo
一顿 饭 花 一百 多 元，消 费 不 高。
Das Essen kostet mehr als hundert Yuan. Das ist ja nicht viel.

xiāo
销
(銷)

♥ **V. wegnehmen; vernichten:**

xiāo jià
销 假
sich nach einem Urlaub zurückmelden

tā dào cái wù shì zhǎo wǒ bào xiāo
他 到 财 务 室 找 我 报 销。
Er kommt zu mir bei der Kasse und lässt sich seine Kosten wiedererstatten.

♥ ***V.* verkaufen; absetzen:**

rè xiāo　xiāo lù
热销 | 销路
große Nachfrage haben | Absatz

zhè shì yī běn chàng xiāo shū
这是一本畅销书。
Das ist ein Bestseller.

♥ ***V.* Geldausgabe; finanzieller Aufwand:**

huā xiāo
花销
Aufwand

zuì jìn wǒ de kāi xiāo tài dà le
最近我的开销太大了。
Zur Zeit sind meine Ausgaben viel zu hoch.

xiǎo

小

♥ ***Adj.* klein:**

xiǎo chuán
小船
kleines Boot

xiǎo péng you
小朋友
Kind

nǐ kě bù yào xiǎo tí dà zuò
你可不要小题大做。
Du darfst nicht aus einer Mücke einen Elefanten machen.

♥ ***Adv.* kurz:**

xiǎo zhù　xiǎo zuò
小住 | 小坐
für eine kurze Zeit wohnen | für eine kurze Weile sitzen

wǒ zhǐ xū xiǎo shuì piàn kè
我只需小睡片刻。
Ich mache nur ein Schläfchen.

♥ ***Adj.* jüngster:**

xiǎo dì di
小 弟弟
der jüngste Bruder

xiǎo ér zi
小 儿子
der jüngste Sohn

tā zài jiā lǐ shì lǎo xiǎo
她在家里是老 小。
Sie ist die jüngste in der Familie.

xiào
校

♥ ***Subst.* Schule:**

xiào shè | xué xiào
校 舍 | 学 校
Schulgebäude | Schule

quán xiào tóng xué
全 校 同 学
alle Schüler an der Schule

s. jiào S. 153

xiào
笑

♥ ***V.* froher Gesichtsausdruck; Lachen:**

xiào róng | xiào shēng
笑 容 | 笑 声
heitere Mine | Lachen

tā kāi huái dà xiào
他开 怀 大笑。
Er lacht nach Herzenslust.

xiào
笑
lachen

♥ *V.* **auslachen; sich über jmdn. lustig machen:**

cháo xiào | jī xiào
嘲笑 | 讥笑
sich über jmdn. lustig machen | auslachen

bù yào qǔ xiào tā rén de shī wù
不要取笑他人的失误。
Wir dürfen uns nicht über die Fehler der anderen lustig machen.

xiē
些

♥ ***Zähleinheitswort*** **einige:**

nà xiē shū | yī xiē jiàn yì
那些书 | 一些建议
diese Bücher | einige Vorschläge

yǒu xiē péng you hěn xiǎng dào zhōng guó xué xí hàn yǔ
有些朋友很想到中国学习汉语。
Einige Freunde möchten in China Chinesisch lernen.

xié
鞋

♥ ***Subst.*** **Schuh:**

pí xié | yùn dòng xié
皮鞋 | 运动鞋
Lederschuhe | Sportschuhe

hái zi cóng liǎng suì kāi shǐ jiù huì zì jǐ jì xié dàir
孩子从两岁开始就会自己系鞋带儿。
Seit das Kind zwei Jahre alt ist, bindet es selber die Schnürsenkel zu.

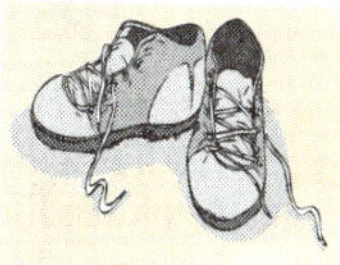

xié zi
鞋子
Schuhe

xiě

写

(寫)

♥ ***V.* schreiben; aufschreiben:**

tīng xiě 听写 | xiě zì 写字

Diktat | schreiben

tā yòng shǒu zhǐ zài shā dì shàng xiě tā de míng zi

他用手指在沙地上写她的名字。

Er schreibt mit der Hand ihren Namen in den Sand.

♥ ***V.* verfassen; dichten:**

hé xiě 合写 | xiě zuò 写作

etw. gemeinsam verfassen | verfassen

zhè bù xiǎo shuō shì wǒ xiě de

这部小说是我写的。

Ich habe den Roman geschrieben.

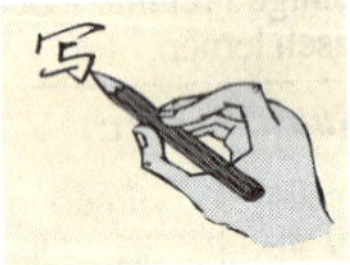

xiě

写

schreiben

xiè

谢

(謝)

♥ ***V.* danken**

xiè xie

谢谢

Danke!

xiè yì

谢意

Dankbarkeit

duō xiè nín de zhī chí

多谢您的支持。

Vielen Dank für Ihre Unterstützung.

♥ *V.* **ablehnen; abweisen:**

tuī xiè
推 谢
dankend ablehnen

xiè kè
谢 客
einen Besuch abweisen

tā cí xiè le duì fāng de lǐ wù
他辞谢了对 方 的礼物。
Er hat die Geschenke dankend abgelehnt.

xīn
心

♥ ***Subst.*** **Herz:**

xīn fáng | xīn tiào
心 房 | 心 跳
Herzvorhof | Herzklopfen

tā de xīn zàng hěn hǎo
他的心 脏 很 好。
Sein Herz ist gesund.

♥ ***Subst.*** **Sinn; Gefühl:**

xīn dé
心 得
lehrreiche Eindrücke

xīn qíng
心 情
Laune

tā zǒng néng xīn xiǎng shì chéng
他 总 能 心 想 事 成。
Seine Wünsche können sich immer verwirklicht werden.

♥ ***Subst.* Zentrum; Kern:**

shǒu xīn
手 心
Handfläche

gōng zuò zhòng xīn
工 作 重 心
der Schwerpunkt der Arbeit

yào zhuā zhù wén zhāng de zhōng xīn
要 抓 住 文 章 的 中 心
sī xiǎng
思 想。
Wir sollten den Hauptgedanken des Textes betonen.

xīn
新

♥ ***Adj.* neu:**

xīn wén
新 闻
Nachricht

xīn shēng shì wù
新 生 事 物
neue Dinge

měi nián chǎn shēng xǔ duō xīn cí
每 年 产 生 许 多 新 词
xīn yǔ
新 语。
Jedes Jahr erzeugt man viele neue Wörter und Wendungen.

♥ ***Adj.* neu; unbenutzt:**

xīn jū | xīn yī fu
新 居 | 新 衣服
neue Wohnung | neue Kleidung

zhè shì xīn de shéi yě méi kàn guo
这 是 新 的，谁 也 没 看 过。
Das ist ganz neu, niemand hat es vorher gesehen.

♥ ***Adj.* seit kurzem; verheiratet:**

xīn fáng　xīn niáng
新 房 | 新 娘
Brautgemach | Braut

yī duì xīn rén hù jìng hù ài
一对 新 人 互 敬 互爱。
Das junge Brautpaar respektiert und liebt einander sehr.

♥ ***Adv.* neulich; vor kurzem:**

xīn jìn
新 近
neulich

wǒ shì xīn lái de
我 是 新 来 的。
Ich bin ein Anfänger.

xìn 信

♥ ***Subst.* Brief; Bescheinigung:**

xìn jiàn　jiā xìn
信 件 | 家 信
Brief | Familienbrief

kāi gè zhèng míng xìn
开 个 证 明 信
eine Bescheinigung ausstellen

tā zhèng zài xiě xìn
她 正 在 写 信。
Sie schreibt gerade einen Brief.

♥ ***Subst.* Nachricht; Information:**

tōng xìn wèi xīng　xìn hào
通 信 卫 星 | 信 号
Nachrichtensatellit | Signal

yòng shǒu jī fā duǎn xìn
用 手 机发 短 信
eine Nachricht mit dem Handy schicken

♥ ***Subst.* vertraut; zuverlässig:**

chéng xìn
诚 信
aufrichtig und ehrlich

xìn yòng | xìn yù
信 用 | 信誉
Vertrauen | Ruf

♥ ***Adj.* wahr; echt:**

xìn shǐ
信 史
authentische Geschichte

xīng
兴
(興)

♥ ***V.* gründen; errichten:**

xīng jiàn
兴 建
errichten

dà xīng tǔ mù
大 兴 土 木
Bauarbeiten von riesigem Ausmaß durchführen

xīng bàn kǒng zǐ xué yuàn
兴 办 孔 子 学 院
Konfuzius-Institute gründen

♥ ***V.* gedeihen:**

fù xīng
复 兴
wieder erstehen

xīn xīng xué kē
新 兴 学 科
ein aufblühendes Fach

xiàn zài shí xīng wǎng shàng gòu wù
现 在 时 兴 网 上 购 物。
Zur Zeit kommt es mehr in Mode, im Internet einzukaufen.

s. xìng auf S. 389

xīng
星

♥ ***Subst.* Stern:**

xīng xing　xīng zuò
星　星 ｜ 星　座
Stern ｜ Sternbild

tā yǎng wàng zhe běi dǒu qī xīng
他 仰　望　着 北 斗 七 星。
Er blickt zum Großen Bären im Himmel auf.

♥ ***Subst.* das, was wie Stern aussieht:**

wǔ jiǎo xīng
五 角　星
fünfeckiger Stern

líng líng xīng xīng
零　零　星　星
bruchstückhaft

xīng xīng zhī huǒ　kě yǐ liáo yuán
星　星　之 火，可以 燎　原。
Ein Funke kann die Steppe in Flammen setzen.

♥ ***Subst.* Berühmtheit; Prominenz:**

gē xīng　míng xīng
歌 星 ｜ 明　星
Gesangstar ｜ Star

tā shì yī wèi kē jì xīn xīng
他 是 一 位 科 技 新　星。
Er ist ein neuer Star im Bereich der Naturwissenschaft und Technik.

xíng
行

♥ ***V.* gehen:**

bù xíng
步 行
zu Fuß gehen

qiān lǐ zhī xíng shǐ yú zú xià
千　里 之　行，始 于 足　下。
Eine Reise von tausend Meilen beginnt mit dem ersten Schritt.

♥ *V.* **machen; sich mit etw. beschäftigen:**

xíng bù tōng | xíng yī
行 不 通 | 行 医
undurchführbar | als Arzt tätig sein

zhè zhǒng fāng fǎ jiǎn biàn yì xíng
这 种 方 法 简 便 易 行。
Diese Methode ist einfach durchzuführen.

♥ ***Subst.*** **Benehmen:**

xíng wéi | pǐn xíng
行 为 | 品 行
Benehmen | Charakter und Betragen

♥ ***Adj.*** **fähig; tüchtig:**

nǐ hái zhēn xíng
你还 真 行!
In dir steckt wirklich allerhand!

xiǎo wáng jiù shì xíng
小 王 就 是 行。
Xiao Wang ist sehr tüchtig.

s. **háng** S. 111

xǐng

省

♥ *V.* **sich selbstkritisch überprüfen:**

fǎn xǐng | nèi xǐng
反 省 | 内 省
in sich gehen | Selbstbeobachtung

♥ *V.* **sich einer Sache bewusst werden:**

bù xǐng rén shì
不 省 人 事
das Bewusstsein verlieren

měng xǐng qián fēi
猛 省 前 非
sich sehr schnell Klarheit über eigene Fehler verschaffen

zhè shì yī cì fā rén shēn xǐng de jiào yù
这是一次发人深省的教育。
Diese Erfahrung macht uns nachdenklich.

s. shěng S. 293

xìng 兴 (興)

♥ ***Subst.* das Gefühl von Glück oder Zufriedenheit; Lust;**

xìng wèi 兴味 | xìng zhì 兴致
Interesse | Lust

tā men yòng yīn yuè lái zhù xìng
他们用音乐来助兴。
Zur Unterhaltung haben sie Musik gemacht.

s. xīng S. 386

xìng 幸

♥ ***Adj.* glücklich:**

xìng fú 幸福 | róng xìng 荣幸
Glück | Ehre

rèn shi nín zhēn shì sān shēng yǒu xìng
认识您真是三生有幸。
Es ist mir eine große Ehre, Sie kennen zu lernen.

♥ ***Adj.* glucklicherweise:**

xìng cún 幸存 | xìng hǎo 幸好
überleben | zum Glück

zhè zhēn shì wàn xìng
这真是万幸。
Zum Glück!

xìng 性

♥ ***Subst.*** **Charakter; Eigenschaft:**

gè xìng | yào xìng
个性 | 药性
Charakter | Heilwirkung

tā shì gè jí xìng zi
她是个急性子。
Sie ist ein Hitzkopf.

♥ ***Subst.*** **Sex:**

xìng bié | xìng jiào yù
性别 | 性教育
Geschlecht | Sexualkunde

zhè lǐ yǒu jiā nǚ xìng yòng pǐn shāng diàn
这里有家女性用品商店。
In diesem Geschäft verkauft man Waren für Frauen.

♥ ***Subst.*** **Genus (Grammatik):**

yīn xìng | yáng xìng
阴性 | 阳性
Femininum | Maskulinum

xìng 姓

♥ ***Subst.*** **Nachname;**

bǎi jiā xìng
百家姓
Namen der Hundert Familien

wǒ xìng zhāng nǐ xìng shén me
我姓张，你姓什么？
Ich heiße Zhang. Wie heißt du?

xiū 休

♥ ***V.*** **Pause machen; sich ausruhen:**

xiū jià
休假
Urlaub machen

xiū xi
休息
sich ausruhen

tā yǐ jing tuì xiū le
他已经 退 休 了。
Er ist schon in Pension gegangen.

xū
须
(須)
(鬚)

♥ *V.* **müssen; etw. machen müssen:**

xū zhī
须 知
Hinweis

wǒ men bì xū rèn zhēn zuò hǎo měi yī
我 们 必须 认 真 做 好 每 一
jiàn shì qing
件 事 情。
Wir müssen alles fleißig und sorgfältig erledigen.

♥ ***Subst.* Bart:**

xū fà
须 发
Bart und Haar

zhè shì shù de xū gēn
这 是 树 的 须 根。
Das ist die Faserwurzeln von dem Baum.

xū
需

♥ *V.* **brauchen; etw. nötig haben:**

jí xū
急需
dringend brauchen

xū yào
需 要
brauchen

zhè xiē dōu shì shēng huó bì xū pǐn
这 些 都 是 生 活 必需 品。
Das sind Gebrauchswaren für das Alltagsleben.

xǔ

许

(許)

♥ *V.* **erlauben; anerkennen:**

xǔ kě | zhǔn xǔ
许可 | 准许
erlauben | genehmigen

bù xǔ hòu tuì
不许后退。
Zurücktreten nicht erlaubt!

♥ *V.* **versprechen:**

xǔ nuò
许诺
jmdm. sein Wort geben

xǔ yuàn
许愿
ein Gelübde ablegen

♥ *Adv.* **vielleicht; wahrscheinlich:**

xīng xǔ | yě xǔ
兴许 | 也许
wahrscheinlich | vielleicht

tā méi lái yě xǔ shì yǒu shìr
他没来,也许是有事儿。
Er ist nicht gekommen, vielleicht hat er etwas anderes vor.

♥ *Pron.* **um den Grad oder die Zahl zu nennen:**

shǎo xǔ
少许
ein bisschen

xǔ jiǔ
许久
lange

guǎng chǎng shàng yǒu xǔ duō rén
广 场 上 有 许 多 人。
Auf dem Platz gibt es viele Leute.

xué

学

(學)

♥ *V.* **lernen:**

xué sheng | xué wén huà
学 生 | 学 文 化
Schüler | lesen und schreiben

xué xí fāng fǎ
学 习 方 法
Lernmethode

huó dào lǎo xué dào lǎo
活 到 老，学 到 老。
Solange man lebt, lernt man.

♥ ***Subst.* Wissen; Kenntnisse :**

xué shí
学 识
Wissen

xué wen
学 问
Kenntnisse.

yào yǒu zhēn cái shí xué
要 有 真 才 实 学。
Man muss fachlich qualifiziert sein.

♥ ***Subst.* Schule:**

shàng xué | xué xiào
上 学 | 学 校
zur Schule gehen | Schule

wǒ yǐ jing dà xué bì yè le
我已经 大 学 毕业了。
Ich habe schon die Universität absolviert.

♥ ***Subst.* Fach:**

huà xué | wén xué
化学 | 文学
Chemie | Literatur

tā xué de shì yùn dòng lì xué
他学的是运动力学。
Er studiert Bewegungsmechanik.

xuě
雪

♥ ***Subst.* Schnee:**

xuě huā | xuě piàn
雪花 | 雪片
Schneeflocken | Schneeflocken

yī chǎng xuě
一场雪
ein Schneefall

zuó tiān xià le yī chǎng dà xuě
昨天下了一场大雪。
Gestern gab es einen starken Schneefall.

♥ ***Adj.* schneeweiß:**

xuě bái
雪白
schneeweiß

xuě bái de chèn shān
雪白的衬衫
schneeweißes Hemd

xuè
血

♥ ***Subst.* Blut:**

xuè guǎn | xuè yè
血管 | 血液
Ader | Blut

tā de xuè yā hěn zhèng cháng
她的血压很正常。
Ihr Blutdruck ist normal.

♥ ***Subst.* Anstrengung; Mühe:**

xīn xuè
心 血
Mühe

hua fèi hěn duō xīn xuè
花 费 很 多 心 血
viele Bemühungen machen

yā
呀

♥ **ah, oh (überrascht oder erstaunt):**

ā yā
啊呀
ah

yā nǐ yě huì shuō hàn yǔ
呀！你也会说汉语！
Oh, du kannst auch Chinesisch!

yā nǐ men dōu zǎo dào le
呀！你们都早到了。
Ah, ihr seid schon seit langem hier.

♥ **knarrender Ton:**

mén yā de yī shēng dǎ kāi le
门“呀”的一声打开了。
Die Tür geht knarrend auf.

s. ya S. 397

yā
鸭
(鴨)

♥ ***Subst.* Ente:**

yā dàn | jiā yā
鸭蛋 | 家鸭
Entenei | Ente

wǒ xiǎng chī běi jīng kǎo yā
我想吃北京烤鸭。
Ich möchte Peking-Ente essen.

yā zi
鸭子
Ente

yá

牙

♥ ***Subst.* Zahn:**

xiǎo hái zi zhǎng chū yá le
小孩子长出牙了。
Das kind hat Zähne bekommen.

♥ ***Subst.* Elfenbein:**

xiàng yá | yá kè
象牙 | 牙刻
Elfenbein | Elfenbeinschnitzerei

zhè shì yī méi yá zhāng
这是一枚牙章。
Das ist ein Elfenbeinstempel.

yà

亚 (亞)

♥ ***Adj.* schwächer als; zweitrangig:**

yà jūn
亚军
zweiter Platz

yà jiàn kāng
亚健康
schwächelnde Gesundheit

zhè lǐ shì yà rè dài dì qū
这里是亚热带地区。
Hier befinden wir uns in den Subtropen.

♥ ***Subst.* Asien:**

dōng yà | yà yùn huì
东亚 | 亚运会
Ostasien | Asiatische Spiele

ya

呀

♥ **eine Schreibvariante von 啊 (a), wenn es nach „a, e, i, o, u“ steht, um Freude zu zeigen, oder etw. zu verstärken, oder Fragen zu stellen:**

nǐ kuài lái ya
你快来呀!
Komm doch schnell her!

chéng guǒ lái zhī bù yì ya
成 果 来 之不 易呀。
Der Erfolg hat doch viel Mühe gekostet.

nǐ zěn me xiàn zài hái bù huí jiā ya
你怎 么 现 在 还 不 回 家 呀?
Warum gehst du noch nicht nach Hause?

s. yā auf S. 396

yán
言

♥ ***V.* sprechen:**

yán jiào
言 教
mit Worten belehren

yù yán
预 言
Vorhersage

tā zì yán zì yǔ de shuō qǐ lái le
她 自 言 自语 地 说 起来 了。
Sie begann, vor sich hin zu sprechen.

♥ ***Subst.* Wort:**

míng yán
名 言
geflügelte Worte

yǒu yán zài xiān
有 言 在 先
etw. von vornherein klarstellen

tā zài diàn huà lǐ liú yán le
她在 电 话 里 留 言 了。
Sie hat eine Nachricht am Telefon gelassen.

♥ ***Subst.* Wort:**

qiān yán wàn yǔ
千 言 万 语
in tausend Worten

yán 颜 (顏)

♥ ***Subst.* Farbe:**

yán liào 颜料 | Farbstoff
yán sè 颜色 | Farbe

wǔ yán liù sè de xiān huā
五颜六色的鲜花
bunte Blumen

♥ ***Subst.* Gesicht; Gesichtsausdruck:**

róng yán
容颜
Aussehen

yán róng
颜容
Antlitz

rén rén xǐ xiào yán kāi
人人喜笑颜开。
Alle sind voller Freude.

yǎn 眼

♥ ***Subst.* Auge:**

diàn zǐ yǎn 电子眼 | Überwachungskamera
yǎn qiú 眼球 | Augapfel

tā yǎn míng shǒu kuài
他眼明手快。
Er ist scharfsinnig und behende.

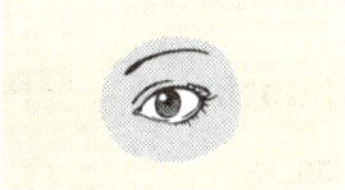

yǎn jing
眼睛
Auge

♥ ***Subst.* kleines Loch; enge Öffnung:**

zhēn yǎn
针眼
Nadelöhr

huǒ yǎnr
火 眼儿
akute Augenbindehautentzündung

dǎ gè yǎnr dāng jì hao
打 个 眼儿 当 记 号。
ein Loch als Markierung bohren

yǎn
演

♥ *V.* **aufführen:**

kāi yǎn
开 演
Beginn einer Aufführung

yǎn chàng
演 唱
singen

wǒ yǎn yī gè jǐng chá
我 演 一个 警 察。
Ich spiele einen Polizisten.

♥ *V.* **sich entwickeln:**

yǎn huà | yǎn jìn
演 化 | 演 进
Evolution | Evolution

fā zhǎn yǎn biàn
发 展 演 变
Entwicklung

♥ *V.* **üben:**

yǎn shì
演 示
demonstrieren

yǎn suàn
演 算
mathematische Aufgaben lösen

yáng
羊

♥ ***Subst.* Schaf:**

shān yáng　yáng ròu
山　羊 | 羊　肉
Ziege | Lammfleisch

yáng máo chū zài yáng shēn shàng
羊　毛　出　在　羊　身　上。
Wolle kommt von den Schafen.

yáng
羊
Schaf

yáng
阳
(陽)

♥ ***Subst.* Sonne; Sonnenlicht:**

yáng guāng　yáng lì
阳　光 | 阳　历
Sonnenlicht | Sonnenkalender

zhè xiē fáng jiān dōu shì yáng miàn de
这　些　房　间　都　是　阳　面　的。
Alle Zimmer sind nach Süden.

yàng
样
(樣)

♥ ***Subst.* Form; Aussehen:**

yàng shì
样　式
Form

tóng yàng
同　样
gleich

jiā xiāng biàn yàng le
家　乡　变　样　了。
Die Heimat hat sich stark verändert.

♥ ***Subst.* Muster:**

yàng běn　yàng pǐn
样 本 | 样 品
Muster | Musterstück

zhè shì yī běn yàng shū
这 是 一 本 样 书。
Das ist ein Musterbuch.

♥ ***Zähleinheitswort* Art:**

liǎng yàng shuǐ guǒ
两 样 水 果
zwei Arten Obst

yàng yàng dōu xíng
样 样 都 行
alles können

yī yàng dōng xi yě bù néng shǎo
一 样 东 西 也 不 能 少。
Es darf nichts fehlen.

yāo
要

♥ ***V.* fordern; verlangen; drohen:**

yāo qiú　yāo xié
要 求 | 要 挟
verlangen | drohen

yìng guǎng dà guān zhòng de yāo qiú
应 广 大 观 众 的 要 求
nach Wünschen des Publikums

zhè shì hé lǐ yāo qiú
这 是 合 理 要 求。
Das sind vernünftige Forderungen.

s. yào S. 403

yào

要

♥ *Adj.* **wichtig; wesentlich:**

yào dào
要 道
Verkehrsader

yào yuán
要 员
wichtiger Beamter

zhè gè dì fang hěn xiǎn yào
这 个 地 方 很 险 要。
Dieser Ort ist strategisch wichtig und schwer zugänglich.

♥ *Subst.* **Zusammenfassung:**

gāng yào
纲 要
Zusammenfassung

tí yào
提 要
Zusammenfassung

wén zhāng zhāi yào bié chāo guò 200 zì
文 章 摘 要 别 超 过 200 字。
Die Zusammenfassung darf nicht mehr als 200 Wörter enthalten.

♥ *V.* **wünschen:**

nǐ yào gàn shén me
你 要 干 什 么?
Was hast du vor?

♥ *V.* **verlangen; fordern:**

yào zhàng
要 账
Schulden eintreiben

yào yī běn shū
要 一 本 书
nach einem Buch verlangen

zhè gè wǒ bù yào le
这 个 我 不 要 了。
Das brauche ich nicht mehr.

♥ ***V.* sollen; müssen:**

yǔ tiān lù huá yào xiǎo xīn
雨 天 路 滑， 要 小 心。
Beim Regen ist der Weg rutschig, jeder sollte sich vorsehen.

nǐ yào hǎo hǎo xué hàn yǔ
你 要 好 好 学 汉 语。
Du sollst fleißig Chinesisch lernen.

s. yāo S. 402

yào 药 (藥)

♥ ***Subst.* Medizin:**

nóng yào
农 药
Pestizid

zhōng yào
中 药
traditionelle chinesische Arznei

zhè yào yī diǎnr yě bù kǔ
这 药 一 点儿 也 不 苦。
Die Arznei ist gar nicht bitter.

♥ ***Subst.* bestimmte chemische Substanzen:**

huǒ yào | zhà yào
火 药 | 炸 药
Schießpulver | Sprengstoff

yé
爷
(爺)

♥ ***Subst.* Großvater; Anrede für einen älteren Mann:**

yé ye　　lǎo dà ye
爷爷 | 老大爷
Großvater | Großvater

zuó tiān wǒ qù yé ye jiā le
昨天我去爷爷家了。
Gestern habe ich meinen Großvater besucht.

yě
也

♥ ***Adv.* auch:**

nǐ qù　wǒ yě qù
你去，我也去。
Wenn du hingehst, gehe ich auch.

tā xué de hǎo　wǒ xué de yě bù cuò
他学得好，我学得也不错。
Er lernt gut, und ich lerne auch nicht schlecht.

♥ ***Adv.* gar; sogar:**

yī diǎnr yě bù rè
一点儿也不热。
Es ist gar nicht heiß.

tā lián kàn yě bù kàn yī yǎn
他连看也不看一眼。
Er schickt sogar keinen Blick dazu.

yè
业
(業)

♥ ***Subst.* Studium; Studienkurs:**

jié yè　　xué yè
结业 | 学业
das Studium beenden | Studium

tā gāng bì yè
她刚毕业。
Sie hat gerade das Studium absolviert.

♥ ***Subst.* Branche:**

gōng yè | shǒu gōng yè
工业 | 手工业
Industrie | Handwerk

gè háng gè yè dōu néng chū zhuàng yuan
各行各业都能出状元。
Jeder Beruf bringt seine großen Meister hervor.

♥ ***Subst.* Beschäftigung:**

cóng yè rén yuán | jiù yè
从业人员 | 就业
Angestellte | Beschäftigung

yè wù
业务
berufliche Tätigkeit

♥ ***Subst.* Eigentum:**

yè zhǔ
业主
Inhaber

jiā yè
家业
Familienbesitz

jiā dà yè dà
家大业大
große Familie, reiches Eigentum

♥ ***Subst.* Geschäfte (Wirtschaft):**

tíng yè
停业
ein Geschäft zumachen

xiū yè
休业
ein Geschäft kurzfristig schließen

shāng diàn míng tiān kāi yè
商 店 明 天 开 业。
Der Laden wird morgen eröffnet.

yè
页
(頁)

♥ ***Subst.* Seite:**

huà yè
画 页
Bildtafel

huó yè zhǐ
活 页 纸
lose Blätter

zhè běn shū zhōng yǒu jǐ gè chā yè
这 本 书 中 有 几 个 插 页。
In dem Buch findet man einige Abbildungsblätter.

♥ ***Subst.* Seite:**

wǎng yè | yè miàn
网 页 | 页 面
Webseite | Seite

zhè běn shū wǒ gāng dú le jǐ yè
这 本 书 我 刚 读 了 几 页。
Ich habe nur einige Seiten des Buchs gelesen.

yè
夜

♥ ***Subst.* Abend; Nacht:**

yè bān
夜 班
Nachtschicht

yè jiān
夜 间
in der Nacht

liú xīng huá guò yè kōng
流 星 划 过 夜 空。
Die Sternschnuppe fuhr in der Nacht vom Himmel herunter.

♥ ***Zähleinheitswort* nachts:**

sān tiān sān yè
三 天 三 夜
drei Tage und drei Nächte

rì rì yè yè sī niàn nǐ
日日夜夜思 念 你。
Ich vermisse dich tags und nachts.

yī

一

♥ ***Num.* eins:**

yī gè
一 个
eins

yī zì qiān jīn
一字 千 金
Ein Schriftzeichen ist tausend Goldstücke wert.

zhè yàng kě yǐ yī jǔ liǎng dé
这 样 可 以 一 举 两 得。
Da schlägt man zwei Fliegen mit einer Klappe.

♥ ***Adj.* das Gleiche; dasselbe:**

yī huí shì
一 回 事
ein und dasselbe

shuǐ tiān yī sè
水 天 一 色
Wasser und Himmel sind von derselben Farbe.

shéi qù dōu yī yàng
谁 去 都 一 样。
Es macht keinen Unterschied, wer da hingeht.

♥ ***Pron.* jeder:**

yī gè yuè chū liǎng cì chāi
一个 月 出 两 次 差
pro Monat zweimal Dienstreise machen

yī zhōu sān gè háng bān
一周三个航班
wöchentlich drei Flüge

♥ ***Adj.* alle; ganz:**

yī chē rén | yī shēng
一车人 | 一生
alle Passagiere im Bus | das ganze Leben

zhù nín yī lù píng ān
祝您一路平安。
Alles Gute!

♥ ***Adv.* vor einem Verb verwendet, um zu bezeichnen, dass ein bestimmtes Handeln ein bestimmtes Ergebnis hervorruft:**

yī jiào jiù dào
一叫就到
Jedesmal wenn man ihn einlädt, kommt er gleich.

yī wèn biàn zhī
一问便知
Beim Fragen bekommt man schon die Antwort.

tā yī kàn jiù huì le
他一看就会了。
Er hat nur einmal zugeschaut, versteht aber sofort alles.

♥ ***Pron.* gewisser:**

yī tiān
一天
ein Tag

lái le yī gè nián qīng rén
来了一个年轻人。
Ein junger Mann ist gekommen.

♥ **Betonung ausdrücken:**

yī zhí
一直
immer

tā yī zhǔnr zài jiā
他一准儿在家。
Er ist ganz bestimmt zu Hause.

yī
衣

♥ ***Subst.* Kleidung:**

nèi yī | yī wù
内衣 | 衣物
Unterwäsche | Kleidung

yī shí zhù xíng dōu yào kǎo lǜ dào
衣食住行都要考虑到。
Man sollte den Grundbedarf eines Menschen – Nahrung, Kleidung, Wohnung und Transportmittel – in Betracht ziehen.

yī fu
衣服
Kleidung

♥ ***Subst.* Schicht, Überzug:**

yào piàn de wài biān shì yī céng táng yī
药片的外边是一层糖衣。
Die Tabletten sind mit Zucker überzogen.

yī
医
(醫)

♥ ***Subst.* Arzt:**

yī shēng | yī shī
医生 | 医师
Arzt | Arzt

tā shì yī wèi yǒu míng de yá yī
他是一位有名的牙医。
Er ist ein bekannter Zahnarzt.

♥ ***V.* heilen; behandeln:**

yī hù rén yuán | yī zhì
医护人员 | 医治
Ärzte und Krankenschwester | heilen

zhè lǐ yī liáo tiáo jiàn tè bié hǎo
这里医疗条件特别好。
Die ärztliche Betreuung hier ist besonders gut.

♥ ***Subst.* Medizin:**

yī xué | yī yuàn
医学 | 医院
Medizin | Krankenhaus

tā de yī shù hěn gāo míng
他的医术很高明。
Er beherrscht seine Heilkunst meisterhaft.

yí

宜

♥ ***Adj.* passend; geeignet:**

hé yí | shì yí
合宜 | 适宜
geeignet | passend

yí jū
宜居
geeignet für das Leben

jǐng sè yí rén
景色宜人
reizvolle Landschaft

♥ ***V.* sollen; müssen:**

bù yí cāo zhī guò jí
不宜操之过急。
Man soll nicht voreilig handeln.

shì bù yí chí
事不宜迟。
Die Sache duldet keinen Aufschub.

zhè shìr yí zǎo bù yí wǎn
这事儿宜早不宜晚。
Je früher, desto besser.

yǐ 已	♥ ***Adv.* schon:**
	yǐ wǎng 已 往 in der Vergangenheit
	yǐ zhī shù 已 知 数 bekannte Zahl
	wèn tí zǎo yǐ jiě jué le 问 题 早 已 解 决 了。 Das Problem wurde schon gelöst.
	tā yǐ jing zhī dào le 他 已 经 知 道 了。 Er weiß schon Bescheid.
yǐ 以	♥ ***Präp.* mit; mittels:**
	yǐ yī dāng shí 以 一 当 十 einer gegen zehn
	yǐ bù biàn yìng wàn biàn 以 不 变 应 万 变 alle Änderungen mit einem Grundprinzip beobachten
	yǐ lǐ fú rén yǐ qíng dòng rén 以 理 服 人，以 情 动 人 Leute mit stichhaltigen Argumenten überzeugen und mit Gefühlen bewegen
	♥ ***Präp.* nach:**
	yǐ yīn wéi xù 以 音 为 序 nach der phonetischen Reihenfolge anordnen
	yǐ bǐ huà duō shǎo pái xù 以 笔 画 多 少 排 序 nach der Reihenfolge der Striche anordnen

♥ *Präp.* **mit anderen Wörtern zusammen benutzt, um Zeit, Ort oder Anzahl zu begrenzen:**

wǔ bǎi yǐ xià
五百以下
weniger als 500

cháng jiāng yǐ běi huáng hé yǐ nán
长江以北，黄河以南
nördlich des Yangtze und südlich des Gelben Flusses

♥ *Präp.* **um ... zu; damit:**

yǐ biàn
以便
damit

yǐ qī
以期
um ... zu

yǐ lì xià yī bù gōng zuò
以利下一步工作
um den nächsten Arbeitsschritt zu erleichtern

yǐ
椅

♥ *Subst.* **Stuhl:**

yǐ zi | yáo yǐ
椅子 | 摇椅
Stuhl | Schaukelstuhl

zhè shì yī bǎ míng dài de tài shī yǐ
这是一把明代的太师椅。
Das ist ein Lehnstuhl aus der Ming-Zeit.

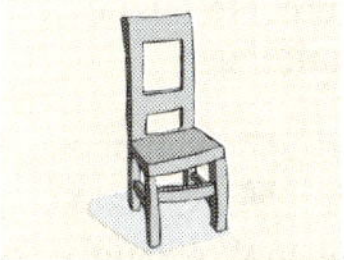

yǐ zi
椅子
Stuhl

yì
亿
(億)

♥ ***Num.* hundert Millionen:**

yì wàn
亿万
hunderte Millionen

yī yì nián qián
一亿年前
vor ein hundert Millionen Jahren

zhōng guó yǒu 13 yì rén
中国有13亿人。
China hat eine Bevölkerung von 1,3 Milliarden Menschen.

yì
义
(義)

♥ ***Subst.* Gerechtigkeit:**

dào yì
道义
Moralität und Gerechtigkeit

zhèng yì
正义
Gerechtigkeit

zhè shì wǒ men yì bù róng cí de
这是我们义不容辞的
zé rèn
责任。
Das ist unsere unabweisliche Pflicht.

♥ ***Adj.* gerecht:**

yì jǔ | yì yǎn
义举 | 义演
gerechte Sache | Wohltätigkeitsveranstaltung

kāi zhǎn yì mài huó dòng
开展义卖活动
einen Wohltätigkeitsverkauf durchführen

♥ ***Subst.* Beziehung; Freundschaft:**

yì qì
义气
Kameradschaft

yǒu qíng yǒu yì
有 情 有 义
tief verbundene Freudschaft haben

♥ ***Adj.* adoptiert:**

yì fù | yì nǚ
义父 | 义女
Adoptivvater | Adoptivtochter

yì 艺 (藝)

♥ ***Subst.* Geschicklichkeit; Kunstfertigkeit:**

shǒu gōng yì
手 工 艺
Kunsthandwerk

yuán yì
园 艺
Gartenbau

tā xiǎng zuò gè duō cái duō yì de rén
他 想 做 个 多 才 多 艺的 人。
Er möchte ein talentierter Mensch werden.

♥ ***Subst.* Kunst; Kunst und Literatur:**

yì míng
艺 名
Künstlername

yì lín
艺林
Kunstwelt

tā rè ài wén yì
她 热 爱 文 艺。
Sie liebt Kunst und Literatur.

yì
议
(議)

♥ *V.* **diskutieren; besprechen:**

yì dìng
议定
nach einer Beratung beschließen

yì lùn
议论
diskutieren.

dà jiā xiān bǎ zhè gè wèn tí yì yī xiàr
大家先把这个问题议一下儿。
Wir besprechen zuerst dieses Problem.

♥ ***Subst.*** **Meinung; Ansicht:**

tí yì | yì yì
提议 | 异议
einen Vorschlag machen | Einwand

wǒ tí gè jiàn yì
我提个建议。
Ich habe einen Vorschlag.

yì
易

♥ ***Adj.*** **leicht; mühelos:**

lái zhī bù yì | qīng ér yì jǔ
来之不易 | 轻而易举
etw. hat viel Mühe gekostet | etw. mühelos zustande bringen

zhè zhǒng fāng fǎ jiǎn biàn yì xíng
这种方法简便易行。
Diese Methode ist einfach anzuwenden.

♥ *V.* **austauschen; wechseln:**

jiāo yì | mào yì
交易 | 贸易
Geschäft | Handel

yǐ wù yì wù
以物易物
Tauschhandel treiben

yì

意

♥ ***Subst.* Bedeutung; Idee; Sinn:**

lái yì
来 意
Besuchszweck

chū qí bù yì
出 其 不 意
unerwartet

zhī kě yì huì bù kě yán chuán
只 可 意 会，不 可 言 传。
Dafür muss man ein Gespür haben, das lässt sich nicht in Worten ausdrücken.

yīn

因

♥ ***Präp.* weil:**

yīn cǐ | yīn wèi
因 此 | 因 为
deshalb | weil

tā yīn nǔ lì ér huò dé chéng gōng
他 因 努 力 而 获 得 成 功。
Er hat durch große Anstrengungen Erfolge erzielt.

♥ ***Subst.* Grund:**

chéng yīn | qián yīn hòu guǒ
成 因 | 前 因 后 果
Entstehungsursache | Ursache und Wirkung

zhè shì yī zhǒng yīn guǒ guān xi
这 是 一 种 因 果 关 系。
Das ist kausal bedingt.

yīn

阴

(陰)

♥ ***Adj.* bewölkt:**

duō yún zhuǎn yīn | yīn tiān
多 云 转 阴 | 阴 天
wolkig bis bedeckt | bewölkt

jīn tiān yòu yīn le
今 天 又 阴 了。
Heute ist der Himmel bedeckt.

♥ ***Subst.* Schatten:**

yīn miàn
阴 面
Schattenseite

rén men zài shù yīn xià xiū xi
人们 在 树 阴 下 休 息。
Die Leute machen Pause im Schatten eines Baumes.

yīn
音

♥ ***Subst.* Ton:**

yīn yuè | dú yīn
音 乐 | 读 音
Musik | Aussprache

liú xíng yīn yuè
流 行 音 乐
Popmusik

zhè zhǒng shēng yīn duō hǎo tīng
这 种 声 音 多 好 听!
Schöne Stimme!

♥ ***Subst.* Nachricht; Botschaft:**

yīn xìn
音 信
Nachricht

wǒ men jìng hòu jiā yīn
我 们 静 候 佳 音。
Wir erwarten gute Nachricht von dir zu hören.

♥ ***Subst.* Ton oder Silbe:**

dān yīn cí
单 音 词
einsilbiges Wort

duō yīn cí
多 音 词
mehrsilbiges Wort

xiàn dài hàn yǔ lǐ shuāng yīn cí duō
现代汉语里双音词多。
Es gibt viele zweisilbige Wörter im modernen Chinesisch.

yín
银
(銀)

♥ ***Subst.* Silber:**

bái yín | yín qián
白银 | 银钱
Silber | silbergeld

zhè gè jiè zhi shì yín de
这个戒指是银的。
Der Ring ist aus Silber gemacht.

♥ ***Adj.* silberfarben:**

yín fà
银发
graues Harr

yín bái sè
银白色
silberweiß

tài yáng xì bǐ yín hé xì xiǎo
太阳系比银河系小。
Das Sonnensystem ist kleiner als die Milchstraße.

♥ ***Subst.* Währung oder Geld betreffend:**

yín háng
银行
Bank

shōu yín tái
收银台
Kasse

tā shì gè shōu yín yuán
她是个收银员。
Sie arbeitet als Kassiererin.

yīng 应 (應)

♥ ***V.* müssen; sollen:**

yīng dāng
应 当
sollen

yīng gāi
应 该
müssen

yīng yǒu jìn yǒu
应 有 尽 有
Es gibt alles, was man braucht.

s. yìng auf S. 422

yīng 英

♥ ***Adj.* hochqualifiziert:**

yīng cái
英 才
hochqualifizierte Person

yè jiè jīng yīng
业 界 精 英
Eliten auf dem Fachgebiet

jīn tiān zhào kāi de shì qún yīng huì
今 天 召 开 的 是 群 英 会。
Heute haben wir ein sogenanntes Heldentreffen.

♥ ***Subst.* Großbritannien:**

yīng lǐ | yīng zhì
英 里 | 英 制
Meile | das britische System

wǒ mǎi le yī tái 34 yīng cùn
我 买 了 一 台 34 英 寸
de diàn shì
的 电 视。
Ich habe einen 34-Zoll-Fernseher gekauft.

yíng
迎

♥ *V.* **entgegenkommen; abholen; begrüßen:**

yíng jiē | yíng qīn
迎 接 | 迎 亲
jmdn. willkommen heißen | die Braut abholen

huān yíng gè guó péng you lái zhōng guó
欢 迎 各 国 朋 友 来 中 国
xué xí hàn yǔ
学 习 汉 语。
Freunde aus dem Ausland sind herzlichen willkommen, in China Chinesisch zu lernen.

♥ ***Präp.*** **gegen:**

yíng fēng | yíng miàn
迎 风 | 迎 面
gegen den Wind | gegen das Gesicht

yǐng
影

♥ ***Subst.*** **Schatten:**

dào yǐng
倒 影
Spiegelung

yǐng zi
影 子
Schatten

tā men liǎ xíng yǐng bù lí
他 们 俩 形 影 不 离。
Die Beiden sind untrennbar wie der Körper und sein Schatten.

♥ ***Subst.*** **Bild; Aufnahme:**

liú yǐng
留 影
ein Foto zum Andenken machen

yǐng jí
影 集
Fotoalbum

bì yè hé yǐng yǐ jing ná dào le
毕业合影已经拿到了。
Das Gruppenbild nach der Studienabschlussfeier habe ich schon erhalten.

♥ ***Subst.* Kinofilm:**

yǐng piānr | yǐng yuàn
影片儿 | 影院
Kinofilm | Kino

tā shì yī wèi yǐng shì míng xīng
她是一位影视明星。
Sie ist ein Filmstar.

yìng
应
(應)

♥ ***V.* antworten; erwidern:**

yìng dá | xiǎng yìng
应答 | 响应
antworten | reagieren

tā duì kǎo guān de tí wèn yìng duì rú liú
他对考官的提问应对如流。
Er antwortet dem Prüfer prompt und ohne zu stocken.

♥ ***V.* zusagen; annehmen:**

yìng yāo
应邀
auf Einladung

yìng yuē
应约
nach einer Verabredung

yìng guān zhòng yāo qiú ér jiā yǎn
应观众要求而加演。
Die Bedürfnisse des Publikums befriedigend wird das Programm nochmal aufgeführt.

♥ ***V.* sich anpassen:**

shì yìng　yìng shí
适应 | 应时
sich anpassen | einer bestimmten Saison angemessen

tā gàn de dé xīn yìng shǒu
他干得得心应手。
Beim Arbeiten ist er in seinem Element.

♥ ***V.* mit etw./jmdm. umgehen:**

yìng jí
应急
auf einen Notfall reagieren

yìng jiē bù xiá
应接不暇
zu viel sein, als dass man alles übernehmen könnte

tā yǒu hěn qiáng de yìng biàn néng lì
他有很强的应变能力。
Er versteht es sehr gut, sich entsprechend den Umständen einzurichten.

s. yīng S. 420

yǒng 永

♥ ***Adv.* langfristig; dauerhaft:**

yǒng cún
永存
unvergänglich

wǒ yǒng yuǎn ài nǐ
我永远爱你。
Ich liebe dich für immer.

yòng 用

♥ ***V.* benutzen; anwenden:**

yòng jù
用具
Werkzeug

gōng yòng
公 用
zur allgemeinen Verwendung

dà cái xiǎo yòng
大材小用
Weisen Sie keinen großen Talenten gering geachtete Tätigkeiten zu.

♥ ***Subst.* Nutzen; Effekt:**

yòng chù
用处
Nutzen

zuò yòng
作用
Funktion

zhè zhǒng fāng fǎ hěn guǎn yòng
这种方法很管用。
Diese Methode ist von großem Nutzen.

♥ ***V.* etw. nötig haben (meistens im Negativsatz):**

bù yòng guǎn
不用管。
Mach dir keine Sorgen.

bù yòng kāi mén
不用开门。
Man braucht die Tür nicht aufzumachen.

gàn zhè gè huór yòng bù liǎo nà me duō rén
干这个活儿用不了那么多人。
Wir brauchen nicht so viele Leute für diese Aufgabe.

♥ *V.* **essen; trinken:**

qǐng màn yòng
请 慢 用。
Bitte bedienen Sie sich!

qǐng yòng chá
请 用 茶。
Bitte trinken Sie Tee.

yòng wán cān zhī hòu qǐng xiū xi yī xiàr
用 完 餐 之 后 请 休息一下儿。
Bitte machen Sie nach dem Essen eine kleine Pause.

yōu
优
(優)

♥ ***Adj.* ausgezeichnet; vorzüglich:**

yōu diǎn
优 点
Vorteil

yōu yù
优 育
Eugenik

wǒ men shì zé yōu lù qǔ
我 们 是 择 优 录 取。
Wir wählen die Besten aus.

♥ ***Adj.* reich; hinreichend:**

yōu hòu
优 厚
großzügig

yōu huì tiáo jiàn
优 惠 条 件
günstige Bedingungen

dài yù cóng yōu
待 遇 从 优
gute Bezahlung und andere Begünstigungen

zhè shì yōu huì jià gé
这是优惠价格。
Das ist schon der Vorzugspreis.

yóu
邮
(郵)

♥ *V.* **verschicken; senden:**

yóu jì | yóu xìn
邮寄 | 邮信
etw. mit der Post senden | einen Brief bei der Post aufgeben

wǒ gěi nín yóu le yī zhāng zhào piàn
我给您邮了一张照片。
Ich habe Ihnen ein Foto per Post geschickt.

♥ ***Subst.*** **postalischer Dienst:**

yóu piào | yóu jú
邮票 | 邮局
Briefmarke | Postamt

tā zài yóu zhèng xì tǒng gōng zuò
他在邮政系统工作。
Er arbeitet bei der Post.

♥ ***Subst.*** **Post; Mail:**

yóu shì | yóu zhǎn
邮市 | 邮展
Postmarkt | Postausstellung

wǒ shì gè jí yóu ài hào zhě
我是个集邮爱好者。
Ich bin Briefmarkensammler.

yóu
油

♥ ***Subst.*** **Öl; Fett; Erdöl:**

jī yóu | shí yóu
机油 | 石油
Maschinenöl | Erdöl

tā xǐ huan yòng huā shēng yóu chǎo cài
她喜欢用花生油炒菜。
Sie kocht gern mit Erdnussöl.

♥ *V.* **streichen:**

yóu qī 油漆 | Lack
yóu chuāng hu 油窗户 | das Fenster mit Ölfarbe streichen

xīn dǎ de jiā jù xū yào zài yóu yī biàn
新打的家具需要再油一遍。
Die neu gemachten Möbel sollten nochmal lackiert werden.

♥ *Adj.* **schmierig:**

yóu qiāng huá diào 油腔滑调 | schmierige Reden führen
yóu zuǐ huá shé 油嘴滑舌 | ein freches Mundwerk haben

nǐ yě tài yóu le
你也太油了。
Du bist zu schmierig.

yóu 游

♥ *V.* **schwimmen:**

yóu shuǐ 游水 | schwimmen
yóu yǒng 游泳 | schwimmen

wǒ men jīng cháng yóu yǒng
我们经常游泳。
Wir gehen oft schwimmen.

yú ér zài shuǐ zhōng yóu lái yóu qù
鱼儿在水中游来游去。
Die Fische schwimmen im Wasser hin und her .

yóu yǒng
游泳
schwimmen

♥ *V.* **herumfahren; reisen:**

yóu kè | chūn yóu
游客 | 春游
Tourist | Frühlingsausflug

tā yún yóu sì fāng biàn fǎng míng shān dà chuān
他云游四方，遍访名山大川。
Er reist von Ort zu Ort und hat viele berühmte Berge bestiegen.

♥ *V.* **schwanken; unschlüssig sein:**

yóu yí bù dìng
游移不定
immer noch schwanken

♥ ***Subst.* Abschnitt eines Flusses:**

shàng yóu | zhōng yóu
上游 | 中游
Oberlauf | Mittellauf

tā zhù zài cháng jiāng de xià yóu dì qū
他住在长江的下游地区。
Er wohnt am Unterlauf des Yangtze.

yǒu
友

♥ ***Subst.* Freund; Bekannte(r):**

péng you
朋友
Freund

yǒu qíng
友情
Freundschaft

lǎo wáng shì wǒ de xué yǒu
老王是我的学友。
Lao Wang ist mein Studienkollege und Freund.

♥ ***Adj.* befreundet; freundlich:**

tuán jié yǒu ài | yǒu hǎo
团 结 友 爱 | 友 好
Einheit und Brüderlichkeit | freundlich

tā wéi rén yǒu shàn
他 为 人 友 善。
Er ist freundlich zu jedem.

yǒu 有

♥ ***V.* existieren:**

dì shàng yǒu shuǐ
地 上 有 水。
Es gibt Wasser auf dem Boden.

fáng jiān lǐ yǒu rén
房 间 里 有 人。
Jemand ist im Zimmer.

♥ ***V.* haben; besitzen:**

lǐng yǒu
领 有
haben

yǒu shēng yǒu sè
有 声 有 色
klangreich und farbenprächtig

tā hěn yǒu běn shi
他 很 有 本 事。
Er kann vieles.

tā yǒu liǎng tái diàn nǎo
他 有 两 台 电 脑。
Er besitzt zwei Computer.

♥ ***V.* geschehen; erscheinen:**

tā yǒu shìr chū qù le
他 有 事儿 出 去了。
Er hat etwas vor und ist hinausgegangen.

zhè lǐ yǒu le xīn de biàn huà
这里有了新的变化。
Hier sind neue Veränderungen geschehen.

♥ ***V.* manch:**

yǒu rén shuō
有人说
manche sagen

yǒu yī tiān
有一天
eines Tages

yǒu dì fang xià yǔ le
有地方下雨了。
Es regnet in manchen Gebieten.

♥ **vor einigen Wörtern als Höflichkeitsformel:**

yǒu láo dà jià
有劳大驾
Vielen Dank für Ihre Anwesenheit.

yǒu qǐng nín guāng lín
有请您光临。
Bitte kommen Sie herein.

yòu
又

♥ ***Adv.* wiederholt; immer wieder:**

bǐ le yòu bǐ
比了又比
immer wieder vergleichen

shuō le yī cì yòu yī cì
说了一次又一次
mehrmals wiederholt

yòu lái le
又来了。
Schon wieder!

♥ ***Adv.* als Satzverbindung oder -zusammensetzung:**

tā gàn huó yòu hǎo yòu kuài
他 干 活 又 好 又 快。
Er arbeitet gut und schnell.

zhè lǐ de píng guǒ yòu dà yòu tián
这 里 的 苹 果 又 大 又 甜。
Die Äpfel hier sind groß und süß.

♥ ***Adv.* als Übergangsausdruck oder Betonung der rehtorischen Frage:**

lái le rén yòu zǒu le
来 了 人，又 走 了。
Jemand ist gekommen, geht aber schnell weg.

nǐ yòu méi cuò pà shén me
你 又 没 错，怕 什 么。
Du hast keinen Fehler gemacht, wovor hast du denn Angst?

yòu 右

♥ ***Subst.* rechts:**

yòu biān | yòu shǒu
右 边 | 右 手
rechts | rechte Hand

xiàng yòu zhuǎn
向 右 转！
Rechts um!

yú 鱼

♥ ***Subst.* Fisch:**

jīn yú
金 鱼
Goldfisch

yú shuǐ qíng
鱼 水 情
so zusammengehörig wie Fische und Wasser

tā yǎng le jǐ tiáo rè dài yú
他养了几条热带鱼。
Er hat mehrere tropische Fische.

yú
鱼
Fisch

yǔ
雨

♥ ***Subst.* Regen:**

yǔ shuǐ
雨水
Regenwasser

hé fēng xì yǔ
和风细雨
sanfte Brise und feiner Regen

yǔ
语
(語)

♥ ***V.* sagen; sprechen:**

dī yǔ
低语
flüstern

dī tóu bù yǔ
低头不语
den Kopf senken und kein Wort von sich geben

zhè rén zǒng ài zì yán zì yǔ
这人总爱自言自语。
Der Mann spricht gern mit sich selbst.

♥ ***Subst.* Sprache; Wort:**

hàn yǔ
汉语
Chinesisch

wài yǔ
外语
Fremdsprache

qiān yán wàn yǔ
千 言 万 语
in tausend Worten

♥ ***Subst.* Signal; Zeichen:**

dēng yǔ
灯 语
Lichtsignal

shǒu yǔ
手 语
Gebärdensprache

tā yòng qí yǔ yǔ duì fāng jiāo liú
他 用 旗 语 与 对 方 交 流。
Er kommuniziert durch das Flaggensignal mit den anderen.

yù
育

♥ ***V.* ein Kind gebären:**

shēng yù
生 育
gebären

shēng ér yù nǚ
生 儿 育 女
Kinder zur Welt bringen

♥ ***V.* pflegen; großziehen:**

yù ér
育 儿
das Kind großziehen

yù lín
育 林
den Wald pflegen

yù zhǒng gōng zuò jìn zhǎn shùn lì
育 种 工 作 进 展 顺 利。
Die Arbeit mit der Saatzucht macht gute Fortschritte.

♥ ***V.* erziehen; ausbilden:**

jiào yù 教育 | yǎng yù 养育
erziehen | ausbilden

wǒ de zhí zé jiù shì jiāo shū yù rén
我的职责就是教书育人。
Meine Aufgaben sind, Wissen zu vermitteln und dabei die Menschen zu erziehen.

yuán
元

♥ ***Adj.* anfänglich:**

yuán nián 元年 | yuán yuè 元月
das erste Jahr einer Zeitrechnungsperiode | Januar

míng tiān jiù shì yuán dàn le
明天就是元旦了。
Morgen ist Neujahr.

♥ ***Adj.* an erster Stelle:**

yuán lǎo 元老 | yuán shǒu 元首
Mann der ersten Stunde | Staatschef

tā jiù shì nà wèi lǎo yuán shuài
他就是那位老元帅。
Er ist der alte Marschall.

♥ ***Adj.* grundlegend; fundamental:**

yuán qì 元气 | yuán yīn 元音
Vitalität | Vokal

shuǐ shì rén lèi shēng cún bì xū de jī běn yuán sù zhī yī
水是人类生存必需的基本元素之一。
Wasser ist das fundamentale Element des menschlichen Lebens.

♥ ***Subst.* Währungseinheit:**

měi yuán ōu yuán
美元 | 欧元
US-Dollar | Euro

1 yuán děng yú 100 fēn
1 元等于 100 分。
1 Yuan entspricht 100 Fen.

yuán
园
(園)

♥ ***Subst.* Plantage; Feld:**

guǒ yuán yuán lín
果园 | 园林
Obstgarten | Garten

tā bà ba shì gè yuán yì shī
他爸爸是个园艺师。
Sein Vater ist ein Gartenbaukünstler.

♥ ***Subst.* öffentliche Erholungsstätte:**

dòng wù yuán
动物园
Zoo

yóu lè yuán
游乐园
Vergnügungspark

jiàn shè měi hǎo de jiā yuán
建设美好的家园
die Heimat schön aufbauen

tā men jīng cháng qù gōng yuán
他们经常去公园。
Sie gehen oft in den Park.

yuán 员 (員)

♥ ***Subst.* Person, die einer bestimmten Beschäftigung nachgeht:**

guān yuán　yuán gōng
官　员 | 员　工
Angestellter | Beamter

xiǎo gāo shì gè xīn xué yuán
小　高　是　个　新　学　员。
Xiao Gao ist ein neuer Teilnehmer.

♥ ***Subst.* Mitglied:**

chéng yuán　huì yuán zhì
成　员 | 会　员　制
Mitglied | Mitgliedschaft

dǎng yuán
党　员
Parteimitglied

yuán 原

♥ ***Adj.* ursprünglich; original:**

yuán lái
原　来
ursprünglich

yuán shǐ shè huì
原　始　社　会
Urgesellschaft

♥ ***Adj.* unverarbeitet:**

yuán mù　yuán yóu
原　木 | 原　油
roher Baumstamm | Rohöl

zhè lǐ shì yuán cái liào tí gōng jī dì
这里是　原　材　料　提　供　基　地。
Hier befindet sich die Versorgungsstelle für Rohmaterialien.

♥ ***Adj.* eigentlich:**

yuán xiān
原 先
eigentlich

yuán yì
原 意
eigentliches Vorhaben

♥ ***Subst.* Flachland:**

cǎo yuán | gāo yuán
草 原 | 高 原
Steppe | Hochland

zhè lǐ shì gè dà píng yuán
这 里 是 个 大 平 原。
Das ist eine weite Ebene.

yuǎn
远
(遠)

♥ ***Adj.* räumlich sehr breit oder zeitlich sehr weit:**

yuǎn fāng | yuǎn gǔ
远 方 | 远 古
Ferne | graue Vorzeit

yuǎn qīn bù rú jìn lín
远 亲 不 如 近 邻。
Nachbarn sind treuer als weitläufige Verwandte.

♥ ***Adj.* weitläufig verwandt:**

yuǎn fáng
远 房
weitläufig verwandt

♥ ***Adj.* bei weitem:**

nǐ yuǎn bǐ tā hǎo
你 远 比 他 好。
Du bist bei weitem besser als er.

tā liǎ xìng gé xiāng chà hěn yuǎn
他俩性格相差很远。
Die beiden haben ganz verschiedene Eigenschaften.

yuàn
院

♥ ***Subst.* Hof:**

yuàn zi
院子
Hof

gē ge zhù zài qián yuànr
哥哥住在前院儿。
Der ältere Bruder wohnt im Vorhof.

♥ ***Subst.* umzäuntes Grundstück:**

sì hé yuàn
四合院
traditionelles chinesisches Haus mit Innenhof

yuàn zi lǐ zhǒng le hěn duō huār
院子里种了很多花儿。
Im Hof sind viele Blumen angepflanzt.

♥ ***Subst.* Bezeichnung für Regierungsinstitutionen und öffentliche Anstalten:**

fǎ yuàn
法院
Gericht

huà yuàn
画院
Malakademie

wǒ zhèng zài diàn yǐng yuàn kàn diàn yǐng
我正在电影院看电影。
Ich bin gerade im Kino.

♥ ***Subst.* Krankenhaus; Institut:**

chū yuàn
出院
aus dem Krankenhaus entlassen werden

yuàn xiào
院 校
Lehranstalt

zhè lǐ shì jì suàn jī xué yuàn
这里是计算机学院。
Hier ist das Institut für Computertechnik.

yuàn
愿 (願)

♥ ***V.* willens sein; bereit sein:**

qíng yuàn
情 愿
bereitwillig

zì yuàn
自 愿
freiwillig

wǒ shì yī míng ào yùn huì zhì yuàn zhě
我是一名奥运会志愿者。
Ich bin ein Freiwilliger für die Olympischen Spiele.

♥ ***V.* Wunsch:**

yuàn wàng
愿 望
Wunsch

tā zhōng yú rú yuàn le
她终于如愿了。
Ihre Hoffnung ist in Erfüllung gegangen.

yuè
月

♥ ***Subst.* Mond:**

míng yuè | yuè guāng
明 月 | 月 光
helles Mondlicht | Mondlicht

huā hǎo yuè yuán
花 好 月 圆
prachtvolle Blumen und ein runder Mond

yuè liang
月 亮
Mond

♥ ***Subst.* Monat:**

nián yuè
年 月
Jahre und Monate

yuè chū
月 初
Monatsanfang

wǒ mǎi de shì yuè piào
我 买 的 是 月 票。
Ich habe eine Monatskarte gekauft.

yuè
乐
(樂)

♥ ***Subst.* Musik:**

shēng yuè | yuè qì
声 乐 | 乐 器
Vokalmusik | Musikinstrument

tóng xué men zì jǐ zǔ zhī le yī gè
同 学 们 自 己 组 织 了 一 个
xiǎo yuè duì
小 乐 队。
Die Studenten haben selber ein kleines Orchester gebildet.

s. lè auf S. 188

yuè
越

♥ ***V.* überwinden; durchlaufen:**

chuān yuè | kuà yuè
穿 越 | 跨 越
durchlaufen | überschreiten

tā chéng fēi jī fēi yuè le tài píng yáng
他 乘 飞机 飞 越 了 太 平 洋。
Er fliegt über den Pazifik.

♥ *V.* **eine Grenze überschreiten:**

yuè jí
越级
die unmittelbar zuständige Stelle umgehen

yuè jiè
越界
eine Grenze überschreiten

tā yòu yuè wèi le
他又越位了。
Er steht wieder abseits.

♥ *Adv.* **immer; noch:**

yuè fā
越发
noch mehr

yuè pǎo yuè kuài
越跑越快
immer schneller laufen

tā de hàn yǔ yuè shuō yuè hǎo
他的汉语越说越好。
Er spricht Chinesisch immer besser.

yún
云
(雲)

♥ *Subst.* **Wolke:**

bái yún
白云
weiße Wolken.

yún duǒ
云朵
Wolke

yún kāi rì chū tiān fàng qíng
云开日出天放晴。
Die Wolken sind verflogen, und die Sonne scheint wieder.

yún
云
Wolke

♥ ***Adj.* wie die Wolken:**

yún jí
云 集
in Massen zusammenströmen

zāi 灾

♥ ***Subst.* Unglück:**

zāi hài
灾 害
Unheil

zāi nàn
灾 难
Katastrophe

cǎi qǔ yǒu lì cuò shī jiǎn shǎo tiān zāi
采 取 有 力 措 施 减 少 天 灾。
Wir sollten kräftige Maßnahmen ergreifen, um Naturkatastrophen zu vermeiden.

zài 再

♥ ***Adv.* noch einmal:**

zài bǎn
再 版
ein Buch wieder auflegen

zài lái yī cì
再 来 一 次
noch einmal

yī ér zài zài ér sān
一 而 再，再 而 三
wieder und wieder

♥ ***Adv.* wieder; nochmals:**

zài jiàn
再 见
wiedersehen

míng tiān zài shuō ba
明 天 再 说 吧。
Darüber diskutieren wir morgen.

shí nián hòu zán men zài xiāng huì
十 年 后 咱 们 再 相 会。
In zehn Jahren treffen wir uns wieder.

♥ ***Adv.* nach:**

chī wán zài zǒu
吃完再走
Nach dem Essen gehen wir.

xiǎng hǎo le zài dòng shǒu xiě
想好了再动手写。
Wenn Sie schon alles durchgedacht haben, fangen Sie mit dem Schreiben an.

yǔ tíng le zài qù
雨停了再去。
Gehen Sie erst nach dem Regen.

♥ ***Adv.* noch; noch mehr:**

zài duō diǎnr
再多点儿
noch mehr

zài kuài diǎnr
再快点儿
noch schneller

nǐ hái néng zuò de zài hǎo yī xiē
你还能做得再好一些。
Du hättest es noch besser machen können.

zài 在

♥ ***V.* bestehen; existieren:**

zài shì
在世
am Leben sein

qīng chūn cháng zài
青春常在
für ewig jung bleiben

tā de fù mǔ dōu hái jiàn zài
他的父母都还健在。
Seine Eltern leben noch und sind gesund.

♥ ***V.* irgendwo sein; befinden:**

zài wèi
在 位
auf dem Thron sitzen

zài zuò
在 座
anwesend

tā zài jiā lǐ
他在 家里。
Er ist zu Hause.

♥ ***Adv.* gerade:**

tā zài kàn shū
他在 看 书。
Er liest gerade ein Buch.

tā zài shàng wǎng
他在 上 网。
Er surft gerade im Internet.

tā zài tiào wǔ
她在 跳 舞。
Sie tanzt gerade.

♥ ***V.* von etw./jmdm. abhängen; an etw./ jmdm. liegen:**

zài yú
在 于
abhängig von etw./jmdm. sein

shì zài rén wéi
事 在 人 为
Alles liegt in menschlicher Hand.

zhè shìr zài nǐ zì jǐ le
这 事儿在 你自己了。
Das hängt von dir ab.

♥ ***Präp.* in:**

zài xiǎo yǔ zhōng sàn bù
在小雨中散步
im Regen spazierengehen

gōng rén zài chē jiān lǐ gōng zuò
工人在车间里工作。
Die Arbeiter arbeiten in der Werkhalle.

zán
咱

♥ ***Pron.* wir :**

zán bān | zán men
咱班 | 咱们
unsere Klasse | wir

zán men yào nǔ lì bǎ hàn yǔ xué hǎo
咱们要努力把汉语学好。
Wir sollen uns bemühen, Chinesisch gut zu beherrschen.

♥ ***Pron.* ich:**

nǐ bù shuō zán yě zhī dào
你不说咱也知道。
Auch wenn du nichts sagst, weiß ich Bescheid.

zhè gè dào lǐ zán míng bai
这个道理咱明白。
Ich verstehe dieses Prinzip.

zāng
脏
(髒)

♥ ***Adj.* schmutzig; dreckig:**

zāng shǒu zāng jiǎo
脏手脏脚
schmutzige Hände und schmutzige Füße

nǐ de yī fu zāng le
你的衣服脏了。
Deine Kleidung ist dreckig geworden.

s. zàng S. 447

zàng

脏

(臟)

♥ ***Subst.* innere:**

gān zàng | nèi zàng
肝 脏 | 内 脏
Leber | innere Organe

tā de xīn zàng gōng néng hěn hǎo
他的心脏功能很好。
Sein Herz funktioniert gut.

s. zāng S. 446

zǎo

早

♥ ***Subst.* Morgen:**

zǎo diǎn | zǎo fàn
早 点 | 早 饭
Frühstück | Frühstück

zǎo shang hǎo
早上好。
Guten Morgen!

♥ ***Adj.* früh:**

zǎo qī
早 期
Frühzeit

zǎo shuì zǎo qǐ
早睡早起
früh einschlafen, früh aufstehen

tā zǒng shì qǐ chuáng hěn zǎo
他总是起床很早。
Er steht immer früh auf.

♥ ***Adv.* längst:**

wǒ zǎo jiù zhī dào le
我早就知道了。
Ich weiß schon.

wèn tí zǎo yǐ jiě jué le
问题早已解决了。
Das Problem ist längst gelöst.

zé
责
(責)

♥ *V.* **verlangen:**

zé chéng
责 成
jmdm. Pflichten auferlegen

qiú quán zé bèi
求 全 责 备
bei jeder Sache höchste Vollkommenheit verlangen

zé rén cóng kuān zé jǐ cóng yán
责 人 从 宽，责 己 从 严。
streng gegen sich selbst und milde gegen andere

♥ ***Subst.*** **Pflicht; Verantwortung:**

fù zé
负责
verantworten

zé rèn zhòng dà
责任 重 大
eine schwere Pflicht haben

bǎo hù huán jìng rén rén yǒu zé
保 护 环 境，人 人 有 责。
Es ist jedermanns Pflicht, die Umwelt zu schützen.

zěn
怎

♥ ***Pron.*** **wie:**

zěn me bàn
怎 么 办?
Wie soll es weitergehen?

zěn me yàng
怎 么 样?
Wie wäre es?

wǒ zěn néng kàn zhe bù guǎn ne
我 怎 能 看 着 不 管 呢?
Wie kann ich es da lassen und nichts tun?

zēng

增

♥ **V. zunehmen; vermehren:**

zēng duō
增 多
zunehmen

zēng gāo
增 高
erhöhen

wǒ men de shōu rù yòu zēng jiā le
我 们 的 收 入 又 增 加了。
Unsere Einkommen sind gestiegen.

zhǎn

展

♥ **V. entfalten:**

shū zhǎn
舒 展
sich entfalten

zhǎn kāi
展 开
sich entfalten

xiǎo niǎo zhǎn chì gāo fēi
小 鸟 展 翅 高 飞。
Vögel breiten die Flügel aus und schwingen sich in die Höhe.

♥ **V. vergrößern; entwickeln:**

fā zhǎn
发 展
entwickeln

kuò zhǎn
扩 展
erweitern

gōng zuò qǔ dé le hěn dà jìn zhǎn
工 作 取 得 了 很 大 进 展。
Wir haben bei der Arbeit große Fortschritte gemacht.

♥ *V.* **ausstellen:**

zhǎn shì
展 示
zeigen

zhǎn xiāo
展 销
etw. zum Verkauf ausstellen

zhè lǐ zhèng zài jǔ bàn guó jì shū zhǎn
这里 正 在举 办 国际书 展。
Hier findet zur Zeit eine internationale Buchmesse statt.

zhàn
站

♥ *V.* **stehen:**

zhàn lì
站立
stehen

zhàn qǐ lái
站 起来!
Steh auf!

tā zhàn de hěn zhí
他 站 得 很 直。
Er steht sehr gerade.

zhàn
站
stehen

♥ *V.* **stehenbleiben; halten:**

zhàn zhù
站 住
Halt!

wǒ pǎo de tài kuài le yī xià zi zhàn
我跑得太快了，一下子站
bù zhù
不住。
Ich lief so schnell, dass ich nicht unvermittelt stehenbleiben konnte.

♥ ***Subst.* Haltestelle; Station:**

huǒ chē zhàn | dì tiě zhàn
火车站 | 地铁站
Bahnhof | U-Bahn-Station

chū zū chē zhàn
出租车站
Taxistation

♥ ***Subst.* die Position in einer Firma oder Institution, in der man arbeitet:**

gōng zuò zhàn | wǎng zhàn
工作站 | 网站
Arbeitsstelle | Webseite

tā zài huà wù zhàn gōng zuò
她在话务站工作。
Sie arbeitet als Telefonistin.

zhāng
张
(張)

♥ ***V.* öffnen; spannen:**

zhāng kāi shuāng yǎn
张开双眼
die Augen öffnen

zhāng zuǐ
张嘴
den Mund öffnen

hái zi yī zhāng kǒu jiù jiào mā ma
孩子一张口就叫妈妈。
Das Kind öffnet den Mund und sagt „Mama“.

♥ *V.* **schauen; sehen:**

dōng zhāng xī wàng
东 张 西 望
sich umsehen

tā sì chù zhāng wàng xiǎng zhǎo dào
他四处 张 望，想 找 到
hǎn tā de rén
喊 他的 人。
Er sieht um und möchte den Mann, der ihn gerufen hat, finden.

♥ ***Zähleinheitswort* für Mund, Stuhl oder Papier:**

liǎng zhāng zuǐ
两 张 嘴
zwei Münder

sān zhāng zhào piàn
三 张 照 片
drei Fotos

zhāng
章

♥ ***Subst.* Konstitution; Statut:**

guī zhāng
规 章
Vorschriften

jiǎn zhāng
简 章
allgemeine Vorschriften

zhào zhāng bàn shì bù huì cuò
照 章 办 事 不 会 错。
Man wird keinen Fehler machen, wenn man alles nach den Vorschriften tut.

♥ ***Subst.* Abschnitt in Musik oder Literatur:**

yuè zhāng
乐 章
Satz

zhāng jié
章 节
Kapitel und Abschnitte

zhè běn shū yī gòng liù zhāng
这 本 书 一 共 六 章。
Das Buch besteht aus sechs Kapiteln.

♥ ***Subst.* Ordnung:**

zá luàn wú zhāng
杂 乱 无 章
durcheinander

bàn shì qing yào yǒu zhāng fǎ
办 事 情 要 有 章 法。
Man soll sich auf systematische Arbeiten verstehen.

zhǎng
长
(長)

♥ ***V.* wachsen; sich entwickeln:**

chéng zhǎng
成 长
aufwachsen

zhǎng jiàn shi
长 见 识
die Kenntnisse erweitern

shān shàng zhǎng mǎn le shù mù
山 上 长 满 了 树 木。
Der Berg ist mit Bäumen bewachsen.

tā yuè zhǎng yuè gāo le
他越长越高了。
Er wächst immer weiter.

♥ ***Adj.* älter:**

nián zhǎng | zhǎng zǐ
年长 | 长子
älter | der Erstgeborene

zhǎng bèi
长辈
Familienangehörige älterer Generation

♥ ***Subst.* Leiter; Chef:**

bù zhǎng | shǒu zhǎng
部长 | 首长
Minister | ranghoher Offizier

xiào zhǎng
校长
Rektor

s. cháng S. 28

zhǎng
掌

♥ ***Subst.* Handfläche:**

zhǎng xīn
掌心
Handinnenfläche

jiǎo zhǎng
脚掌
Fußsohle

tā zuò zhè shìr yì rú fǎn zhǎng
他做这事儿易如反掌。
Das ist für ihn spielend leicht.

♥ *V.* **kontrollieren; verwalten:**

zhǎng guǎn
掌 管
verwalten

zhǎng wò
掌 握
kontrollieren

zhàng
账
(賬)

♥ ***Subst.* Rechnung:**

guǎn zhàng
管 账
die Rechnung verwalten

zhàng běn
账 本
Rechnungsbuch

zhè shì tā jì de zhàng
这 是 他记的 账。
Er hat das Rechnungsbuch geführt.

♥ ***Subst.* Schulden:**

huán zhàng
还 账
Schulden zurückzahlen

qiàn zhàng yǐ jing huán qīng le
欠 账 已经 还 清 了。
Die Schulden sind schon beglichen.

zhāo
着

♥ ***Subst.* Schachzug:**

gāo zhāor
高 着儿
ein brillanter Zug

bié zhī zhāor
别 支 着儿!
Schlag ihm keinen Zug vor!

♥ ***Subst.* Trick; Methode:**

méi yǒu zhāor le
没 有 着儿 了
Er ist mit seiner Weisheit am Ende.

gè yǒu gè de zhāor
各 有 各 的 着儿。
Jeder hat seinen eigenen Trick.

s. zháo S. 456; zhe S. 461; zhuó S. 491

zhāo
朝

♥ ***Subst.* Morgen:**

zhāo qì
朝 气
Jugendfrische

zhāo yáng
朝 阳
Morgensonne

xī fā zhāo zhì
夕发 朝 至
bei der Abenddämmerung aufbrechen und vor dem Sonnenaufgang ankommen

s. cháo S. 30

zháo
着

♥ ***V.* näherkommen; berühren:**

wǒ de jiǎo téng de bù gǎn zháo dì
我 的 脚 疼 得不 敢 着 地。
Ich habe schlimme Fußschmerzen, so dass ich den Boden nicht zu berühren wage.

♥ ***V.* getroffen werden; an etw. leiden; empfindsam sein:**

zháo fēng
着 风
sich wegen der Zugluft unwohl fühlen

zháo liáng
着 凉
sich erkälten

qǐng nín bù yào zháo jí
请 您 不 要 着 急。
Machen Sie sich keine Sorgen.

tā duì zú qiú hěn zháo mí
他 对 足 球 很 着 迷。
Er ist auf Fußball versessen.

♥ ***V.* brennen; leuchten:**

zháo huǒ le
着 火 了。
Es brennt.

lù dēng hái méi yǒu zháo ne
路 灯 还 没 有 着 呢。
Die Straßenlaternen leuchten noch nicht.

♥ ***V.* nach einem Verb verwendet, um die Folge einer Handlung auszudrücken:**

dǎ zháo le
打 着 了
das Ziel getroffen haben

dēng diǎn zháo le
灯 点 着 了。
Die Lampe wurde eingeschaltet.

hái zi yǐ jing shuì zháo le
孩 子 已 经 睡 着 了。
Die Kinder sind eingeschlafen.

s. zhāo S. 455; zhe S. 461; zhuó S. 491

zhǎo
找

♥ ***V.* suchen; sich nach etw. umsehen:**

xún zhǎo
寻 找
suchen

zhǎo rén
找 人
jmdn. suchen

zhè shì wǒ bāng nín zhǎo de cái liào
这 是 我 帮 您 找 的 材 料。
Die Materialien habe ich für Sie ausgesucht.

♥ ***V.* Wechselgeld herausgeben:**

zhǎo líng qián
找 零 钱
Wechselgeld herausgeben

zhǎo qí
找 齐
Fehlendes ergänzen

zhè shì zhǎo gěi nín de qián
这 是 找 给 您 的 钱。
Hier ist Ihr Wechselgeld.

zhào
照

♥ ***V.* strahlen; scheinen:**

rì zhào | zhào míng
日 照 | 照 明
Sonnenschein | Beleuchtung

gěi xiǎo wáng zhào lù
给 小 王 照 路。
Beleuchten Sie für Xiao Wang den Weg.

yáng guāng zhào zài tā de liǎn shàng
阳 光 照 在 她 的 脸 上。
Die Sonne strahlt auf ihr Gesicht.

♥ ***V.* widerspiegeln:**

zhào jìng zi
照 镜 子
sich im Spiegel sehen

zài shuǐ lǐ zhào zhào
在 水 里 照 照
sich selbst im Wasser sehen

♥ ***V.* fotografieren:**

zhào piàn | zhào xiàng
照 片 | 照 相
Foto | fotografieren

zán men zhào yī zhāng hé yǐng ba
咱 们 照 一 张 合 影 吧。
Machen wir ein Gruppenfoto.

♥ ***Subst.* Genehmigung; Erlaubnis:**

chē zhào | hù zhào
车 照 | 护 照
Führerschein | Pass

wǒ zhè shì guó jì jià zhào
我 这 是 国 际 驾 照。
Das ist mein internationaler Führerschein.

♥ ***V.* auf jmdn. aufpassen; sich um etw./jmdn. kümmern:**

zhào kàn
照 看
auf jmdn. aufpassen

zhào liào
照 料
sich um etw./jmdn. kümmern

wǒ bāng zhù tā zhào gù lǎo rén
我 帮 助 她 照 顾 老 人。
Ich helfe ihr, für die Alten zu sorgen.

♥ ***Präp.* gemäß; nach:**

zhào jiù
照 旧
wie früher

zhào zhāng bàn shì
照 章 办 事
vorschriftsmäßig handeln

jiù zhào nín shuō de fāng fǎ bàn
就 照 您 说 的 方 法 办。
Tun wir also nach Ihren Vorschlägen.

zhě
者

♥ ***Pron.* eine Person oder ein Gegenstand:**

dú zhě | qián zhě
读 者 | 前 者
Leser | der Erste

wǒ shì zhè běn shū de zuò zhě
我 是 这 本 书 的 作 者。
Ich bin der Verfasser dieses Buches.

♥ ***Pron.* nach Numeralen oder Substantiven verwendet, um einen vorher genannten Sachverhalt zu bezeichnen:**

sān zhě zhī jiān
三 者 之 间
unter den drei Dingen oder Personen

èr zhě bì jū qí yī
二 者 必居其一
Es kann nur eins von beiden geben.

liǎng zhě quē yī bù kě
两 者 缺一不可。
Keines von beiden ist entbehrlich.

zhè 这 (這)

♥ ***Pron.* dies:**

zhè gè　zhè rén
这 个 | 这 人
dies | diese Person

jiù zài zhèr zhù xià ba
就 在 这儿 住 下 吧。
Übernachten Sie einfach hier.

♥ ***Pron.* jetzt:**

zhè huìr　zhè shí hou
这 会儿 | 这 时 候
nun | jetzt

wǒ zhè shí cái zhī dào
我 这 时 才 知 道。
Erst jetzt weiß ich alles.

zhe 着

♥ **Dauer einer Bewegung oder eines Zustandes:**

wǒ men zhèng tán zhe ne
我 们 正 谈 着 呢。
Wir führen gerade ein Gespräch.

tā shǒu lǐ ná zhe yī běn shū
她 手 里 拿 着 一 本 书。
Sie hält ein Buch in der Hand.

♥ **nach einem Verb benutzt, um das folgende Verb zu modifizieren:**

cháo zhe zhè biān lái
朝 着 这 边 来。
Komm auf uns zu.

zhào zhe wǒ shuō de bàn jiù kě yǐ le
照 着 我 说 的 办 就 可 以 了。
Folge doch meinem Vorschlag.

♥ **nach einem Verb oder einem Adjektiv benutzt, um den Tonfall zu betonen:**

nǐ děng zhe
你 等 着!
Warte mal!

kuài zhe diǎnr
快 着 点儿!
Beeil dich!

bù zi kuài zhe diǎnr
步子 快 着 点儿。
Geh doch etwas schneller.

s. zhāo S. 455; zháo S. 456; zhuó S. 491

zhēn
真

♥ ***Adj.* wahr; echt:**

zhēn cái shí xué | zhēn lǐ
真 才 实 学 | 真 理
erprobtes Können und gründliches Wissen | Wahrheit

zhè kě shì qiān zhēn wàn què de
这 可 是 千 真 万 确 的。
Das ist zweifellos.

♥ ***Adv.* wirklich; tatsächlich:**

zhēn hǎo
真 好
sehr gut

zhēn piào liang
真 漂 亮
wirklich hübsch

nǐ hàn yǔ shuō de zhēn hǎo
你 汉 语 说 得 真 好。
Du sprichst sehr gut Chinesisch.

nǐ de fáng jiān zhēn dà
你的房间真大!
Dein Zimmer ist wirklich groß!

♥ ***Subst.* Original:**

chuán zhēn | xiě zhēn
传真 | 写真
Telefax | porträtieren

tā dǎ kāi le chuán zhēn jī
他打开了传真机。
Er macht das Faxgerät an.

zhēng

正

♥ ***Subst.* der erste Monat nach dem chinesischen Mondkalender:**

zhēng yuè
正月
der erste Monat nach dem chinesischen Mondkalender

zhēng yuè chū yī
正月初一
Der erste Tag des ersten Monats nach dem chinesischen Mondkalender

s. zhèng S. 463

zhèng

正

♥ ***Adj.* in der Mitte gelegen:**

zhèng fáng
正房
Hauptraum

bǎ zhào piàn guà zhèng
把照片挂正
Häng das Bild gerade.

zuò zhèng le
坐正了。
Sitz aufrecht.

♥ ***Adj.* hauptsächlich; leitend:**

zhèng běn
正 本
Original

zhèng tí
正 题
Thema

zhèng jiào shòu
正 教 授
Professor

tā shì gè zhèng bù zhǎng
他是个 正 部 长。
Er ist Minister.

♥ ***Adj.* aufrichtig; gerecht:**

zhèng dàng
正 当
gerecht

tā wéi rén hěn zhèng zhí
他为人很 正 直。
Er ist ein aufrichtiger Mensch.

♥ ***Adv.* gerade:**

tā zhèng zài shàng kè ne
他 正 在 上 课呢。
Er ist gerade beim Unterricht.

wài biān zhèng xià yǔ ne
外 边 正 下雨呢。
Draußen regnet es gerade.

wǒ zhèng kàn shū ne
我 正 看 书 呢。
Ich lese gerade ein Buch.

♥ ***Adv.* gerade; genau:**

zhèng hǎo
正 好
genau

zhèng hé nǐ yì
正 合 你 意。
dir gerade in den Kram passen

yī fu de cháng duǎn zhèng hé shì
衣服的 长 短 正 合适。
Die Kleidung hat genau die richtige Größe.

♥ ***Adj.* Vorderseite:**

zhèng miàn
正 面
Vorderseite

zhèng fǎn liǎng miàn
正 反 两 面
Vorderseite und Rückseite

zhǐ de zhèng miàn bǐ jiào guāng huá
纸 的 正 面 比 较 光 滑。
Die Vorderseite des Papiers ist relativ glatt.

s. zhēng S. 463

zhèng

证

(證)

♥ ***V.* begründen; beweisen:**

lùn zhèng
论 证
begründen

zhèng shí
证 实
beweisen

tā kě yǐ zhèng míng zhè shì zhēn shí de
他可以 证 明 这 是 真 实的。
Er kann die Wahrheit beweisen.

♥ ***Subst.* Beweis:**

rén zhèng
人 证
Zeuge

shēn fèn zhèng
身 份 证
Personalausweis

wù zhèng
物 证
Beweisstück

zhè shì wǒ de xué shēng zhèng
这 是 我的 学 生 证。
Das ist mein Studentenausweis.

zhèng
政

♥ ***Subst.* Politik:**

zhèng cè
政 策
Politik

zhèng fǔ
政 府
Regierung

zhèng wù
政 务
Staatsangelegenheiten

♥ ***Subst.* staatliche Verwaltungsinstitution:**

cái zhèng bù
财 政 部
Finanzministerium

yóu zhèng jú
邮 政 局
Post

tā zài mín zhèng jú gōng zuò
他在民 政 局 工 作。
Er ist bei der Zivilverwaltungsbehörde tätig.

zhī
之

♥ ***Pron.* um jmdn./etw. zu ersetzen:**

cāo zhī guò jí
操 之 过 急
übereilt handeln

qiú zhī bù dé
求之不得
jmdm. sehr gelegen kommen

♥ **wie 的 (de):**

wú jià zhī bǎo
无 价 之 宝
eine unschätzbare Kostbarkeit

yuán gōng zhī jiā
员 工 之家
Haus der Mitarbeiter

zhè jiù shì tā de yán wài zhī yì
这就是他的 言 外 之意。
Das ist sein Unterton.

zhī
支

♥ ***V.* unterstützen; aufschlagen:**

zhī jià
支 架
Stütze

lè bù kě zhī
乐不可 支
vor Freude außer sich sein

tǐ lì bù zhī
体力不 支
körperliche Kraft aufbrauchen

♥ ***Subst.* Abzweig:**

zhī liú | zhī xiàn
支流 | 支线
Nebenfluss | Zweiglinie

zhè shì yī gè fēn zhī jī gòu
这是一个分支机构。
Das ist eine Zweigstelle.

♥ ***V.* ausgeben; abheben:**

zhī chū | zhī qǔ
支出 | 支取
ausgeben | Geld abheben

zuì jìn kāi zhī tài dà le
最近开支太大了。
Wir haben in der letzten Zeit zuviel ausgegeben.

zhī
只
(隻)

♥ ***Zähleinheitswort*:**

liǎng zhī yā zi | yī zhī xié
两只鸭子 | 一只鞋
zwei Enten | ein Schuh

hú shàng yǒu sān zhī xiǎo mù chuán
湖上有三只小木船。
Es gibt drei Boote auf dem See.

♥ ***Adj.* allein; einzig:**

zhī shēn yī rén
只身一人
allein

zhī yán piàn yǔ
只言片语
nur einige Wörter und Sätze

tā duì zhè shìr zhī zì wèi tí
他对这事儿只字未提。
Davon hat er kein einziges Wort gesagt.

s. zhǐ S. 471

zhī
汁

♥ ***Subst.*** **Saft; Brühe:**

guǒ zhīr | tāng zhī
果汁儿 | 汤 汁
Saft | Brühe

yī wǎn niú ròu zhī
一 碗 牛 肉 汁
eine Rinderbouillon

zhī
知

♥ ***V.*** **wissen; verstehen:**

zhī dào
知 道
wissen

míng zhī gù wèn
明 知 故 问
Bescheid wissen, aber dennoch fragen

zhī wú bù yán
知 无 不 言
Wenn du etwas weißt, sag es.

♥ ***Subst.*** **Kenntnis; Wissen:**

qiú zhī | zhī shi
求 知 | 知 识
nach Wissen streben | Kenntnis; Wissen

♥ ***V.*** **Bescheid geben; informieren:**

gào zhī
告 知
informieren

zhòng suǒ zhōu zhī
众 所 周 知
allgemein bekannt

tōng zhī dà jiā fàng jià de shí jiān
通 知 大 家 放 假 的 时 间。
Informieren Sie alle über die Ferientage.

zhí

直

♥ ***Adj.* gerade:**

bǐ zhí | píng zhí
笔直 | 平 直
gerade | gerade

tā zhí qǐ shēn zi xiū xi le yī huìr
他直起 身 子休息了一会儿。
Er macht sich gerade und macht eine kleine Pause.

♥ ***Adj.* offenherzig; offen:**

zhèng zhí
正 直
aufrichtig

zhí xìng zi
直 性 子
offen

tā shì gè xīn zhí kǒu kuài de rén
他是 个 心 直 口 快 的 人。
Er ist eine offenherzige Person.

♥ ***Adv.* geradewegs; geradeaus:**

zhí dá | zhí jiē
直 达 | 直 接
durchgehend | direkt

yī zhí wǎng qián zǒu
一直 往 前 走
immer geradeaus gehen

huì yì yī zhí kāi dào wǎn shang cái jié shù
会议一直 开 到 晚 上 才结 束。
Die Sitzung dauert bis in die Nacht.

zhǐ
只
(衹)

♥ *Adv.* **nur; bloß:**

zhǐ yào
只 要
solange

tā zhǐ xiū xi le bàn tiān
他只 休息了 半 天。
Er hat nur einen halben Tag frei.

wǒ zhǐ zhī dào zhè xiē
我 只 知 道 这 些。
Ich weiß nur soviel.

zhǐ xǔ nǐ men liǎng gè qù
只 许你 们 两 个去。
Nur ihr beide könnt gehen.

s. zhī S. 468

zhǐ
纸
(紙)

♥ *Subst.* **Papier; Zeitung:**

zhǐ zhāng | bào zhǐ
纸 张 | 报 纸
Papier | Zeitung

dìng yí fèn bào zhǐ
订 一 份 报 纸
eine Zeitung bestellen

bāo zhuāng zhǐ yīng gāi huí shōu
包 装 纸 应 该 回 收。
Das Verpackungspapier muss recycelt werden.

zhǐ
指

♥ *Subst.* **Finger:**

wú míng zhǐ | zhǐ tou
无 名 指 | 指 头
Ringfinger | Finger

qū zhǐ kě shǔ
屈 指 可 数
etw. an den Fingern abzählen können

♥ ***V.* auf etw. oder gegen etw. gerichtet sein:**

zhǐ xiàng | zhǐ zhe qián fāng
指 向 | 指 着 前 方
deuten | nach vorne zeigen

tā yòng shǒu zhǐ le zhǐ hēi bǎn
他 用 手 指了指 黑 板。
Er zeigt mit dem Finger auf die Tafel.

♥ ***V.* zeigen:**

zhǐ diǎn
指 点
zeigen

zhǐ míng
指 明
auf jmdn./etw. hinweisen

qǐng duō zhǐ jiào
请 多 指 教。
Sparen Sie bitte nicht mit Kritik und Belehrung.

♥ ***V.* auf jmdn./etw. angewiesen sein; von jmdm./etw. abhängig sein:**

zhǐ wàng
指 望
hoffen

bù néng zhǐ zhǐ wàng yī gè rén
不 能 只 指 望 一个 人。
Man kann nicht nur von einer Person erwarten.

dé guàn jūn quán zhǐ zhe nǐ la
得 冠 军 全 指 着你啦。
Du bist unsere letzte Hoffnung von der Meisterschaft.

zhì
至

♥ *V.* **bis:**

zhì cǐ
至 此
bis

shí zhì jīn rì
时 至 今日
wenn die Zeit schon so weit fortgeschritten ist

cóng gǔ zhì jīn dōu shì zhè yàng de
从 古至今 都 是 这 样 的。
Das war immer so.

♥ ***Adj.* am höchsten; am besten:**

zhì lǐ míng yán
至理 名 言
bekannter Anspruch

zhì qīn hǎo yǒu
至 亲 好 友
enge Verwandte und gute Freunde

tā men liǎ shì zhì jiāo
他 们 俩 是 至 交。
Die beiden sind enge Freunde.

♥ ***Adv.* äußerst; sehr:**

zhì shǎo
至 少
mindestens

zhì gāo wú shàng
至 高 无 上
das Allerhöchste

jì zhù zhè yī diǎn zhì guān zhòng yào
记住 这一点 至 关 重 要。
Vergiß nicht, dass dieser Punkt am wichtigsten ist.

zhì

志

♥ ***Subst.* Willen; Ideal:**

zhì qì
志气
Ehrgeiz

zhì xiàng
志向
Ambition

wǒ men shì zhì tóng dào hé de péng you
我们是志同道合的朋友。
Wir sind Freunde mit gleichem Willen.

♥ ***Subst.* schriftliche Aufzeichnung:**

rì zhì
日志
Tagebucheintrag; Journal

zhè běn shū míng jiào sān guó zhì
这本书名叫《三国志》。
Das Buch heißt *Geschichte der Drei Reiche.*

zhì

制

♥ ***V.* herstellen; erzeugen:**

dìng zhì
定制
etw. auf Bestellung anfertigen

zhì tú
制图
Karten zeichnen

zhè shì yī jiàn fù zhì pǐn
这是一件复制品。
Das ist eine Nachbildung.

♥ *V.* **beherrschen; einschränken:**

guǎn zhì
管 制
kontrollieren

kè zhì
克 制
sich beherrschen

yǐn shí yào yǒu jié zhì
饮 食 要 有 节 制。
Man muss beim Essen und Trinken maßhalten.

♥ ***Subst.*** **System; Regel:**

fǎ zhì
法 制
Rechtssystem

xué zhì
学 制
Studienordnung

xué zhì shì sān nián
学 制 是 三 年。
Die Studiendauer beträgt drei Jahre.

zhì 治

♥ *V.* **regieren; verwalten:**

zhì guó
治 国
einen Staat regieren

zì zhì qū
自 治 区
autonomes Gebiet

tā zhì jiā yǒu fāng
她 治 家 有 方。
Sie regelt die Familienangelegenheiten sehr gut.

♥ *V.* **heilen; behandeln:**

zhì liáo
治疗
heilen

zhì gǎn mào de yào
治感冒的药
Arznei gegen Erkältung

tā néng zhì hǎo zhè zhǒng bìng
他能治好这种病。
Er kann diese Krankheit heilen.

zhōng
中

♥ ***Subst.*** **Mitte; Zentrum:**

jū zhōng
居中
in der Mitte

zhōng xīn
中心
Zentrum

yuàn zi zhèng zhōng yǒu kē píng guǒ shù
院子正中有棵苹果树。
In der Mitte des Hofs steht ein Apfelbaum.

♥ ***Subst.*** **in:**

jiā zhōng
家中
zu Hause

xīn zhōng
心中
im Herzen

zhè shì yī suǒ kōng zhōng hàn yǔ xué xiào
这是一所空中汉语学校。
Das ist eine Fernsprachschule für Chinesisch.

♥ ***Subst.* Mitte:**

zhōng jí | zhōng jiān
中级 | 中间
Mittelstufe | Mitte

hái zi yǐ jing shàng zhōng xué le
孩子已经上中学了。
Das Kind besucht schon die Mittelschule.

♥ ***Subst.* China:**

gǔ jīn zhōng wài
古今中外
für alle Zeiten und in allen Ländern

zhōng xī jié hé
中西结合
die chinesischen mit den westlichen Elementen verbinden

zhōng yī shì zhōng guó de chuán tǒng yī xué
中医是中国的传统医学。
„Zhongyi" ist die traditionelle chinesische Heilkunde.

s. zhòng S. 479

zhōng
钟
(鐘)
(鍾)

♥ ***Subst.* Uhr:**

shí zhōng | zhōng biǎo
时钟 | 钟表
Uhr | Uhren

zuò zhōng
座钟
Tischuhr

zhōng
钟
Uhr

♥ ***Subst.* Zeit:**

zhōng diǎn
钟 点
eine bestimmte Zeit

sān diǎn zhōng
三 点 钟
um drei Uhr

nǐ shí fēn zhōng zhī hòu zài lái
你十分 钟 之后再来。
Komm in zehn Minuten wieder.

shí fēn zhōng jiù kě yǐ dào nà lǐ
十分 钟 就可以到那里。
Es dauert 10 Minuten, um dorthin zu kommen.

♥ ***Subst.* Glocke:**

zhōng lóu
钟 楼
Glockenturm

zhōng shēng xiǎng le 12 xià
钟 声 响 了12下。
Die Glocke läutet 12 mal.

♥ ***V.* konzentrieren:**

zhōng ài
钟 爱
jmdn. ganz besonders lieben

zhōng qíng
钟 情
sich in jmdn. verlieben

tā men liǎ yī jiàn zhōng qíng
他们俩一见 钟 情。
Sie verlieben sich auf den ersten Blick ineinander.

zhòng
中

♥ *V.* **treffen; entsprechen:**

zhòng yì
中 意
gefallen

bǎi fā bǎi zhòng
百发百 中
immer ins Schwarze treffen

ràng nǐ shuō zhòng le
让 你 说 中 了。
Du hast das Richtige getroffen.

♥ *V.* **betroffen sein:**

zhòng dú | zhòng fēng
中 毒 | 中 风
Vergiftung | Schlagfall

nǐ zhòng le tā de jì le
你 中 了他的计了。
Du bist von ihm überlistet geworden.

s. zhōng S. 476

zhòng
众
(衆)

♥ *Adj.* **viel:**

zhòng kǒu yī cí
众 口 一词
viele Zungen, eine Meinung

♥ *Subst.* **Massen:**

mín zhòng
民 众
Volk

wàn zhòng yī xīn
万 众 一心
am gleichen Strang ziehen

guān zhòng men pāi shǒu jiào hǎo
观 众 们 拍 手 叫 好。
Die Zuschauer applaudieren und brechen in Bravorufe aus.

zhòng

重

♥ *Adj.* **gewichtig; schwer:**

zhè jiàn shì qing hěn zhòng yào
这 件 事 情 很 重 要。
Diese Sache ist sehr wichtig.

zhè kuài shí tou zhòng de hěn
这 块 石 头 重 得 很。
Der Stein ist zu schwer.

♥ ***Subst.* Gewicht:**

jǔ zhòng
举 重
Gewichtheben

jìng zhòng máo zhòng
净 重 | 毛 重
Nettogewicht | Bruttogewicht

tā de tǐ zhòng jiǎn qīng le
他的体重 减 轻 了。
Er hat stark an Gewicht verloren.

zhè kuài ròu yǒu duō zhòng
这 块 肉 有 多 重?
Wie schwer ist das Stück Fleisch?

♥ ***V.* beachten; großen Wert auf etw. legen:**

kàn zhòng
看 重
hochschätzen

zhòng shì
重 视
großen Wert auf etw. legen

tā hěn zhòng shì nǐ
他很 重 视你。
Er hält große Stücke auf dich.

♥ ***Adj.* tief:**

zhòng bìng zài shēn
重 病 在 身
schwer erkrankt sein

zhòng shāng
重 伤
schwer verwundet sein

zhè fú huà de yán sè hěn zhòng
这幅画的颜色很 重。
Das Bild ist mit vielen Farben bemalt.

s. chóng S. 34

zhōu 州

♥ ***Subst.* Verwaltungsbezirk:**

zhōu zhǎng
州 长
Landeshauptmann; Ministerpräsident

zì zhì zhōu
自治 州
autonomer Bezirk

zhōu 周

♥ ***Subst.* Kreislauf:**

zhōu nián
周 年
Jahrestag

zhōu ér fù shǐ
周 而复始
im Zyklus verlaufen

dì qiú rào tài yáng yī zhōu wéi yī nián
地球绕太 阳 一 周 为一 年。
Die Erde dreht sich in einem Jahr einmal um die Sonne.

♥ ***Adj.*** **allgemein; alle:**

zhōu yóu
周 游
eine Rundreise machen

zhōu shēn shì tǔ
周 身 是土
den ganzen Körper mit Staub bedeckt

zhòng suǒ zhōu zhī
众 所 周 知
allgemein bekannt

♥ ***Adj.*** **vollkommen; vollständig:**

zhōu quán
周 全
vollkommen

zhào gù bù zhōu
照 顾不 周
ein schlechter Gastgeber sein

tā men de fú wù hěn zhōu dào
她们 的服务很 周 到。
Sie bieten ausgezeichneten Kundendienst.

♥ ***Subst.*** **Woche:**

shàng yī zhōu　zhōu wǔ
上 一 周 | 周 五
letzte Woche | Freitag

yī gè yuè yǒu sì zhōu
一个 月 有 四 周。
Ein Monat besteht aus vier Wochen.

zhōu rì yǒu wǎn huì
周 日有 晚 会。
Am Sonntag findet eine Abendveranstaltung statt.

zhōu
洲

♥ ***Subst.* kleine Insel in einem Fluss; Sandbank:**

lǜ zhōu
绿洲
Oase

shā zhōu
沙洲
Sandbank

jiāng xīn xiǎo zhōu
江心小洲
kleine Insel in der Mitte des Flusses

♥ ***Subst.* Kontinent:**

yà zhōu
亚洲
Asien

ōu zhōu
欧洲
Europa

měi guó hé jiā ná dà wèi yú běi měi zhōu
美国和加拿大位于北美洲。
Die USA und Kanada liegen im Nordamerika.

zhū
猪

♥ ***Subst.* Schwein:**

zhū ròu
猪肉
Schweinefleisch

zhū sì liào
猪饲料
Schweinefutter

xiǎo zhū hěn kě ài
小猪很可爱。
Die Ferkel sind sehr niedlich.

mǔ zhū shēng le 12 zhī xiǎo zhū
母猪生了12只小猪。
Die Sau hat 12 Ferkel geboren.

zhū
猪
Schwein

zhǔ

主

♥ ***Subst.* Besitzer:**

chē zhǔ
车 主
Autobesitzer

fáng zhǔ
房 主
Hauswirt

wǒ shì zhè lǐ de yè zhǔ
我 是 这里的 业 主。
Ich bin der Inhaber hier.

♥ ***Subst.* Gastgeber:**

zhǔ rén
主 人
Gastgeber

dōng dào zhǔ
东 道 主
Gastgeber

nǐ zěn me fǎn kè wéi zhǔ le
你 怎 么 反 客 为 主 了?
Wieso hast du dich vom Gast zum Wirt gemacht?

♥ ***V.* leiten; für etw. verantwortlich sein:**

zhǔ bǐ
主 笔
Hauptverfasser

zhǔ bàn
主 办
Hauptveranstalter

wǒ shì zhè cì jiǎng zuò de zhǔ jiǎng rén
我 是 这次 讲 座 的 主 讲 人。
Ich bin der Hauptreferent dieser Vorlesung.

♥ ***V.* für etw. eintreten:**

zhǔ hé
主和
für den Frieden eintreten

zhǔ zhāng
主张
für etw. eintreten

zì zhǔ
自主
Selbstständigkeit

wǒ men lì zhǔ hé píng
我们力主和平。
Wir treten für den Frieden ein.

♥ ***Adj.* primär; hauptsächlich:**

zhǔ jué
主角
Hauptrolle

zhǔ yào rèn wù
主要任务
wesentliche Aufgabe

gōng zuò yào fēn qīng zhǔ cì
工作要分清主次。
Wir müssen bei unserer Arbeit zwischen Wichtigem und Unwichtigem unterscheiden.

♥ ***Subst.* Person:**

mǎi zhǔ　mài zhǔ
买主 | 卖主
Käufer | Verkäufer

tā shì shì zhǔ
他是事主。
Er ist das Opfer eines Verbrechens.

zhù
助

♥ *V.* **helfen:**

bāng zhù　hù zhù
帮助 | 互助
helfen | sich gegenseitig helfen

zhù rén wéi lè shì tā de xí guàn
助人为乐是他的习惯。
Er ist daran gewöhnt, anderen zu helfen.

zhù
住

♥ *V.* **wohnen:**

jū zhù　zhù diàn
居住 | 住店
wohnen | im Hotel wohnen

wǒ jiā zhù zài běi jīng
我家住在北京。
Ich wohne in Beijing.

♥ *V.* **stoppen; aufhören:**

zhù kǒu　zhù shǒu
住口 | 住手
den Mund halten | Hände weg

fēng tíng le　yǔ yě zhù le
风停了，雨也住了。
Der Wind hat aufgehört, und der Regen hat auch aufgehört.

♥ *V.* **stabil; fest:**

tā lā zhù wǒ jiù bù fàng shǒu
她拉住我就不放手。
Sie fasst meine Hände und lässt nicht los.

tā zǒng shì jì bù zhù shēng cí
他总是记不住生词。
Er kann keine Fremdwörter im Kopf behalten.

zhù
注

♥ *V.* **konzentrieren:**

guān zhù
关 注
jmdm./etw. besondere Aufmerksamkeit schenken

zhù shì
注 视
anstarren

zhù yì shēn tǐ
注意 身 体
großen Wert auf die Gesundheit legen

♥ ***Subst.* Anmerkung:**

jiǎo zhù
脚 注
Fußnote

zhù jiě
注 解
Anmerkung

zhù
祝

♥ *V.* **beglückwünschen; gratulieren:**

zhù cí
祝 词
Glückwunschansprache

zhù jiǔ
祝 酒
einen Toast ausbringen

zhù hè nǐ chéng gōng
祝 贺你 成 功!
Gratuliere dir zum Erfolg!

zhù nín jiàn kāng
祝 您 健 康。
Ich wünsche Ihnen Gesundheit.

zhuàn
传
(傳)

♥ ***Subst.* Biographie:**

wài zhuàn
外 传
nicht autorisierte Biographie

xiǎo zhuàn
小 传
Kurzbiographie

zhè shì tā de zì zhuàn
这是他的自传。
Das ist seine Autobiographie.

s. chuán S. 38

zhuāng
装
(裝)

♥ ***Subst.* Kleidung; Paket; Reisegepäck:**

shí zhuāng
时 装
modische Kleidung

xíng zhuāng
行 装
Reiseausrüstung

duì yuán men zhěng zhuāng dài fā
队员们整装待发。
Die Mitglieder sind reisefertig.

♥ ***V.* schmücken; sich verkleiden:**

huà zhuāng
化 装
sich schminken

zhuāng bàn
装 扮
sich verkleiden

tā shì gǎo fáng wū zhuāng xiū de
他是搞房屋装修的。
Er führt Verputz- und Ausbauarbeiten durch.

♥ *V.* **laden; beladen:**

zhuāng chē
装 车
einen Wagen beladen

zhuāng chuán
装 船
Güter auf ein Schiff verladen

bǎ shū zhuāng jìn shū bāo
把 书 装 进 书 包
Bücher in die Tasche stecken

♥ *V.* **montieren; zusammenstellen:**

ān zhuāng
安 装
montieren.

zǔ zhuāng
组 装
konfigurieren

wǒ zhuāng de shì kě shì diàn huà
我 装 的 是 可 视 电 话。
Bei mir zu Hause ist ein Videotelefon montiert geworden.

zhǔn
准
(準)

♥ *Adj.* **richtig; korrekt:**

zhǔn què
准 确
recht; korrekt

zhǔn shí
准 时
pünktlich

huǒ chē zhǔn diǎn dào dá
火 车 准 点 到 达。
Der Zug kommt pünktlich an.

♥ *Adv.* **bestimmt; gewiss:**

tā zhǔn néng zuò hǎo
他 准 能 做 好。
Er macht es bestimmt gut.

wǒ míng tiān zhǔn qù
我 明 天 准 去。
Ich gehe morgen bestimmt hin.

♥ *Subst.* **Norm; Standard:**

biāo zhǔn
标 准
Norm; Standard

zhǔn zé
准 则
Kriterium

♥ *V.* **genehmigen; erlauben:**

zhǔn xǔ
准 许
erlauben

shì chǎng zhǔn rù zhì dù
市 场 准 入 制 度
Marktzulassungssystem

zhuō
桌

♥ *Subst.* **Tisch:**

fāng zhuō | shū zhuō
方 桌 | 书 桌
viereckiger Tisch | Schreibtisch

zhuō shàng fàng zhe diàn nǎo
桌 上 放 着 电 脑。
Der Computer steht auf dem Tisch.

zhuō
桌
Tisch

♥ ***Zähleinheitswort:***

yī zhuō cài
一 桌 菜
ein ganzer Tisch mit Speisen

sān zhuō kè rén
三 桌 客 人
drei Tische mit Gästen

zhuó
着

♥ ***V.* sich anziehen:**

chuān zhuó | zhuó zhuāng
穿 着 | 着 装
Kleidung | Bekleidung

tā de yī zhuó shí fēn xiān yàn
她的衣着十分鲜艳。
Sie hat sich sehr bunt gekleidet.

♥ ***V.* in Berühung kommen:**

zhuó bǐ
着 笔
den Pinsel in die Hand nehmen

zhuó shǒu
着 手
sich an etw. machen

yào cóng dà chù zhuó yǎn
要从大处着眼。
Wir sollen das Ganze aus einem breiteren Blickwinkel betrachten.

♥ ***Subst.* Aufenthaltsort:**

zhuó luò
着 落
Aufenthaltsort

shēng huó wú zhuó
生活无着
Die Existenzgrundlagen fehlen noch.

s. zhāo S. 455; zháo S. 456; zhe S. 461

zǐ

子

♥ ***Subst.* Kind:**

ér zi　　zǐ nǚ
儿子 | 子女
Sohn | Kinder

tā men liǎ shì fù zǐ guān xi
他们俩是父子关系。
Sie sind Vater und Sohn.

♥ ***Adj.* ableitend; untergeordnet:**

zǐ chéng
子城
Trabantenstadt

zǐ shòu
子兽
Jungtier

zhè jiā gōng sī zài niǔ yuē yǒu gè zǐ
这家公司在纽约有个子
gōng sī
公司。
Die Firma hat eine Filiale in New York.

♥ ***Subst.* Namenszusatz für einen gelehrten oder geachteten Mann des chinesischen Altertums:**

lǎo zǐ
老子
Laozi

zhuāng zǐ
庄子
Zhuangzi

kǒng zǐ shì zhōng guó gǔ dài yǒu míng
孔子是中国古代有名
de jiào yù jiā
的教育家。
Konfuzius war ein berühmter Pädagoge des chinesischen Altertums.

♥ ***Subst.* am Ende eines Nomens verwendet:**

qí zǐ
棋子
Schachfigur

shí tou zǐr
石 头子儿
Steinchen

tā men yòng shí zǐ pū lù
他 们 用 石子铺 路。
Sie pflastern den Weg mit Steinchen.

zì
自

♥ ***Pron.* selbst:**

tā shì zì xué chéng cái
他是自 学 成 才。
Er hat durch das Selbststudium große Erfolge erzielt.

♥ ***Adv.* natürlich; selbstverständlich:**

zì rán
自 然
natürlich

zì yǒu gōng lùn
自有 公 论。
Die öffentliche Meinung ist der beste Richter.

♥ ***Präp* von:**

zì cóng
自 从
von…an

zì shàng ér xià
自 上 而 下
von oben nach unten

zì gǔ yǐ lái dōu shì rú cǐ
自古以来 都 是 如此。
Seit dem Altertum ist es immer so gewesen.

zì 字

♥ ***Subst.* Schriftzeichen:**

hàn zì | wén zì
汉字 | 文字
chinesische Schriftzeichen | Schriftzeichen

chá zì diǎn
查字典
im Wörterbuch nachschlagen

♥ ***Subst.* Wort:**

zì yǎn
字眼
Ausdruck

zì lǐ háng jiān
字里行间
zwischen den Zeilen

zì miàn yì si jiù shì zhè yàng de
字面意思就是这样的。
Das ist die wörtliche Bedeutung.

zǒng 总 (總)

♥ ***V.* zusammenfassen; zusammenstellen:**

zǒng jié
总结
Zusammenfassung

zǒng ér yán zhī
总而言之
mit einem Wort

jīn tiān zǒng gòng yǒu 100 wèi tīng zhòng
今天总共有100位听众。
Heute haben wir insgesamt ein hundert Zuhörer.

♥ ***Adj.* allseitig; total:**

zǒng fù xí | zǒng tǐ
总复习 | 总体
Gesamtwiederholung | total

♥ ***Adj.* führend; leitend:**

lǎo zǒng
老总
Geschäftsführer

zǒng diàn
总店
Zentrale

wǒ shì zhè lǐ de zǒng jīng lǐ
我是这里的总经理。
Ich bin der Geschäftsführer hier.

♥ ***Adv.* jedenfalls; immerhin:**

rì zi zǒng huì hǎo qǐ lái de
日子总会好起来的。
Das Leben wird früher oder später besser werden.

dōng tiān zǒng huì guò qù de
冬天总会过去的。
Der Winter wird vorbei.

zǒu
走

♥ ***V.* zu Fuß gehen; gehen:**

zǒu lù
走路
zu Fuß gehen

zǒu zhè gè mén
走这个门
durch diese Tür hingehen

tā zǒu de hěn yuǎn
他走得很远。
Er macht einen langen Weg.

zǒu
走
zu Fuß gehen

♥ *V.* **weggehen; verlassen:**

tā gāng zǒu
他 刚 走。
Er ist eben weggegangen.

kè rén dōu zǒu le
客 人 都 走 了。
Die Gäste sind alle weggegangen.

♥ *V.* **einen Besuch machen:**

zǒu qīn qì
走 亲戚
Verwandte besuchen

tā men liǎng jiā zǒu de hěn jìn
他 们 两 家 走 得 很 近。
Die beiden Familien besuchen sich oft.

zū
租

♥ *V.* **mieten:**

zū chē | zū fáng zi
租 车 | 租 房 子
einen Wagen mieten | eine Wohnung mieten

wǒ zū shū lái kàn
我 租 书 来 看。
Ich leihe mir Bücher zum Lesen aus.

♥ *V.* **vermieten:**

chū zū
出 租
vermieten

zū chē diàn
租 车 店
Mietwagengeschäft

kāi zhǎn zū shū yè wù
开 展 租 书 业 务
eine Leihbücherei eröffnen

♥ ***Subst.* Miete:**

zū jīn
租金
Miete

xiàn zài fáng zū tí gāo le
现在房租提高了。
Die Miete hat sich erhöht.

zú
足

♥ ***Subst.* Fuß:**

shǒu zú
手足
Brüder

zú bù chū hù
足不出户
den Fuß nicht vor die Tür setzen

♥ ***Subst.* Fußball; Fußballmannschaft:**

guó jì zú lián
国际足联
Internationaler Fußballverband

zú qiú bǐ sài
足球比赛
Fußballspiel

tā hěn ài wán zú qiú
他很爱玩足球。
Er spielt gern Fußball.

zhōng guó nǚ zú yòu huò shèng le
中国女足又获胜了。
Die Chinesische Frauenfußballmannschaft hat wieder gewonnen.

♥ *Adj.* **ausreichend; reichlich:**

chōng zú
充 足
reichlich

zú gòu
足 够
ausreichend

tā tè bié róng yì mǎn zú
他特别容易满足。
Er ist besonders zufriedenzustellen.

zú

族

♥ *Subst.* **Sippe:**

tóng zú
同 族
gleiche Sippe

zú zhǎng
族 长
Sippenältester

jiā zú zhì hěn yán gé
家族制很严格。
Das Sippschaftsystem ist sehr streng.

♥ *Subst.* **Nationalität; Rasse:**

mín zú | zhǒng zú
民族 | 种 族
Nationalität | Rasse

♥ *Subst.* **Gesellschaftsschicht; Gruppe:**

dǎ gōng zú
打 工 族
Wanderarbeiter

wǒ men dōu shì shàng bān zú
我们都是上班族。
Wir sind alle Angestellte.

zǔ

组

(組)

♥ *V.* **bilden; zusammensetzen:**

zǔ chéng
组 成
bilden

zǔ hé
组合
zusammensetzen

xué yuán men zhèng zài zǔ zhuāng diàn shì jī
学 员 们 正 在组 装 电 视机。
Die Lehrlinge sind beim Zusammenbau eines Fernsehgerätes.

♥ ***Subst.*** **Gruppe:**

xiǎo zǔ
小 组
Gruppe

zǔ zhǎng
组 长
Gruppenleiter

tā men sān rén yī zǔ
他 们 三 人一组。
Sie drei bilden eine Gruppe.

♥ ***Zähleinheitswort*** **Satz; Serie:**

zǔ huà
组 画
eine Serie von Bildern

zǔ shī
组 诗
Gedichtserie

tā zài huà yī zǔ yóu huà
他在 画一组 油 画。
Er malt eine Serie von Ölmalerei.

zǔ 祖

♥ ***Subst.* Vorfahren; Ahnen:**

gāo zǔ 高祖 | xiān zǔ 先祖
Ururgroßvater | Vorfahre

zǔ xiān chuàng zào le gǔ dài wén huà
祖先创造了古代文化。
Die Vorfahren haben die antike Kultur entwickelt.

♥ ***Subst.* Großeltern:**

wài zǔ mǔ 外祖母 | zǔ fù 祖父
Großmutter | Großvater

tā de wài zǔ fù shì gè yī shēng
他的外祖父是个医生。
Sein Großvater ist Arzt.

♥ ***Subst.* Begründer:**

zǔ shī yé
祖师爷
Begründer

tā shì zhè gè lǐng yù de bí zǔ
他是这个领域的鼻祖。
Er ist der Begründer dieser Kunstrichtung.

zuǐ 嘴

♥ ***Subst.* Mund:**

píng zuǐr 瓶嘴儿 | zuǐ ba 嘴巴
Flaschenhals | Mund!

qǐng bì shàng zuǐ
请闭上嘴。
Halt den Mund!

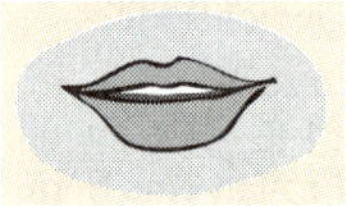

zuǐ
嘴
Mund

♥ ***Subst.* Wort:**

zuǐ kuài　zuǐ tián
嘴 快 | 嘴 甜
ein loses Mundwerk haben | süßholz raspeln

tā cóng bù duō zuǐ
她 从 不 多 嘴。
Sie spricht nicht mehr als notwendig.

zuì 最

♥ ***Adv.* Superlativ:**

zuì hǎo　zuì jìn
最 好 | 最 近
am besten | vor kurzem

zhè shì zuì zhòng yào de
这 是 最 重 要 的。
Das ist am wichtigsten.

♥ ***Subst.* der/das Beste:**

zhōng guó zhī zuì
中 国 之 最
der/das Beste in China

cháng chéng kān chēng shì jiè zhī zuì
长 城 堪 称 世 界 之 最。
Die Große Mauer ist ein Weltwunder.

zuì 罪

♥ ***Subst.* Verbrechen:**

fàn zuì
犯 罪
ein Verbrechen begehen

zuì guò
罪 过
Schuld

tā yǐ jing rèn zuì le
他 已 经 认 罪 了。
Er hat das Verbrechen gestanden.

♥ ***Subst.*** **Leid; Kummer:**

zāo zuì
遭 罪
Not leiden

ràng nǐ shòu zuì le
让 你 受 罪了。
Du hast wegen mir gelitten.

zuó
昨

♥ ***Subst.*** **gestern:**

zuó rì
昨日
gestern

zuó tiān zǎo shang
昨 天 早 上
gestern früh

zuó yè xīng guāng càn làn
昨 夜 星 光 灿 烂。
Gestern Nacht gab es einen klaren Sternenhimmel.

♥ ***Subst.*** **Vergangenheit:**

jì zhù zuó rì zhǎn wàng míng tiān
记住 昨日，展 望 明 天。
Behalten wir die Vergangenheit im Kopf und blicken wir in die Zukunft.

zuǒ
左

♥ ***Subst.*** **links:**

zuǒ biān | zuǒ shǒu
左 边 | 左 手
links | linke Hand

xiàng zuǒ zhuǎn
向 左 转!
Links um!

zuò
作

♥ ***V.* machen; tun:**

zhì zuò
制 作
herstellen.

yào kē xué ān pái zuò xī shí jiān
要 科 学 安 排 作 息 时 间。
Man soll die Arbeits- und Pausezeiten wissenschaftlich organisieren.

♥ ***V.* eine Tätigkeit ausführen:**

zuò bào gào | zuò bié
作 报 告 | 作 别
Referat halten | Abschied nehmen

♥ ***V.* verfassen; schreiben:**

zuò pǐn | zuò wén
作 品 | 作 文
Werk (Kunst) | Aufsatz

zhè shì tā chuàng zuò de
这 是 他 创 作 的。
Das hat er verfasst.

♥ ***Subst.* Werk (Kunst):**

chéng míng zuò
成 名 作
Werk, mit dem man sich einen Namen macht

dà zuò
大 作
Meisterwerk

zhè shì wǒ de chǔ nǚ zuò
这 是 我 的 处 女 作。
Das ist mein Erstlingswerk.

♥ V. als etw. betrachten; für etw. halten:

dāng zuò | kàn zuò
当 作 | 看 作
für etw. halten | als etw. betrachten

zuò

坐

♥ V. sitzen:

zuò xià
坐 下
sich setzen

qǐng zuò
请 坐。
Setzen Sie sich.

tā néng zuò qǐ lái le
他 能 坐 起来了。
Er kann schon sitzen.

♥ V. mit Verkehrsmitteln reisen:

zuò chuán | zuò huǒ chē
坐 船 | 坐 火 车
mit dem Schiff fahren | mit dem Zug fahren

zuò diàn tī shàng qù
坐 电 梯 上 去
mit dem Fahrstuhl nach oben fahren

hái zi ài zuò fēi jī
孩子爱坐 飞机。
Kinder fliegen gern mit dem Flugzeug.

♥ V. Ausrichtung :

zuò luò
坐 落
sich befinden

zuò běi cháo nán
坐 北 朝 南
nach Süden zeigen

zuò
座

♥ *Subst.* **Sitz; Platz:**

zuò cì | zuò wèi
座次 | 座位
Sitzordnung | Platz

qǐng gè wèi dài biǎo rù zuò
请各位代表入座。
Alle Teilnehmer, bitte Platz nehmen!

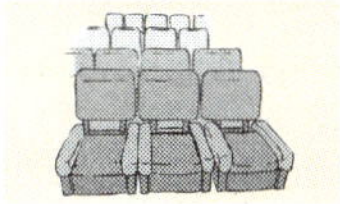

zuò wèi
座位
Sitz

♥ *Subst.* **Ständer:**

dǐ zuò
底座
Ständer

zhōng biǎo zuòr
钟表座儿
Uhrständer

gěi zhè jiàn yì shù pǐn jiā gè zuòr
给这件艺术品加个座儿。
Machen wir einen Ständer für das Kunstwerk.

zuò
做

♥ *V.* **machen:**

dìng zuò
定做
bestellen

zuò fàn
做饭
kochen

zuò shǒu gōng
做手工
Handarbeiten verrichten

♥ ***V.* machen; sich mit etw. beschäftigen:**

zuò shí yàn
做 实 验
experimentieren

zuò mǎi mai
做 买 卖
Geschäfte machen

wǒ yī dìng bǎ shì qing zuò hǎo
我 一 定 把 事 情 做 好。
Ich werde die Sache mit Sicherheit gut beenden.

♥ ***V.* schreiben; verfassen:**

zuò zuò yè
做 作 业
Hausaufgaben machen

tā hěn huì zuò shī
他 很 会 做 诗。
Er kann Gedichte schreiben.

jìzhě
记者
Journalist
fúwùyuán
服务员
Kellner
jǐngchá
警察
Polizist
sījī
司机
Fahrer
hùshi
护士
Krankensch-
wester
jiàoshī
教师
Lehrerin
gōngwùyuán
公务员
Beamter
xuésheng
学生
Schülerin
nóngmín
农民
Bauer

píngguǒ
苹果
Apfel

xiāngjiāo
香蕉
Banane

xīguā
西瓜
Wassermelone

lí
梨
Birne

táozi
桃子
Pfirsich

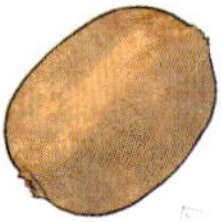

míhóutáo
猕猴桃
Kiwi

pútáo
葡萄
Weintrauben

níngméng
柠檬
Zitrone

cǎoméi
草莓
Erdbeere

chéngzi
橙子
Apfelsine

yīngtáo
樱桃
Kirsche

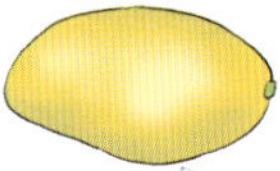

mángguǒ
芒果
Mango

qīngjiāo
青椒
Paprika

bōcài
菠菜
Spinat

xīhóngshì
西红柿
Tomate

xīlánhuā
西兰花
Broccoli

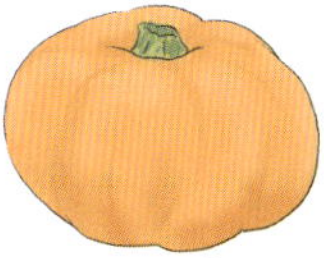

nánguā
南瓜
Kürbis

qíncài
芹菜
Sellerie

huángguā
黄瓜
Gurke

jiāng
姜
Ingwer

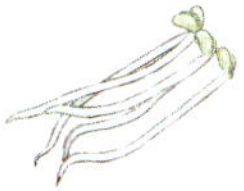

dòuyá
豆芽
Sojasprossen

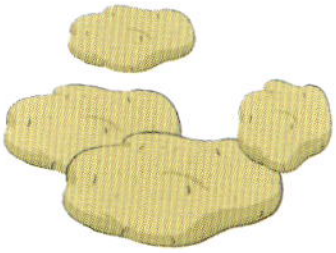

mǎlíngshǔ
马铃薯
Kartoffeln

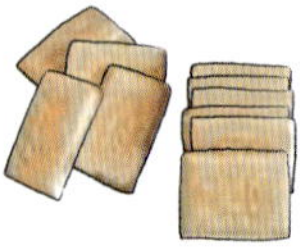

bǐnggān
饼干
Kekse

yìdàlìmiàn
意大利面
Spaghetti

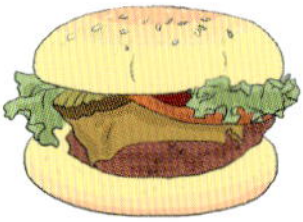

hànbǎo
汉堡
Hamburger

zhá shǔtiáo
炸薯条
Pommes frites

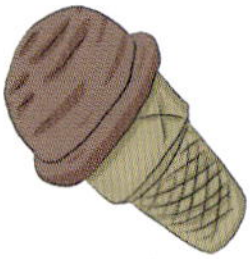

bīngjīlíng
冰激凌
Eis

dàngāo
蛋糕
Torte

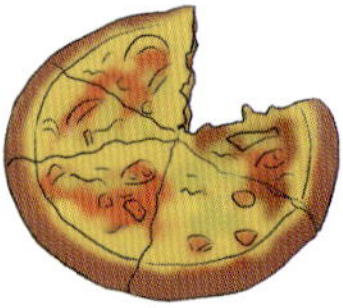

bǐsàbǐng
比萨饼
Pizza

suānnǎi
酸奶
Joghurt

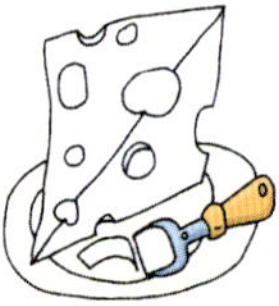

nǎilào
奶酪
Käse

dàyī
大衣
Mantel

xié
鞋
Schuhe

xuēzi
靴子
Stiefel

qúnzi
裙子
Rock

yùndòngxié
运动鞋
Sportschuhe

chènshān
衬衫
Hemd

chángkù
长裤
Hose

wàzi
袜子
Socken

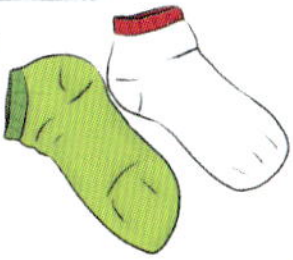

duǎnkù
短裤
Unterhose

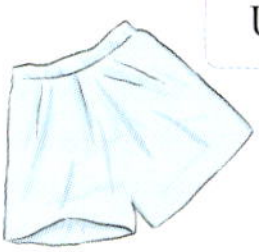

lǐngdài
领带
Krawatte

xǐyījī
洗衣机
Waschmaschine

shǒujī
手机
Handy

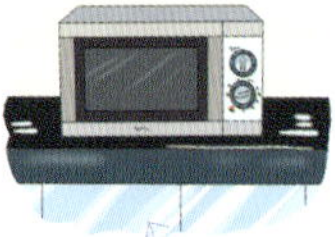

wēibōlú
微波炉
Mikrowelle

DVD jī
DVD 机
DVD-Spieler

bīngxiāng
冰箱
Kühlschrank

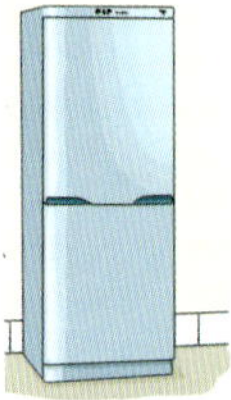

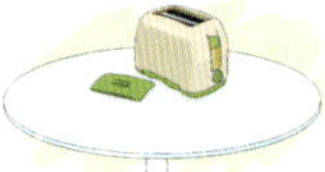

kǎomiànbāojī
烤面包机
Toaster

diànhuàjī
电话机
Telefon

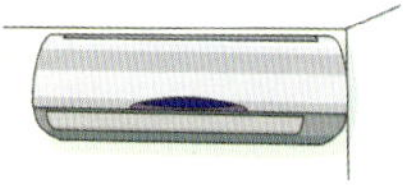

kōngtiáo
空调
Klimaanlage

diànnǎo
电脑
Computer

diànshìjī
电视机
Fernseher

jiàochē
轿车
Auto

fēijī
飞机
Flugzeug

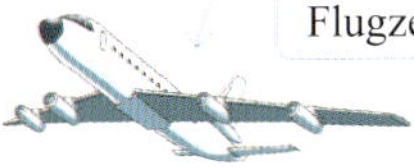

zìxíngchē
自行车
Fahrrad

gōnggòng qìchē
公共汽车
Bus

jípǔchē
吉普车
Geländewagen

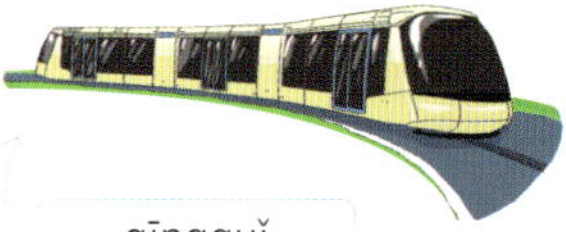

qīngguǐ
轻轨
S-Bahn

huǒchē
火车
Zug

dìtiě
地铁
U-Bahn

lúnchuán
轮船
Schiff

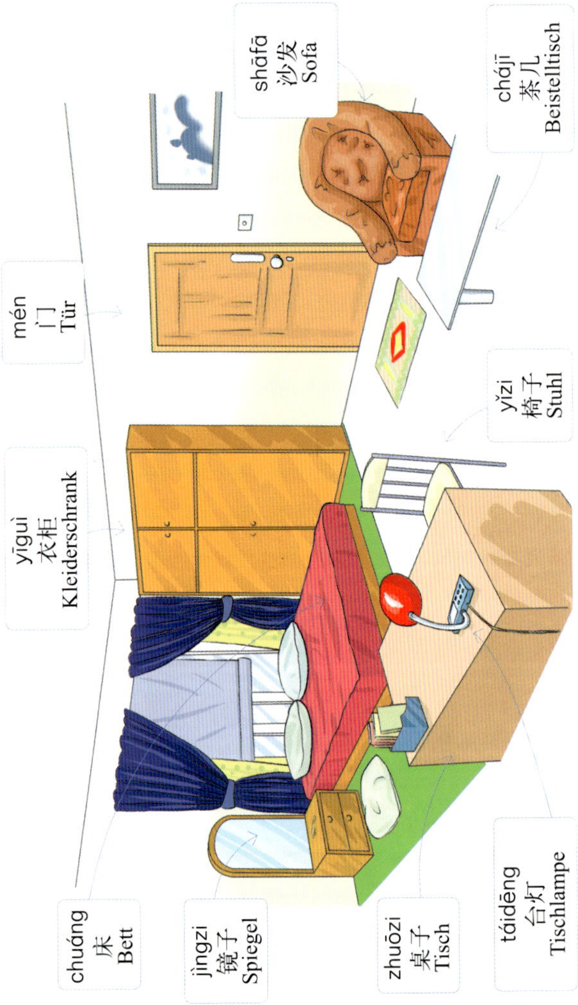
mén
门
Tür
yīguì
衣柜
Kleiderschrank
shāfā
沙发
Sofa
chájī
茶几
Beistelltisch
yǐzi
椅子
Stuhl
chuáng
床
Bett
jìngzi
镜子
Spiegel
zhuōzi
桌子
Tisch
táidēng
台灯
Tischlampe

Appendix
附 录

Phonetisches System der Chinesischen Sprache
汉语拼音声母、韵母与声调

I. Konsonanten 声母

Konsonanten 声母	Internationales phonetisches Alphabet 国际音标	Konsonanten 声母	Internationales phonetisches Alphabet 国际音标
b	[p]	j	[tɕ]
p	[p’]	q	[tɕ’]
m	[m]	x	[ɕ]
f	[f]	zh	[tʂ]
d	[t]	ch	[tʂ’]
t	[t’]	sh	[ʂ]
n	[n]	r	[ʐ]
l	[l]	z	[ts]
g	[k]	c	[ts’]
k	[k’]	s	[s]
h	[x]		

II. Vokale 韵母

Vokale 韵母	Internationales phonetisches Alphabet 国际音标	Vokale 韵母	Internationales phonetisches Alphabet 国际音标
a	[A]	iang	[iɑŋ]
o	[o]	ing	[iŋ]
e	[ɤ]	iong	[yŋ]

Vokale 韵母	Internationales phonetisches Alphabet 国际音标	Vokale 韵母	Internationales phonetisches Alphabet 国际音标
ai	[ai]	u ②	[u]
ei	[ei]	ua	[uA]
ao	[ɑu]	uo	[uo]
ou	[ou]	uai	[uai]
an	[an]	ui, uei	[uei]
en	[ən]	uan	[uan]
ang	[ɑŋ]	un, uen	[uən]
eng	[əŋ]	uang	[uɑŋ]
ong	[uŋ]	ueng	[uəŋ]
i ①	[i]	ü ③	[y]
ia	[iA]	üe	[yɛ]
ie	[iɛ]	üan	[yan]
iao	[iau]	ün	[yn]
iu, iou	[iou]	-i ④	[ɿ], [ʅ]
ian	[iæn]	ê	[ɛ]
in	[in]	er	[ɚ]

① Die Vokale in der i-Reihe werden geschrieben als: yi, ya, ye, yao, you, yan, yin, yang, ying, yong, wenn es keine Konsonanten vor ihm stehen.
i 行韵母前面没有声母时，分别写成 yi，ya，ye，yao，you，yan，yin，yang，ying，yong。

② Die Vokale in der u-Reihe werden geschrieben als: wu, wa, wo, wai, wei, wan, wen, wang, weng, wenn es keine Konsonanten vor ihm stehen.

u 行韵母前面没有声母时，分别写成 wu，wa，wo，wai，wei，wan，wen，wang，weng。

③ Die Vokale in der ü-Reihe werden geschrieben als: yu, yue, yuan, yun, wenn es keine Konsonanten vor ihm stehen.
ü 行韵母前面没有声母时，分别写成 yu，yue，yuan，yun。ü 上的两点省略。

④ [ɿ] steht nach z, c, s; [ʅ] steht nach zh, ch, sh r.
zh，ch，sh，r，z，c，s 的韵母用 -i. 其中 z，c，s 之后用 [ɿ]，zh，ch，sh，r 之后用 [ʅ]。

III. Symbole der Töne 声调符号

Hoher Ton	Steigender Ton	Tiefer Ton	Fallender Ton	Neutraler Ton
阴平	阳平	上声	去声	轻声
ˉ	ˊ	ˇ	ˋ	
妈	麻	马	骂	吗
mā	má	mǎ	mà	ma

Basisregeln für die Strichfolgen der Chinesischen Schriftzeichen

汉字书写笔顺规则

Basisregeln 基本规则	Beispiele 例字	Anordnungen der Strichfolgen 笔顺示意
Der waagerecht gezeichnete Strich geht dem senkrecht gezeichneten Strich voraus. 先横后竖	十	一 十
	土	一 十 土
Der nach links gezeichnete Schrägstrich geht dem nach rechts gezeichneten Kalligraphiestrich voraus. 先撇后捺	人	丿 人
	木	一 十 才 木
Striche werden von oben nach unten geschrieben. 先上后下	二	一 二
	工	一 丅 工
Striche werden von links nach rechts geschrieben. 先左后右	明	丨 冂 日 日 明 明 明 明
Striche werden von außen nach innen geschrieben. 先外后内	风	丿 几 风 风
	贝	丨 冂 贝 贝
Striche werden von außen nach innen geschrieben, zum Schluss wird der Strich an der Unterseite geschrieben. 先外后里再封口	回	丨 冂 冂 回 回 回
Der senkrechte Strich in der Mitte geht den senkrechten Strichen von beiden Seiten voraus. 先中间后两边	小	亅 小 小
	水	亅 水 水 水

Ergänzende Regeln 补充规则	Beispiele 例字	Anordnungen der Strichfolgen 笔顺示意
Punkte oben oder links oben werden zuerst geschrieben. 正上、左上点，先写	六	丶 亠 亣 六
	头	丶 ⺀ 丷 头 头
Punkte rechts oben oder innen werden nachher geschrieben. 右上、里边点，后写	龙	一 ナ 九 龙 龙
	瓦	一 丆 瓦 瓦
Für oben-links, oben-rechts oder links-oben-rechts Strukturen gehen umschließende Striche den umschlossenen Strichen voraus. 左、右上包围，先外后里	压	一 厂 厈 厈 压 压
	句	丿 勹 ㇇ 句 句
Für unten-links oder unten-rechts Strukturen gehen umschlossene Striche den umschließenden Strichen voraus. 左下包围，先里后外	进	一 二 キ 井 丶井 进
	这	丶 亠 ナ 文 丶文 这
Für links-unten-rechts Strukturen gehen umschlossene Striche den umschließenden Strichen voraus. 缺口朝上，先里后外	击	一 二 丰 山 击
	山	丨 ㇄ 山
Für links-oben-rechts Strukturen gehen umschließende Striche den umschlossenen Strichen voraus. 缺口朝下，先外后里	冈	丨 冂 冈 冈
	同	丨 冂 冂 同 同 同
Für links-unten-rechts Strukturen gehen umschlossene Striche den umschließenden Strichen voraus. 缺口朝右， 先上里后左下	区	一 フ 乂 区 区
	应	丶 亠 广 广 庀 应 应

Kurze Chronologie der Chinesischen Geschichte
中国历代纪元简表

<table>
<tr><td colspan="2">夏 Xia-Dynastie</td><td>2070 v. Chr. ~ 1600 v. Chr.</td></tr>
<tr><td colspan="2">商 Shang-Dynastie</td><td>1600 v. Chr. ~ 1046 v. Chr.</td></tr>
<tr><td colspan="2">周 Zhou-Dynastie</td><td>1046 v. Chr. ~ 256 v. Chr.</td></tr>
<tr><td rowspan="2">周
Zhou-Dynastie</td><td>西周
Westliche Zhou-Dynastie</td><td>1046 v. Chr. ~ 771 v. Chr.</td></tr>
<tr><td>东周
Östliche Zhou-Dynastie</td><td>770 v. Chr. ~ 256 v. Chr.</td></tr>
<tr><td colspan="2">秦 Qin-Dynastie</td><td>221 v. Chr. ~ 206 v. Chr.</td></tr>
<tr><td colspan="2">汉 Han-Dynastie</td><td>206 v. Chr. ~ 220 n. Chr.</td></tr>
<tr><td rowspan="2">汉
Han-Dynastie</td><td>西汉
Westliche Han-Dynastie</td><td>206 v. Chr. ~ 25 n. Chr.</td></tr>
<tr><td>东汉
Östliche Han-Dynastie</td><td>25 ~ 220</td></tr>
<tr><td colspan="2">三国 Die Drei Reiche</td><td>220 ~ 280</td></tr>
<tr><td rowspan="3">三国
Die Drei Reiche</td><td>魏 Wei</td><td>220 ~ 265</td></tr>
<tr><td>蜀 Shu</td><td>221 ~ 263</td></tr>
<tr><td>吴 Wu</td><td>222 ~ 280</td></tr>
</table>

<table>
<tr><td colspan="3">晋 Jin-Dynastie</td><td>265 ~ 420</td></tr>
<tr><td rowspan="2">晋
Jin-Dynastie</td><td colspan="2">西晋
Westliche Jin-Dynastie</td><td>265 ~ 316</td></tr>
<tr><td colspan="2">东晋
Östliche Jin-Dynastie</td><td>317 ~ 420</td></tr>
<tr><td colspan="3">南北朝 die Südlichen und Nördlichen Dynastien</td><td>420 ~ 589</td></tr>
<tr><td rowspan="11">南北朝
die Südlichen und Nördlichen Dynastien</td><td colspan="2">南朝 die Südlichen Dynastien</td><td>420 ~ 589</td></tr>
<tr><td rowspan="4">南朝
die Südlichen Dynastien</td><td>宋
Frühere Song-Dynastie</td><td>420 ~ 479</td></tr>
<tr><td>齐
Qi-Dynastie</td><td>479 ~ 502</td></tr>
<tr><td>梁
Liang-Dynastie</td><td>502 ~ 557</td></tr>
<tr><td>陈
Chen-Dynastie</td><td>557 ~ 589</td></tr>
<tr><td colspan="2">北朝
die Nördlichen Dynastien</td><td>386 ~ 581</td></tr>
<tr><td rowspan="5">北朝
die Nördlichen Dynastien</td><td>北魏
Nördliche Wei-Dynastie</td><td>386 ~ 534</td></tr>
<tr><td>东魏
Östliche Wei-Dynastie</td><td>534 ~ 550</td></tr>
<tr><td>北齐
Nördliche Qi-Dynastie</td><td>550 ~ 577</td></tr>
<tr><td>西魏
Westliche Wei-Dynastie</td><td>535 ~ 556</td></tr>
<tr><td>北周
Nördliche Zhou-Dynastie</td><td>557 ~ 581</td></tr>
</table>

<table>
<tr><td colspan="2">隋 Sui-Dynastie</td><td>581 ～ 618</td></tr>
<tr><td colspan="2">唐 Tang-Dynastie</td><td>618 ～ 907</td></tr>
<tr><td colspan="2">五代 Die Fünf Dynastien</td><td>907 ～ 960</td></tr>
<tr><td rowspan="5">五代
Die Fünf Dynastien</td><td>后梁
Spätere Liang-Dynastie</td><td>907 ～ 923</td></tr>
<tr><td>后唐
Spätere Tang-Dynastie</td><td>923 ～ 936</td></tr>
<tr><td>后晋
Spätere Jin-Dynastie</td><td>936 ～ 947</td></tr>
<tr><td>后汉
Spätere Han-Dynastie</td><td>947 ～ 950</td></tr>
<tr><td>后周
Spätere Zhou-Dynastie</td><td>951 ～ 960</td></tr>
<tr><td colspan="2">宋 Song-Dynastie</td><td>960 ～ 1279</td></tr>
<tr><td rowspan="2">宋
Song-
Dynastie</td><td>北宋
Nördliche Song-Dynastie</td><td>960 ～ 1127</td></tr>
<tr><td>南宋
Südliche Song-Dynastie</td><td>1127 ～ 1279</td></tr>
<tr><td colspan="2">辽 Liao-Dynastie</td><td>916 ～ 1125</td></tr>
<tr><td colspan="2">金 Jin-Dynastie</td><td>1115 ～ 1234</td></tr>
<tr><td colspan="2">元 Yuan-Dynastie</td><td>1271 ～ 1368</td></tr>
<tr><td colspan="2">明 Ming-Dynastie</td><td>1368 ～ 1644</td></tr>
<tr><td colspan="2">清 Qing-Dynastie</td><td>1644 ～ 1911</td></tr>
<tr><td colspan="2">中华民国 Republik China</td><td>1912 ～ 1949</td></tr>
<tr><td colspan="2">中华人民共和国
Volksrepublik China</td><td>gründet am 01. Oktober 1949</td></tr>
</table>

Tabellen der Maßeinheiten
计量单位表

Häufig gebrauchte Maßeinheiten 常用法定计量单位				
Länge 长度	Namen 名称		Symbole 符号	Verhält-nisse 关系
	海里	Nautische Meile	sm	1 852 m
	千米 (公里)	Kilometer	km	1 000 m
	米	Meter	m	
Fläche 面积	Namen 名称		Symbole 符号	Verhält-nisse 关系
	平方千米 (平方公里)	Quadrat-kilometer	km^2	1 000 000 m^2
	平方米	Quadrat-meter	m^2	
	公顷	Hektar	ha	100 a
	公亩	Ar	a	100 m^2
Volumen 体积	Namen 名称		Symbole 符号	
	立方米	Kubikmeter	m^3	
Volumen 容积 (容量)	Namen 名称		Symbole 符号	Verhält-nisse 关系
	升	Liter	1 L	0,001 m^3
Masse 质量 (重量)	Namen 名称		Symbole 符号	Verhält-nisse 关系
	吨	Tonne	t	1 000 kg
	千克 (公斤)	Kilogramm	kg	
	克	Gramm	g	0,001 kg
	公担	Dezitonne	dt	500 kg

Häufig gebrauchte chinesische Maßeinheiten 常用市制计量单位			
Länge 长度	Namen 名称		Verhältnisse 关系
	里	*li*	150 *zhang*
	丈	*zhang*	10 *chi*
	尺	*chi*	10 *cun*
	寸	*cun*	10 *fen*
	分	*fen*	10 *li*
	厘	*li*	10 *hao*
	毫	*hao*	
Fläche 面积	Namen 名称		Verhältnisse 关系
	平方里	*Quadratli*	22 500 *Quadratzhang*
	平方丈	*Quadratzhang*	100 *Quadratchi*
	平方尺	*Quadratchi*	100 *Quadratcun*
Volumen 体积	Namen 名称		Verhältnisse 关系
	立方市丈	*Kubikzhang*	1 000 *Kubikchi*
	立方市尺	*Kubikchi*	1 000 *Kubikcun*
	立方市寸	*Kubikcun*	

Häufig gebrauchte chinesische Maßeinheiten 常用市制计量单位			
Boden-fläche 地积	Namen 名称		Verhältnisse 关系
	顷	*qing*	100 *mu*
	亩	*mu*	10 *fen*
	分	*fen*	
Volumen 容积 （容量）	Namen 名称		Verhältnisse 关系
	石	*dan*	10 *dou*
	斗	*dou*	10 *sheng*
	升	*sheng*	10 *he*
	合	*he*	10 *shao*
	勺	*shao*	10 *cuo*
	撮	*cuo*	
Masse 质量 （重量）	Namen 名称		Verhältnisse 关系
	担	*dan*	100 *jin*
	斤	*jin*	10 *liang*
	两	*liang*	10 *qian*
	钱	*qian*	10 *fen*
	分	*fen*	10 *li*
	厘	*li*	10 *hao*
	毫	*hao*	10 *si*
	丝	*si*	

Häufig gebrauchte britische und amerikanische Maßeinheiten 常用英美制计量单位				
Länge 长度	Namen 名称		Symbole 符号	Verhältnisse 关系
	英里	Meile	mi	1 760 m
	码	Yard	yd	3 ft
	英尺	Fuß	ft	12 in
	英寸	Inch	in	
Ar 面积	Namen 名称		Symbole 符号	Verhältnisse 关系
	平方英里	Quadratmeile	mi^2	640 acres
	英亩	Ar		4 840 yd^2
	平方码	Quadratyard	yd^2	9 ft^2
	平方英尺	Quadratfuß	ft^2	144 in^2
	平方英寸	Quadratinch	in^2	
Volumen 体积	Namen 名称		Symbole 符号	Verhältnisse 关系
	立方码	Kubikyard	yd^3	27 ft^3
	立方英尺	Kubikfuß	ft^3	1 728 in^3
	立方英寸	Kubikinch	in^3	

<table>
<tr><th colspan="5">Häufig gebrauchte britische und amerikanische Maßeinheiten
常用英美制计量单位</th></tr>
<tr><td rowspan="8">Volumen
容积
(容量)</td><td colspan="2">Namen
名称</td><td colspan="2">Verhältnisse
关系</td></tr>
<tr><td>英蒲式耳</td><td>Bushel</td><td colspan="2">4 peck</td></tr>
<tr><td>英配克</td><td>double gallon / peck</td><td colspan="2">2 gallons</td></tr>
<tr><td>英加仑</td><td>Gallone</td><td colspan="2">4 quarts</td></tr>
<tr><td>英夸脱</td><td>quart de gallon (UK)</td><td colspan="2">2 pintes</td></tr>
<tr><td>英品脱</td><td>pinte (UK)</td><td colspan="2">4 gill</td></tr>
<tr><td>及耳</td><td>quart de pinte / gill (UK)</td><td colspan="2"></td></tr>
<tr><td>英液盎司</td><td>once fluide (UK)</td><td colspan="2"></td></tr>
<tr><td rowspan="5">Masse
质量
(重量)</td><td colspan="2">Namen
名称</td><td>Symbole
符号</td><td>Verhält-nisse
关系</td></tr>
<tr><td>长吨
(英吨)</td><td>Britische Tonne (gross ton)</td><td>tn.l</td><td>2 240 kg</td></tr>
<tr><td>短吨
(美吨)</td><td>Amerika-nische Tonne (short ton)</td><td>tn sh.</td><td>2 000 kg</td></tr>
<tr><td>磅</td><td>Pfund</td><td>lb</td><td>16 oz</td></tr>
<tr><td>盎司</td><td>Unze</td><td>oz</td><td></td></tr>
</table>

Tabelle der Präfixe der Zahleinheiten
数量单位倍数前缀表

Präfixe 词头		Symbole 符号	Verhältnisse 关系
吉咖	Giga-	G	10^{9}
兆	Mega-	M	10^{6}
千	Kilo-	k	10^{3}
百	Hekto-	h	10^{2}
十	Zenti-	da	10
分	Dezi-	d	10^{-1}
厘	Zenti-	c	10^{-2}
毫	Milli-	m	10^{-3}
微	Mikro-	μ	10^{-6}
纳诺	Nano-	n	10^{-9}

Die Verwaltungsgebiete in China
中国行政区划简表

Namen 名称		Provinzhauptstädte 省会		Rangordnungen 级别
Beijing (Peking)	北京			Regierungsunmittelbare Stadt (直辖市)
Shanghai	上海			Regierungsunmittelbare Stadt (直辖市)
Tianjin	天津			Regierungsunmittelbare Stadt (直辖市)
Chongqing	重庆			Regierungsunmittelbare Stadt (直辖市)
Anhui	安徽	Hefei	合肥	Provinz (省)
Fujian	福建	Fuzhou	福州	Provinz (省)
Gansu	甘肃	Lanzhou	兰州	Provinz (省)
Guangdong (Kanton)	广东	Guangzhou	广州	Provinz (省)
Guangxi	广西	Nanning	南宁	Autonomes Gebiet (自治区)
Guizhou	贵州	Guiyang	贵阳	Provinz (省)
Hainan	海南	Haikou	海口	Provinz (省)

Namen 名称		Provinzhauptstädte 省会		Rangordnungen 级别
Hebei	河北	Shijia-zhuang	石家庄	Provinz（省）
Henan	河南	Zhengzhou	郑州	Provinz（省）
Heilongjiang	黑龙江	Harbin	哈尔滨	Provinz（省）
Hubei	湖北	Wuhan	武汉	Provinz（省）
Hunan	湖南	Changsha	长沙	Provinz（省）
Jiangsu	江苏	Nanjing	南京	Provinz（省）
Jiangxi	江西	Nanchang	南昌	Provinz（省）
Jilin	吉林	Changchun	长春	Provinz（省）
Liaoning	辽宁	Shenyang	沈阳	Provinz（省）
Innere Mongolei	内蒙古	Hohot	呼和浩特	Autonomes Gebiet（自治区）
Ningxia	宁夏	Yinchuan	银川	Autonomes Gebiet（自治区）
Qinghai	青海	Xining	西宁	Provinz（省）
Shandong	山东	Jinan	济南	Provinz（省）
Shanxi	山西	Taiyuan	太原	Provinz（省）
Shaanxi	陕西	Xi’an	西安	Provinz（省）
Sichuan	四川	Chengdu	成都	Provinz（省）
Taiwan	台湾	Taibei	台北	Provinz（省）

Namen 名称		Provinzhauptstädte 省会		Rangordnungen 级别
Xinjiang	新疆	Urumqi	乌鲁木齐	Autonomes Gebiet (自治区)
Tibet	西藏	Lhasa	拉萨	Autonomes Gebiet (自治区)
Yunnan	云南	Kunming	昆明	Provinz (省)
Zhejiang	浙江	Hangzhou	杭州	Provinz (省)
Hongkong	香港			Sonderverwal-tungszone (特别行政区)
Macao	澳门			Sonderverwal-tungszone (特别行政区)

Zwölf Tierkreiszeichen
十二生肖

Name 名称		Erdzweige 地支	Jahre 年
shǔ 鼠	Ratte	zǐ 子	1924，1936，1948，1960 1972，1984，1996，2008
niú 牛	Ochse	chǒu 丑	1925，1937，1949，1961 1973，1985，1997，2009
hǔ 虎	Tiger	yín 寅	1926，1938，1950，1962 1974，1986，1998，2010
tù 兔	Hase	mǎo 卯	1927，1939，1951，1963 1975，1987，1999，2011
lóng 龙	Drache	chén 辰	1928，1940，1952，1964 1976，1988，2000，2012
shé 蛇	Schlange	sì 巳	1929，1941，1953，1965 1977，1989，2001，2013
mǎ 马	Pferd	wǔ 午	1930，1942，1954，1966 1978，1990，2002，2014
yáng 羊	Schaf	wèi 未	1931，1943，1955，1967 1979，1991，2003，2015
hóu 猴	Affe	shēn 申	1932，1944，1956，1968 1980，1992，2004，2016
jī 鸡	Hahn	yǒu 酉	1933，1945，1957，1969 1981，1993，2005，2017
gǒu 狗	Hund	xū 戌	1934，1946，1958，1970 1982，1994，2006，2018
zhū 猪	Schwein	hài 亥	1935，1947，1959，1971 1983，1995，2007，2019

24 Jahreseinteilungen des Chinesischen Mondkalenders
二十四节气

Jahreszeit 季节	Name 名称		Deutsch 德语
Frühling 春季	立春	Lìchūn	Frühlingsbeginn
	雨水	Yǔshuǐ	Regenwasser
	惊蛰	Jīngzhé	Erwachen der Insekten
	春分	Chūnfēn	Frühlingstagundnacht-gleiche
	清明	Qīngmíng	Helle Klarheit
	谷雨	Gǔyǔ	Saatregen
Sommer 夏季	立夏	Lìxià	Sommerbeginn
	小满	Xiǎomǎn	Ährenbildung
	芒种	Mángzhòng	Körner mit Grannen
	夏至	Xiàzhì	Sommersonnenwende
	小暑	Xiǎoshǔ	Mäßige Hitze
	大暑	Dàshǔ	Große Hitze
Herbst 秋季	立秋	Lìqiū	Herbstbeginn
	处暑	Chǔshǔ	Ende der Hitze
	白露	Báilù	Weißer Tau
	秋分	Qiūfēn	Herbsttagund-nachtgleiche
	寒露	Hánlù	Kalter Tau
	霜降	Shuāngjiàng	Reiffall
Winter 冬季	立冬	Lìdōng	Winterbeginn
	小雪	Xiǎoxuě	Mäßiger Schnee
	大雪	Dàxuě	Großer Schnee
	冬至	Dōngzhì	Wintersonnenwende
	小寒	Xiǎohán	Mäßige Kälte
	大寒	Dàhán	Große Kälte